大学生"道德银行"建构论

DAXUESHENG DAODEYINHANG JIANGOULUN

施一满◎著

人民出版社

目　录

前　言

如何进行有效的思想道德教育一直是高校思想政治教育工作者不断探索的问题。社区"道德银行"是社会主义市场经济条件下如何加强公民道德教育的全新尝试。借鉴社区"道德银行"的做法，高校建立了大学生"道德银行"，并在全国各地开始盛行。大学生"道德银行"是在社会主义市场经济条件与文化多元状态下，我国高校大学生思想政治教育的一种新途径、新方法。如何建构大学生"道德银行"？如何通过大学生"道德银行"来实现大学生思想道德的升华，养成向善的道德习性？这正是本书研究的重大意义与价值所在。

从思想政治教育学的视角审视，大学生"道德银行"建设本质上是对当今大学生思想道德建设现状的回应，是对良好思想道德行为的激励；是借助"银行"这个功利化的外在手段来推进大学生思想道德教育的载体，它的运行过程就是道德素质提升的过程。它具有时代性、实践性、创新性、工具性和激励性。

从"道德银行"的发展历程来看，"道德银行"从社区开始萌芽和产生，经由中小学而形成和发展，最后到以长沙理工大学城南学院为代表的大学生"道德银行"得以完善和创新。社会转型、时代发展和现实冲突是"道德银行"产生的动因和困境。

建构大学生"道德银行"理论支撑的源泉是马克思主义思想道德教育理论、现代思想政治教育原理与方法理论、优秀文化传统中的思想道德教化理论、西方社会公民道德教育理论。对这些理论进行梳理、整合，为构建大学生"道德银行"的理论体系打下坚实的基础。

道德提升与思想升华并重的方向性准则、价值导向与实践体验融合的主导性准则、引导激励与规范养成并举的行为性准则，是建构大学生"道德银行"的主体原则；以厘清理论依据、确立基本原则为基础，以开发主体功能、注重价值拓展为目标，以搭建组织框架、揭示主要方法为关键，以完善运行机制、实施绩效评估为保障，是建构大学生"道德银行"的基本思路；虚实结合、层级统筹的主体方式，网络运行、道德实践的基本途径，思想教育、道德评价的主要手段，是建构大学生"道德银行"的主要方法。

大学生"道德银行"的组织机构有三个层次，学校"道德银行"指导委员会是决策机关，校级"道德银行"是指挥机关，院系基层"道德银行"是执行机构。"道德储蓄"提升道德品位、"道德贷款"持续道德行为、"道德奖励"激发道德追求、"道德处罚"规范道德行为，是大学生"道德银行"的主体功能。

建立以"道德币"为载体的运行平台、以"道德奖励"为核心的激励机制、以"道德处罚"为核心的约束机制和以"道德利息"为核心的回报机制，是大学生"道德银行"有效运行的保障。通过明确绩效校验的标的、制定绩效评估的指标体系、规定绩效评估的基本程序对大学生"道德银行"进行绩效评估。

绪　论

　　培育和践行社会主义核心价值观是当前中国正在进行的一项重大全民思想政治教育工程，探讨当代大学生"道德银行"的问题具有深刻时代背景，国内外有不同侧重的研究。本书在马克思主义总体原则的指导之下，运用思想政治教育学原理和方法论的基本理论，借鉴多学科、交叉学科的理论和多种研究方法，对"道德银行"构建的理论机制和实践探索进行更加深入的研究。

一、选题及研究意义

1. 当今大学生的思想道德建设是时代的要求

　　大学生"道德银行"建设，是当前大学生思想政治教育工作的一个重大创新。其建设主体是当代的大学生。自从 2001 年湖南省长沙市岳麓区望月湖社区开始推出全国第一家"道德银行"之后，"道德银行"在全国各地开始盛行，并成为大学生的一种道德建设模式。

　　如果以京师大学堂作为中国大学的开篇，那么中国的大学就已经有了 100 多年的历史，而在这 100 多年的时间里，走过了一代又一代的大学生；如果以中华人民共和国的成立作为新中国大学生的开始，那么中国的大学生也已经有了几十年的历史，同样地，也走过了一代又一代的大学生；如果以改革开放作为当代中国大学生的起点，那么中国当代大学生也走过了一段相当长的历史道路。因此，"大学生"是一个流动着的、变迁着的概念。六十多年前，费孝通先生曾指出："文化的传播是受到社会结构的限制的。"① 以此推理，大学生作为文化的主要载体也同样是受到社会结构的限制的；如果笔者的上述推论成立，那么，中国的大学生起码经历了三个阶段的变化，而本论题所涉及的重点则是最后一个阶段特别是历史进入二十一世纪以后的中国大学生。

当代中国大学生生活在一个变革、转型的时代，转型所引起的社会震荡是巨大的，有人指出："现在许多国人对目前在精神、道德和信仰领域出现的危机已似乎有了比较普遍的共识"②，甚至悲观预言："从现在到未来的相当一段时间内，中国人将继续生活在道德与信仰的废墟中。整个社会也因此陷入一种信仰崩溃和道德失范的混乱状态。"③ 笔者对此显然不敢苟同，但它无疑指出了一种社会现象与忧虑。近些年来，我们的确从食品中完成了化学扫盲，从大米中认识了石蜡，从火锅里认识了福尔玛琳，从银耳中知道了硫黄，从奶粉中认识了三聚氰胺，从咸鸭蛋中认识了苏丹红。道德在哪里？这是学者的忧思，百姓的焦虑，是当代大学生迫切需要解答的问题。

2. 大学生"道德银行"是传统道德的升华

目前，我国已经进入高等教育大众化的阶段，将德育工作纳入高等教育大众化视野是当前高校德育研究领域中较新的视角。国际中 Heslp 的理论在从当前流行的理论重组的同时，呼吁提升道德水准和理解能力。④Schlicht Ekkehait 学者认为，当前更应该持续不

---

① 费孝通：《论"知识阶级"》，2011 年 4 月 30 日，见 http://www.douban.com/group/topic/19463377。

② 刘军宁：《精神危机是最根本的危机》，《南风窗》2010 年第 19 期。

③ 刘军宁：《精神危机是最根本的危机》，《南风窗》2010 年第 19 期。

④ Heslep Robert D, "Moral Education for Americens", Journal for Criminal Jusrice 1996, 24, pp.185–186.

断地提高高层次的教育，那么道德危机的问题将可能得到有效的解决。① 那么，在新时期，道德是什么呢？一般认为，道德是人们共同生活的准则与规范，代表着社会正确的价值取向，在这样的基础上，人类社会得以生存延续。《道德经》说，道德就是"道生之，德畜之，物形之，势成之，是以万物莫不遵道而贵德"。《管子·牧民》进一步阐明了道德的内容与作用。它说："国有四维，一维绝则倾，二维绝则危，三维绝则覆，四维绝则灭。……何谓四维，一曰礼，二曰义，三曰廉，四曰耻。礼不愈节，义不自进。廉不蔽恶，耻不从枉。"这就是说，道德是一切的根本。

　　笔者认为，从社会层面讲，道德是一种制约，一种长期形成的不成文的约定；从个人层面讲，道德是个人良心的自觉遵守。人要修身养性，以德立人。为便于以后展开详细的讨论，笔者还必须指出，道德又是有时代性与阶级性的。这也就是说，道德是有条件限制的。道德会随时间、条件的转换而发生变化，会在内容上有所删增，会在观念上有所变化。有趣的是，这种变化都有着一定的度。从哲学上讲，不会发生质变。它一定有一种恒定不变的东西在起作用，从而催生道德的千变万化。从心理学上讲，人类大脑是一部高级的全自动装置，其中的每一个零件都是经过我们祖先无数次自然选择的结果。②

　　这样一来，处在不同阶段与阶级属性中的人们的道德行为就会发生改变。条件变了，人们的道德行为方式也会自觉不自觉地发生改变，而这种改变，用昨天的眼光看也许为"不道德"，用发展的眼光看，却显得极为平常，例如婚姻观念的变化。如此一来，持有不同道德观念的人们便会对同一种道德行为产生不同的看法，出现一种道德观念上的矛盾与冲突。而事实上，这种观念冲突古已有

① Schlicht Ekkehait, "Endogenous on-the-Job Training with Moral Haiard", Labour Economics, 1996 (8), pp.81–92.

② Dochaine, Brdley, "Evolutionory psychology and the brain", Current Opinion in Neurobiolgy, 2001 (4), pp.225–230.

之。例如"亲亲互隐""爱有差等"与"仁爱"的矛盾争论就一直延续到今天。

当然，这不是本书所要讨论的话题。于此提及，首先是为将要展开的研究做一次阶梯式的铺垫，其次是借此说明，在任何一个社会，道德都不是单一的。社会道德是由无数单个道德组成的"道德群"。任何一种道德都可能在不同的时间、条件下与其他道德发生接触，产生矛盾，出现冲突。人们要做的是不要在这个交叉路口徘徊、犹豫，当不能喊出用"新道德"取代"旧道德"的时候，人们首先要做的就是为这种"新道德"保驾护航，关心与呵护它的成长。

3. 大学生"道德银行"符合社会主义道德建设的现状

"道德银行"便是这样一种具有道德规范的新事物。它的出现，有着一定的历史必然性。自21世纪以来，中国的改革开放与社会转型开始向深度发展，人们的道德观念随着时代的发展而发生了较大的变化。江泽民指出："改革开放和现代化建设，有力地推动着我国人民解放思想、开阔眼界、面向世界、走向未来，焕发出自强不息、奋力拼搏的精神，……同时也对精神文明建设提出了更高要求。"① 中共中央2001年颁发了《公民道德建设实施纲要》(以下简称《纲要》)，《纲要》指出：在新世纪"加强社会主义思想道德建设，是发展先进文化的重要内容和中心环节"。② "在新的历史条件下，从公民道德入手，继承中华民族几千年形成的传统美德，借鉴世界各国道德建设的成功经验和先进文明成果，努力建立与发展社会主义市场经济相适应的社会主义道德体系"。③ "对形成追求高尚、激励先进的良好社会风气，保证社会主义市场经济的健康发展，促进整个民族素质的不断提高，全面推进建设有中国特色社会

---

① 江泽民：《论社会主义精神文明建设》，中央文献出版社1999年版，第2页。

② 《公民道德建设实施纲要》，2001年10月24日，见http；//news.sina.com.cn/c/2001-10-24/385297.html。

③ 《公民道德建设实施纲要》，2001年10月24日，见http；//news.sina.com.cn/c/2001-10-24/385297.html。

主义伟大事业，具有十分重要的意义。"①《纲要》同时指出："党的十一届三中全会特别是十四大以来，随着改革开放和现代化建设事业的深入发展，社会主义精神文明建设呈现出积极健康向上的良好态势，公民道德建设迈出了新的步伐。"②"爱国主义，集体主义，社会主义思想日益深入人心，为人民服务的精神不断发扬光大；崇尚先进，学习先进蔚然成风，追求科学、文明、健康生活方式已成为人民群众的自觉行动，社会道德风尚发生了可喜的变化，中华民族的传统美德与体现时代要求的新的道德观念相融合，成为我国公民道德建设发展的主流。"③《纲要》还指出："我国公民道德建设方面仍然存在着不少问题，社会的一些领域和一些地方道德失范，是非、善恶、美丑界限混淆；拜金主义，享乐主义，极端个人主义有所增长；见利忘义、损公肥私行为时有发生；不讲信用，欺骗欺诈成为社会公害；以权谋私，腐化堕落思想严重。"④"这些问题如果得不到及时有效解决，必然损害正常的经济和社会秩序，损害改革发展稳定的大局，应当引起全党全社会高度重视。"⑤《纲要》最后强调："应当逐步完善道德教育与社会管理、自律与他律相互补充和促进的运行机制，综合运用教育、法律、行政、舆论等手段，更有效地引导人们的思想，规范人们的行为。"⑥

---

① 《公民道德建设实施纲要》，2001 年 10 月 24 日，见 http：//news.sina.com.cn/c/2001-10-24/385297.html。

② 《公民道德建设实施纲要》，2001 年 10 月 24 日，见 http：//news.sina.com.cn/c/2001-10-24/385297.html。

③ 《公民道德建设实施纲要》，2001 年 10 月 24 日，见 http：//news.sina.com.cn/c/2001-10-24/385297.html。

④ 《公民道德建设实施纲要》，2001 年 10 月 24 日，见 http：//news.sina.com.cn/c/2001-10-24/385297.html。

⑤ 《公民道德建设实施纲要》，2001 年 10 月 24 日，见 http：//news.sina.com.cn/c/2001-10-24/385297.html。

⑥ 《公民道德建设实施纲要》，2001 年 10 月 24 日，见 http：//news.sina.com.cn/c/2001-10-24/385297.html。

"道德银行"是将教育与管理、自律与他律结合起来、他们之间又是相互补充的新道德规范机制。它的出现符合了历史的潮流，是历史发展的水到渠成的产物。它的出现，正像团中央书记陆昊在长沙理工大学视察工作所指出的那样："是思想政治教育的重大创新。"

首先，它是新世纪社会经济状况的产物。一个半世纪以前，恩格斯就认为，道德是一定时期经济状况的产物。恩格斯的这个论断用今天的眼光看，仍然是十分科学的。人都生活在一定的时代里，生活在一定的经济环境之中，生活在受这种时代与经济所制约的道德规范之中，道德的基础是人内心的自省与自律。但同时，道德又是一种社会判断、社会他律，而这种自律与他律都会留下时代的印迹，反映出当时社会经济状况的影子。例如，中国历来强调尊师重道，但"道"是什么呢？古今的理解显然已经有了很大的不同。再如，董必武从最初的一个孙中山的追随者转变成为一个共产主义者，这种转变就是一种世界观、道德观的转变，就是时代转变在董必武身上的具体体现。刘少奇写完《论共产党员的修养》后得到毛泽东的肯定。毛泽东给《解放》杂志编辑部写信，认为这篇文章写得很好，"提倡正气，反对邪气"，应尽快发表。而当时党所反对的邪气就是那种把马克思主义教条化、照抄照搬脱离中国实际的政治道德倾向。"道德银行"是改革开放与市场经济背景下规范人们思想行为的一种新模式。《纲要》指出，当前在社会主义思想道德占主流的情况下，社会道德仍然存在一些问题，在局部领域甚至出现道德失范、拜金、享乐、是非、善恶、美丑不分等，不一而足。很显然，拜金是市场经济的副产品，享乐主义是改革开放条件下出现的新情况。面对这些新情况，如果还是用过去那种管教式、行政式的模式与方法，就会出现一种新的道德建设的"真空"。忽略新的道德制度建设的后果，将会使旧制度管理方式处于一种更加陈旧与无用的境地。

其次，符合《纲要》的基本精神。目前，我国的道德的确存在诸多问题，这是不争的事实，但它也是社会深度转型的正常反映。随着社会深度转型而产生的是人们生活方式的多元化、思想观念的多元化。清一色已经成为了历史。所以中共中央高瞻远瞩，及时跟进，提出要大力加强新世纪的公共道德建设。这种加强不是走老路，而是要推陈出新，借鉴各国经验，创新制度建设模式，建设与社会主义市场经济相适应的道德体系。道德制度新体系如何建立呢？当然不是等来的，不是一概否认就可以产生的，它只能在原有的母体内慢慢发育与成长。"道德银行"就是这样一种在原有母体内成长起来的制度。它的合理性在于：它是社会主义市场经济条件下的产物、实现了付出与回报的有机统一、道德他律与自律的和谐统一。笔者认为，这是构成"道德银行"的三个基本要素，本书全部论题的出发点也就在这里。笔者打算用一个章节的篇幅加以讨论，因此不便在这里做过多的展开。在此要强调的是，所有对于"道德银行"的质疑、争议乃至否定都脱离了这几个基本要素，片面地、孤立地、静止地甚至是武断地、断章取义地、不遗余力地攻击这样一个还在原有母体内慢慢成长的新事物。这些批评，从整体上看是不科学的。

最后，"道德银行"正在被实践着，蕴涵着勃勃生机。"道德银行"正在被实践着，这种实践范围虽还不是很广，时间还很短暂，受众者还不是很多，程度还不是很深，"道德银行"的实践性还没有完全展开，"道德银行"的理论定位还不是很清楚，它的理论支点、内涵、特性等学术界讨论得还不是很充分，理论阐述得还不够，容易授人以柄，但这并不是"道德银行"本身的问题，恰恰说明"道德银行"蕴涵着勃勃的生机，有待我们去研究、去总结、去实践、去坚持。人们利用获得的技能，不断地拓展自身的认知领域，从容地处理社会生活中的各种复杂事件，并使社会环境充满了生机与活力。① 因为有许多人，当他们挥手向昨天告别的时候，他们的观念

---

① Joffe，Tracey H，"Social Pressures haue Selected for an Extended Juvenile Period in Primates"，Journal of Human Evolution，1997（6），pp.593–605.

其实还停留在昨天，就好像清末的文人，对西学既陌生又惧怕，总是希望回到科举时代。如果我们的理论研究一旦突破了这种束缚，从理论上给予"道德银行"以更清晰的阐述，实践着的"道德银行"将会具有更加广泛的社会意义。

二、国内外相关研究综述

为了了解国内外专家学者对"道德银行"的研究现状，笔者广泛收集相关的文献资料。一是通过图书馆查阅相关的专著，主要包括马列经典著作，毛泽东思想著作，邓小平理论著作，江泽民、胡锦涛等国家领导人的相关著作；思想政治教育方面共20余本专著。二是通过中国知网、龙源数据库、维普数据库等查找相关的博士论文、硕士论文、期刊论文共100余篇。三是通过网络媒体查找网上电子文献共20余篇。四是深入长沙理工大学城南学院收集有关"道德银行"的第一手资料30余份近30万字。这些文献资料为本书的写作奠定了坚实的基础。

（一）国内的研究
1. 关于"道德银行"的价值与功利的研究

一种观点是对"道德银行"给予充分肯定，他们从不同的角度来探讨了"道德银行"的积极作用，代表人物有刘卫琴、王琴、裴西宏、李承宗、王建胜等。刘卫琴认为，"道德银行"适应了坚持社会主义道德建设与社会主义市场经济相适应的原则，是对传统道德教育的突破，是利他与利己的辩证统一，反映了为人民服务的层次性需求。[①] 王建胜对"道德银行"的出现作了理论性的阐述，认为"道德银行"具有丰富的理论意义：通过利益激励机制来实现

---

① 刘卫琴：《"道德储存"与公民道德建设》，《大连大学学报》2007年第2期。

道德教育的目的，既符合马克思主义的基本原理，又探索了一条在市场经济条件下实践道德的新途径，是一种观念上的进步。① 裴西宏从行为科学理论的角度指出了"道德银行"的价值，他认为，"道德银行"提供了一个中介平台，把提供帮助和寻求帮助的人联系在一起，在一种市场模式的操作之下，把道德推广出去，体会道德的真谛。② 李承宗对"道德银行"进行了经济学的分析，他首先肯定"道德银行"是新时期推进公民道德建设的一种新尝试，通过银行机制使道德回报的可能性与规定性对接，"找到了无私奉献与等价交换的结合点，从而在某种程度上破解了公民道德建设中先进性与广泛性相统一的难题。"③ 王琴认为，"道德银行"有助于解决道德需求与供给不对称问题，道德供给动力不足问题。④

另外一种观点对高校"道德银行"能否追求功利表示质疑，代表人物是鲁洁、王健敏、严海云、陈杰等。鲁洁表示了对高校"道德银行"功利性的担忧。认为"道德银行"将道德工具化、功利化了。实际上，如果将道德作为一种工具手段，那么当有更好的工具（如法律、规则）可替代它时，它就可以消亡。⑤ 王健敏认为，从个人而言，道德是不应该寻求报偿的，但从社会来看，社会有责任肯定表彰有德之人而且应该形成机制，营造氛围，激励更多的人做好事，让好人有好报。而学校作为一种社会机构，应该建立有关机制。此外，从德育规律看，不管为了什么，一个人经常做好事，在此过程中灵魂道德升华，成为有德之人的可能性将增加。

---

① 王建胜:《"道德银行"的理论意义与实践价值之探讨》,《江苏高教》2005 年第 1 期。

② 裴西宏:《从"道德银行"的试行看高校学生德育的新激励》,《中国成人教育》2005 年第 7 期。

③ 李承宗、谢翠蓉:《对道德银行的经济学分析》,《财经理论与实践》2004 年第 5 期。

④ 王琴:《对"道德银行"的伦理思考》,《理论月刊》2005 年第 4 期。

⑤ 刘庆传:《专家热议学校德育热点问题》,《新华时报》2004 年 12 月 22 日。

"现实的问题是它可能引起过多投机者产生功利行为,因此应该做些调整,淡化'道德银行卡'与评奖、入党、分配的挂钩,多给一些精神上的奖励,如凭'道德银行卡'参加一些文体活动等。"① 严海云则从分析传统的学生评价体系入手分析了高校建立"道德银行"的合理性。认为它的出现,改变了过去那种评价主体单一、内容片面、评价方法单调等问题。评价主体开始多元化,评价过程透明、民主。"从某种程度上说,学生道德银行制度恰当有效地使用了教学评价去促进教学,真正做到了评价也要以人为本。促成了学生综合素质的养成,保证了文明和谐校园的可持续发展。"② 陈杰等认为,"道德银行"达到了大学生德育教育先进性和广泛性的和谐统一。其最大的亮点是"努力探寻道德领域与市场经济领域的有效衔接,促进道德理念的与时俱进,倡导个人奉献社会,社会回报个人的道德理念"。③

还有一种观点是将大学生"道德银行"的存在价值完全否定,代表人物是王开岭。王开岭认为,大学生"道德银行"是一个噩耗、一份"病危通知书",显现出对当下道德生态的一种不满与不甘。他担心,在矗立着"道德银行"的校园里被张榜的"道德贫富"会不会挤兑出新一轮的精神压迫?道德等级会制造怎样的人群等级?道德张扬真的能刺激新一茬的道德生长吗?为摆脱道德劣势,"乞丐们"会不会以"舞弊"来弥补道德产量的不足?就像当年"浮夸风"那样,会不会爆发一场"道德大跃进"?如此一来,谁能担保银行是不是会混入"道德假币""道德伪钞"呢?④

---

① 刘庆传:《专家热议学校德育热点问题》,《新华时报》2004 年 12 月 22 日。

② 严海云:《建立学生道德银行 创建文明和谐校园》,《交通职业教育》2009 年第 2 期。

③ 陈杰、刘彦朝、李鸿浩:《"道德银行"的理论意义与实践价值再探讨》,《浙江工业大学学报》(社会科学版) 2005 年第 6 期。

④ 王开岭:《"道德银行"与道德谋杀》,《教师之友》2005 年第 1 期。

2. 关于道德回报的讨论

一种观点对道德回报给予了肯定，他们认为道德的超功利与功利性并不矛盾，代表人物是高建生、易钢等。高建生从社会变革的客观背景出发，指出市场经济条件下道德建设面对两大变化，即利益关系在市场经济条件下日趋现实化和表面化，社会的道德主体及其道德规范、行为在市场经济条件下明显呈现出多层次化的特征。因此，认可并确立明确的道德回报意识是必要的。易钢从道德义务与权利的辩证统一入手，认为道德活动主体动机的超功利性与道德社会回报的功利性并不矛盾。"德福一致"是人们的内心愿望。不能以功利性否认道德回报的意义与价值。道德回报与道德境界有关，多层次的道德境界包含着对利益的不同追求。道德的行为不仅是美的、高尚的，而且是有用的，可以给道德主体带来实实在在的利益。①

另一种观点对道德回报给予了否定，他们认为，道德回报本身就是一个充满深刻矛盾的伦理概念，其所引申出的道德褒奖与贬抑都无法承载道德的重任。代表人物是罗明星、程建军、叶方兴、白志刚等。罗明星认为，道德回报作为一种客观的、受动的权利被行为主体享用时，会不自觉地给其带来伤害——让主体不自觉地实现了利益与道德行为的价值连接。其直接后果就是"物质性的道德回报可能带来道德高尚性的销蚀。精神性的道德回报则可能引申出道德的无能与虚伪"。②程建军、叶方兴认为"道德银行"存在着理论与实践上的双重困境：在理论上，"道德银行"与美德存在着内在的冲突；在实践中，"道德银行"容易产生伪善。功利性是"道德银行"最大的硬伤。因为从根本上说，美德与功利性的手段是格格不入的。③白志刚对"道德银行"更是予以全盘的否定，认为道

---

① 易钢：《道德回报理论初探》，《华南农业大学学报》（社会科学版）2004 年第 4 期。
② 罗明星：《道德回报的伦理质疑》，《江汉论坛》2009 年第 10 期。
③ 程建军、叶方兴：《"道德银行"的困境及其伦理启示》，《南京师范大学学报》（社会科学版）2009 年第 3 期。

德不仅是崇高的而且是伟大的，道德"绝不可以用金钱来估价，更不可以被节约、积攒起来，以备将来换取某种利益。因为道德行为倘以回报为目的，其行为本身就已具有商业动机，崇高精神就会丧失殆尽，甚至变的有几分丑陋了"。①

3. 关于"道德银行"建设实践探索的研究

一种研究着重于对大学生"道德银行"存在、发展和运行的状况进行了详尽的记述，特别是对我国几个典型的大学"道德银行"进行了实践探索。主要有长沙理工大学城南学院、浙江工业大学之江学院等几所高校。长沙理工大学城南学院作为湖南省首家高校"道德银行"，它建立了具有一定特色的运行机制、服务机制和保障机制体系。这家"道德银行"通过虚拟的"道德币"把学生的符合道德规范的良好行为转换成道德"资产"存入"银行"。"道德币"的数量是这个学生所做的志愿服务以及所做的好人好事数量的反映，学生凭一定数量的"道德币"向"道德银行"申请到相应的帮助或享受到与之相对应的待遇。它一经成立，便成为了焦点。或喜或忧，各方学者从各自的观点出发，对高校"道德银行"的何去何从展开了思考。

另外一种研究着重于对大学生"道德银行"实践进行理论上的诠释。"要用发展着的现代思想政治教育方法理论来指导。"②"人是有思想的，……又是可以教化的。"③"思想的教化和政治的行为都必须讲究方法，思想政治教育业必须讲究和不断探索自身方法的科学规律。"④在高校的大学生群体，"道德银行"将它的思想观念、道德规范、政治观点对大学生施加有目的、有计划、有组织的影响，使大学生形成符合社会所要求的思想品德的社会实践活动。笔者认为，现代思想政治教育的方法浸透在"道德银行"的

① 白志刚：《"道德银行"是创新？是尴尬?》，《福建日报》2002 年 3 月 13 日。
② 刘新庚：《现代思想政治教育方法论》，人民出版社 2006 年版，第 1 页。
③ 刘新庚：《现代思想政治教育方法论》，人民出版社 2006 年版，第 1 页。
④ 刘新庚：《现代思想政治教育方法论》，人民出版社 2006 年版，第 1 页。

理念之中。因为，首先，"道德银行"充分考虑到了大学生思想的多元化，"教育要有效果，必须要有针对性。"① 大学生"道德银行"就是现代大学生思想变化发展的新趋势的产物。2005 年 1 月，胡锦涛在全国加强与改进大学生思想政治教育工作会议上强调指出：思想政治教育的使命，就是要"使大学生们能够与时代同步伐，与祖国共命运，与人民齐奋斗"。如何找到一种同步伐、齐奋斗的契合点、出发点，"道德银行"迈出了可贵的第一步。其次，在大学生思想道德因素日趋广泛化、复杂化的背景下，大学生"道德银行"则在方法上化繁为简，愈趋综合化。它最大限度地追求一种综合教育的效果。最后，"道德银行"是一个过程考察，既注意实践个体的出发，更注意它的绩效与结果，强调"知"与"行""德"与"才"的统一。具有实践性，"全面性与民主性的特色。"② 因为，"政治与道德素质的高低，归根结底必须通过人们的行为表现出来。"③

　　从国内已有的研究情况来看，对以上国内学术界就"道德银行"展开的讨论中具有代表性的观点，这些观点主要集中在对"道德银行"的价值和功利性进行研究，对道德是否需要回报进行争鸣，对高校"道德银行"建设的实践进行了评价。这些探讨与争鸣，反映了国内学术界对"道德银行"的关心与关注。这些探讨和争鸣为本书的研究提供了许多具体真实的感性材料，为本书更深刻、全面地理解"道德银行"提供了有益的指导。但是，对大学生"道德银行"构建缺乏从理论和实践的高度进行系统性的研究，对大学生"道德银行"构建的理论体系和实践推广研究不够，这些也是本研究需要解决的问题。

---

① 刘新庚：《现代思想政治教育方法论》，人民出版社 2006 年版，第 13 页。
② 刘新庚：《现代思想政治教育方法论》，人民出版社 2006 年版，第 355 页。
③ 刘新庚：《现代思想政治教育方法论》，人民出版社 2006 年版，第 357 页。

（二）国外的研究

一种观点非常强调道德教育的适应性，有人称之为"适应道德教育"。[①] 代表国家是美国。美国一方面把一些具体的、实用的、相对稳定的道德规则通过课堂教学灌输给学生，另一方面强调通过诸如学术活动、文体活动、咨询活动等课外活动的形式潜移默化地影响学生。[②] 国外道德教育中也有"道德银行"，但它是一个经济学的范畴。经济学上狭义的道德银行是指专门发放贷款用于社会、扶贫、环境，使社会与经济效益相结合的银行。这种道德银行与一般商业银行的不同在于贷款有特定的用途，特定的目标客户，信贷也实现了可持续发展。因此到目前为止，西方国家在道德教育领域内并未明确提出"道德银行"。但不谋而合的是，西方的公民道德教育与学校思想品德教育均渗透了大量的实践性因素，这与"道德银行"建设的目的从一定程度上来说是一致的。

一种观点将道德是说教和灌输进行了评判。不同的德育流派都在理论上对道德是说教和道德灌输进行了批评，在实践上对道德说教和道德灌输进行了抵制，这是 20 世纪德育工作者在德育理论和实践上的重大贡献。Kohlberg 的道德发展理论模式是作为抽象发展的和谐理论进程。[③] 美国著名道德教育家约翰·杜威（1859—1952）强调对道德观念的改造，他认为传统的道德学家总是寻找一种不可改变的终极东西。这种倾向必然使人类的道德陷入死板的境地，全面的道德教育应该是"知"与"行"的合理统一。因此，杜威在反对传统道德灌输的基础上提出"无灌输的道德教育"，主张注重道德体验。其内涵有三：一、它是一种"开放"的道德教育。不以禁锢学生的自由思想为目的，学生可以自由选择道德观念加

[①] E. Aronson T. d.Wilson&R. M. Akert, "Social Psychology", Addison Wesley Longman, Inc.1999.

[②] S.F.Davis & J. J.Palladino, "Psychology Prentice Hall", Upper Saddle River. 2000.

[③] Reiter, Sara Ann, "The Kohlberg-Gillgan Controversy：Lessons for Accountiny", Crtical Peldpectives on Accounting, 1996（1）, pp.33–54.

强培养学生的独立思考和批评性思维能力。二、它是一种"发展性"的德育。德育要遵循学生道德发展规律和学生的批判性思维发展。三、它要求学生通过自己的理智思维和道德实践来获得道德的成熟。杜威认为，道德是一个混合体，由知识、感情、能力三个部分构成。道德行为实际是这三个部分共同作用的结果。道德是抽象的，道德行为是具体的，道德判断既是抽象的，又是具体的。道德教育只有落实到个体与社会，道德才能进入现实生活中去。

　　还有一种观点强调，道德一方面当作生活理念，另一方面也当作行为准则。以日本为例，日本的教育方针提倡重视对道德价值的感受和体验，很多学校利用就餐的机会安排学生为其他同学舀汤端盘、布置饭菜等道德活动，通过这种方式来进行德育实践。日本人非常注重实践，他们认为，"与其高谈阔论国家天下事，不如首先从解决身边的小问题入手，开始行动。"美国著名的教育史专家孟禄曾经指出，五种道德观念"以一种新的形式表述了亚里士多德的善人和善行，它根据教育目的把个人和社会统一起来"。① 美国的波士顿大学教授 K. 瑞安对第二次世界大战之后美国国内道德教育的方式进行了总结，提出了五种道德教育的学习模式，其中重要的一种就是"体验"。他指出，美国青少年在 20 世纪 60 年代前后就在家庭、农场、小商店或干家务中养成了一种责任感。可是在现代社会中的家庭生活提供给青少年的除了送生活垃圾，洗餐具、衣物，修剪草坪之类的活动以外，并没有太显著的任务，学校的劳动也颇为相似，因此，这样的家庭与社会活动，难以养成学生恒定的道德观念，当代的美国青少年喜欢一种以自我为中心、享乐刺激、逃避现实的生活。由于这个原因，学校要有计划地给学生提供有关道德认识和道德行为方面的体验，鼓励学生在学习之余积极参加学校和社会举行的公益活动，为此他提出五个"E"（即 Example、

---

① 　Paul Monroe, "A text-book in the History of Education", The Micmillan Company, 1929, p.709.

Explanation、Exhortation、Environment、Experience），用榜样让学生模仿，以解释同学生对话，以劝诫对学生进行心理辅导，让环境使学生感受到彼此的一种尊重与合作，使用体验鼓励学生积极参与，并逐渐内化为各种道德观念。

从上述国外的相关研究可以看出，国外的道德教育非常重视道德实践，将道德教育融入生活当中，倡导在生活当中进行道德体验，这对本论文的研究提供了实践上的案例，拓宽了本研究的视角。同时，国外道德教育研究中的理论成果，如道德教育的内容、原则和方法对本研究具有重要的启示作用和参考价值。但是国外的研究缺乏中国特色，没有中国悠久的道德文化底蕴和中国传统道德文化的传承和扬弃。这一点也是本研究重点突破的地方。

三、研究思路与方法

1. 研究思路

本书研究的基本思路是在马克思主义总体原则的指导之下，运用思想政治教育学基本原理和方法论的基本理论，借鉴多学科、交叉学科的理论，综合运用多种研究方法，对"道德银行"建构的理论机制和实践探索进行深入的研究，探索"道德银行"在当今大学生思想道德教育中的基本规律，更好地指导实践。具体如下：

第一是通过收集与"道德银行"相关的文献资料，并深入长沙理工大学城南学院收集与"道德银行"相关的第一手资料，对这些资料进行细致的整理和分析，归纳总结其中的成功经验和有益启示，为本书的研究提供坚实的理论基础和现实依据。

第二是系统梳理大学生"道德银行"的内涵、本质、特点等相关内容，对大学生"道德银行"构建进行了明确的界定。对大学生"道德银行"构建的历程进行纵向的回顾，分析大学生"道德银行"构建的动因和困境，并对长沙理工大学城南学院的"道德银行"构建进行深入的考察，为本书的研究提供了真实的案例。

第三是对马克思主义思想道德教育理论、现代思想政治教育原理与方法理论、优秀文化传统中的思想道德教化理论、西方社会公民道德教育理论进行梳理，为本书打下坚实的理论基础。

第四是综合运用马克思主义理论、思想政治教育学理论等学科原理，探讨构建大学生"道德银行"的主体原则、基本思路、主要方法，以及对大学生"道德银行"的组织框架、主体功能、运行机制、绩效评估进行研究形成一个逻辑严谨、操作性强的大学生"道德银行"建设体系。

2. 研究方法

列宁曾经说过："在探索的认识中，方法也就是工具，是在主体方面的某个手段，主体方面通过这个手段和客体相联系。"① 本研究主要采用文献研究法、调查法（包括问卷调查和访谈）、个案法、比较法和数据统计法。

（1）文献法

在图书馆、中国知网上查阅、收集国内外有关当今大学生"道德银行"的相关文献，并对相关文献进行整理、分析、总结。同时，收集长沙理工大学城南学院关于大学生"道德银行"建设的第一手资料，认真进行研究、分析和总结。通过这两方面资料的收集、整理、分析和总结，为本研究提供理论支撑和真实案例，并用它们来丰富和加深本研究所论证的内容。

（2）个案法

恩格斯说："不论在自然科学或历史科学的领域中，都必须从既有的事实出发。"② 本书是以长沙理工大学城南学院关于大学生

---

① 《列宁全集》第55卷，人民出版社1990年版，第189页。
② 《马克思恩格斯全集》第20卷，人民出版社1971年版，第387页。

"道德银行"建设实践做法为研究个案，从横向上对长沙理工大学城南学院关于大学生"道德银行"建设的定位、体制、方法、机制、功能及其效果进行分析，从纵向上对长沙理工大学城南学院关于大学生"道德银行"建设的发展历程进行总结。通过个案法更加深入了解了大学生"道德银行"建设上深层次的问题。

（3）调查法

毛泽东曾经对调查法作过生动的说明："你对于那个问题不能解决吗？那么，你就去调查那个问题的现状和它的历史吧！"[1]"调查就是解决问题。"[2]本研究通过对长沙理工大学城南学院关于大学生"道德银行"建设实践做法进行实地调查，通过与相关教师、管理人员和学生进行访谈，并获得第一手资料，对长沙理工大学城南学院关于大学生"道德银行"建设的定位、体制、方法、机制、功能及其效果等方面进行深入考察。通过调查法，全面、客观、真实地反映当今大学生"道德银行"建设的现状，并为改善及加强大学生"道德银行"建设提供实证材料。

（4）系统法

大学生"道德银行"建设是一个系统工程，系统内的每一环节都息息相关、相辅相成。大学生"道德银行"建设的理论基础、构建原则、构建方法、运行机制、组织机构以及考核评价等方面是一个完整的系统，因此，系统研究方法是本书的重要研究方法。

（5）综合法

本书的研究虽属于思想政治研究的领域，但已经远远超出了思想政治研究的视域。本书涵盖了包括教育学、马克思主义哲学、伦理学、社会学、政治学、经济学、中国哲学等多学科的研究视域，故此，应该采用的是交叉综合研究法。

---

① 《毛泽东选集》第一卷，人民出版社 1991 年版，第 110 页。

② 《毛泽东选集》第一卷，人民出版社 1991 年版，第 110 页。

四、重点、难点与创新点

1. 研究重点

本书的研究重点是两个方面，一方面是探索大学生"道德银行"的组织框架和主体功能，这个方面侧重于理论上的完善和创新。在已有的研究中，对大学生"道德银行"的组织框架和主体功能的研究非常鲜见，但是要建构大学生"道德银行"体系，组织框架和主体功能都是必不可少，而且是极其重要的。另一方面是探索大学生"道德银行"的运行机制和绩效评估，这一个方面侧重于实践上的探索和创新。大学生"道德银行"如何建立长效的运行机制？大学生"道德银行"建设取得了哪些绩效？如何进行有效的改进？这些都是大学生"道德银行"构建实践中无法回避的问题，以往对这个问题的研究还不够深入，同样应该是本研究的重点所在。

2. 研究难点

本书的研究难点是：①大学生"道德银行"的建构理论支撑。本研究涉及的内容很广泛，有思想政治教育方面的原理和方法，有马克思主义思想道德教育理论，有优秀文化传统中的思想道德教化理论，还有西方社会公民道德教育理论等。要将这些理论融入本研究中，并以这些理论为基础建立起大学生"道德银行"构建的理论体系难度较大。②如何推广的问题。大学生"道德银行"的构建不仅是一个重要的理论问题，也是一个重要的实践问题，最终的目的也是为了更好地指导大学生思想道德教育的实践。如何将大学生"道德银行"在全国各地进行推广，甚至在不同领域和行业将大学生"道德银行"这种德育教育的模式进行推广也是一个难点问题。

3. 研究创新点

本书的创新点之一是建立了大学生"道德银行"建构的完整

体系。从笔者对国内"道德银行"的理论探索梳理中不难发现，"道德银行"作为一种新事物，利弊均有，褒贬不一。但目前学术界的相关探索过多的是执着于伦理学上的意义，很少有突破伦理学范围的思考，缺少用另外的一种眼光来审视和考量有关"道德银行"的现实意义。因而这种理论梳理是有缺陷的，由于笔者一直在从事高校大学生的思想政治教育和相关工作，有相当的实践活动积累与体验，所以更愿意从高校的实际出发，探索和审视"道德银行"的作用，并借此对"道德银行"进行一次全面系统的理论探索与梳理。毛泽东曾经说过："改造客观世界，也改造自己的主观世界——改造自己的认识能力，改造主观世界同客观世界的关系。"①期望通过笔者的努力，通过主观世界和客观世界的改造，使学术界能够体验到经过十年风雨的有关"道德银行"的带有总结意味的阶段性理论成果。

创新点之二是探求当今大学生"道德银行"不同理论支点的内在逻辑，辩证统一于"道德银行"建设的实践上来。笔者的理论支点有二，其一是前面提到的，"道德银行"是社会主义市场经济条件下的产物；是付出与回报的有机统一；是自律与他律的内在统一。其二是"道德银行"实现了道德教育主体性与道德教育的环境的群体性的内在统一，对高校思想道德教育中有关主体性缺失的问题进行了破解，使得受教育者的主体能动性和群体道德实践的积极性达到了内在的统一；提高了当前高校思想道德教育的积极性，促使了利益激励机制与道德教育现实途径达到内在统一，发挥了当前高校思想道德教育的激励作用。这两个理论支点具有内在逻辑关系。要审视高校"道德银行"就必须在这样一种视角下进行。而这样一种理论支撑点则是学术界在相关理论探索中没有注意到的。

创新点之三是建构"道德银行"的新的理论框架。以往的论者或只注意到了其中的一点；或局限于伦理学；或对"道德银行"

---

① 《毛泽东选集》第一卷，人民出版社1991年版，第296页。

实践活动的理论认识不够，从而无意识之中使"道德银行"从理论
到实践都陷入一种"瓶颈"状态。海德格尔指出"倘我们沉思现
代，我们就是在追问现代的世界图像"。① 换句话讲，如果我们在
思考"道德银行"，那么我们就是在追问"道德银行"的"世界图
像"。因此，任何一种脱离理论支点的追问与讨论都将会使这个图
像变形走样甚至面目全非。基于此，本书将着力阐述"道德银行"
的内容与特性，揭示"道德银行"的内在联系，不断聚焦"道德银
行"的理论支点，努力求索"道德银行"的实践价值，建构有关
"道德银行"的新的理论框架。

　　创新点之四是以长沙理工大学城南学院大学生"道德银行"
建设的具体实践来作为本论文的案例，符合理论来源于实践又指
导实践的哲学逻辑。马克思指出："人的思维是否具有客观的真理
性，这并不是一个理论的问题，而是一个实践的问题。"② 理论是灰
色的，生活之树常青。实践是检验真理的标准。笔者长期从事高校
思想教育工作，在相关的实践中真真切切地体验到了"道德银行"
之于传统教育方法的不同意义与效果。因而本书的理论建构不仅来
源于多学科的帮助，更得益于在思想教育工作中的具体实践。

---

① ［德］海德格尔：《海德格尔选集》，上海三联书店1996年版，第897页。
② 《马克思恩格斯选集》第1卷，人民出版社1995年版，第55页。

第一章 大学生"道德银行"建构概论

道德是一个抽象的概念，道德行为往往不是为了金钱，"道德银行"却将"道德"和"银行"组合在一起，"道德银行"的产生引起了社会的广泛关注。"道德银行"是一个什么样的银行？它的本质是什么？建立"道德银行"的出发点在哪里？这是本论文研究的逻辑起点。

第一节 "道德银行"

"道德银行"是时代的产物，受到时代与文化的影响。对"道德银行"概念的阐释也是一个与时俱进的过程，不管"道德银行"的概念如何演进，但是"道德银行"的本质是不变的，它的特点也是明确的。

一、"道德银行"的定义及其演进

什么是"道德银行"？自它问世以来，就有不同的解释。徐良根认为，"所谓'道德银行'是在注册志愿者的基础上，导入银行运作理念，以协会制度形式规范和保障志愿服务者可以获得社会志愿服务回报，从而动员公民积累道德资产，在全社会倡导奉献、友爱、互助进步的时代新风。构筑群众性公民道德实践活动的新模式"。① 程建军、叶方兴认为,"道德银行"是"着眼于当前社会道德现状,旨在推进公民道德建设所推出的一项创新式的道德建设方式"。② 陈杰认为,所谓"道德银行"就是把学生的良好道德行为转换成道德币的形式存入"银行",学生凭"道德币"向"银行"申请或享受相应的待遇的特定银行。③

概括以上"道德银行"的不同定义,我们可以发现这些解释只有文字表述上的不同,而表达的内容实际上是基本一致的。

笔者认为,"道德银行"是社会主义市场经济条件下公民道德理念与实践的一种新变化,是 30 多年来改革开放在社会意识形态领域中的正态反映。因此,要给它下定义,必须从源头说起。

1978 年,中国实行改革开放,迄今历时 30 多年,社会发生了翻天覆地的变化。马克思主义认为,这种社会变迁是由经济基础发生变动而引起的。生活方式的改变,改变着人们固有的社会关系。我们注意到,这种变迁首先表现在社会功能性结构发生了改变;其次表现为社会成员的地位结构发生了改变;最后是人们的价值观念发生了较大改变。例如,改革开放之初,人们的衣着是黑、蓝、灰三原色,姑娘赤脚、露腿便会被认为不雅,有伤风化。再如,改革开放之初,如果婚姻上离异导致婚姻破裂是会受到鄙视的。但现在不同了,30 多年来,我国两次修订《婚姻法》,未婚同居,单亲家庭等新的社会伦理现象也逐渐被社会所包容、接纳。青年人中更出现了多种多样的婚姻形式,"网婚""闪婚""闪离"等都是以前不可想象的。

---

① 徐良根:《"道德银行":社会主义市场经济条件下道德实践的创新》,《湖南行政学院学报》2002 年第 3 期。

② 程建军、叶方兴:《"道德银行"的困境及其伦理启示》,《南京师大学报》(社会科学版) 2009 年第 3 期。

③ 陈杰等:《"道德银行"的理论意义与实践价值再探讨》,《浙江工业大学学报》(社会科学版) 2005 年第 6 期。

社会变迁论认为，社会变迁主要是一种文化的变迁、观念的变迁。文化是社会物质产品的积累，文化变迁就是这些产品的变迁。原有文化模式在自然与文化环境的诱导、选择之下，通过教育的普及，文化的传播，在不断分层、组合的流动着的人群中发生改变。完成淘汰旧质，接受创新，行为观念更新，得到社会认可的这样一种变化过程。

30多年来，我国的社会道德观念也随着改革开放发生了巨大的变化。郑晨认为这种变化有三："1. 在大多数的传统美德仍受到人们的认可和推崇、道德观念上的传统取向相当明显的同时，现代的道德观念也在逐步生成和发展，但这一过程比想象的要缓慢。2. 在道德观念上，公共领域和私人领域的界限已变得日益清晰。3. 在社会大变革中，年轻一代和老一代在道德观念上出现了较明显的差异。"① 例如，在中国推进城市化、城镇化的过程中，这种城市化的推进正在中国农村产生颠覆性的革命。一个传统的、保守的、落后的农村已完全被商品与市场打开。农村传统的道德观念不得不接受市场与商品的挑战，现代生活方式逐渐侵入农村，以血缘为主要纽带的人际关系逐渐向以地缘、业缘为主要纽带的人际关系转变；农民吃苦耐劳的同时，必须兼有商品意识、市场意识；礼貌待人的同时必须兼有法律意识；勤俭持家的同时必须兼有开拓意识。这一切表明处在城市化进程中的农民，其思想道德观念正处在嬗变之中。

笔者认为，"道德银行"正是这种社会大嬗变的结果。"道德银行"，顾名思义，就是储蓄公民良好道德行为习惯的银行。银行是它的外壳，善行义举是它的内核。它是社会主义市场经济条件下如何建立社会主义道德规范与模式的全新尝试。用发展的眼光看，把善行义举储蓄在银行，不仅是可取的，同时也是必要的。

---

① 郑晨：《社会变迁中的当代中国道德观念考察》，《浙江学刊》1996年第4期。

二、"道德银行"的本质

从本质上讲，"道德银行"的目的和本质是为了发掘与弘扬社会主义的道德文明。因此，从这个意义上讲，"道德银行"只是一个平台与载体。一个有道德的人与一个有道德的事以及一个有道德的社会，三者互相依存但却是有区别的。毛泽东讲，一个人做点好事并不难，难的是他一辈子做好事，不做坏事。这个一辈子做好事的人就是一个有道德的人。但是，这样的人在哪里呢？在他的观念里，在他的行为里，他是一个从伦理学角度看十全十美的人。我们说，社会是人群的组合，从古到今，这样的人毕竟很少很少。倘若社会是由这样的人组成，那么我们现在所讨论的命题都是伪命题，毫无意义。而事实上，直到共产主义之前，社会的道德水平都不可能发展到这种地步。因此，公民道德建设便是一个真命题，完全有讨论与建设的必要。退一步讲，现代的人都是有个性与缺点的，他或她有可能做不到事事道德，但并不妨碍他或她向道德靠拢。一个囚犯因犯法而有悖于社会，但在一定条件下，这个囚犯灵魂深处的善、德意识也许就能转化为行动而作出有利于社会的善行义举。因此，行善的人脑海中也许有恶念残留，作恶的人有时也许会有惊天骇人的善举。现实中倘若出现这样一种善恶之事、之人，我们将如何进行道德的审视呢？有的人也许有假善假义的想法，但作出的效果却是一个真善的举动，我们是批评他的想法还是否定他的行为呢？所以，道德如果陷入这样一种思维讨论就会无休无止，道德建设如果被这种思维所束缚，就会一事无成。

"道德银行"是积善积德的银行。个人的善行义举通过这个平台积少成多，进而产生一种社会影响，并最终获得社会的认同。所以，所谓的由银行转化而产生的"利"其实就是这样一种社会认同度，在这样一种模式下，公民的善行义举一旦进入"道德银行"便获得了一种社会认同。诚如反对者所说的那样，银行是计利与精打细算的地方，但"道德银行"算计的不是金钱，不是商业利益，而是社会互助与社会认同，由此而产生的回报只是互助的一种表现形态，在这里只不过是通过了"道德银行"这个中介平台。持反对论者反对的理由是因为"道德银行"引入了商业交换机制、道德市场化，因为道德无法交换。而实际上，"道德银行"并没有拿"道德"来进行交换。它的实质是社会公民道德的良性互动与互助。这之中当然有对原有施德者的一种感恩与回报，但这种回报并不是交易，也不是交换，而是社会公德良性互动的一种常态反映。社会公德只有在良性的互动与互助互利中才能积少成多，才能发展成为社会主流。社会公德也只有精心呵护与培育才能破茧成长。人类有几千年的文明史，社会公德也经历了几千年文明史的成长。每一个阶级、每一个社会、每一个时代都有自己的价值观、道德观；每一个民族、每一个国家、每一个地区、每一个部落都有自己的价值观、道德观。而所有这些价值观与道德观都是借助一定的外在形式形成的。所有这些形式都不是人们所能预料与设计的。而且，转型时期的社会道德也曾经在这些地方，这些阶级反反复复地发生过。这些转型时期的社会道德必定是借助了这些地方、这些阶级转型时期的外在模式。这样一来，持反对论者实际上就陷入了一种理论尴尬境地，他无法回答一定社会的道德需要什么样的表现形式；他无法回答转型时期的社会道德应该如何转型；他所能做的就是一味地否定。拿人们早已熟悉的表面看起来又确实有道理并且也许能引起人们共鸣的教条加以否定。在"非此即彼"的思维斗争中，他能轻易地解答"非此"，却始终无法解答"即彼"。

实质上，"道德银行"只是一个表达社会转型条件下公民道德建设的外壳平台。建设社会主义市场经济条件下的公民道德是实，借用经济学范畴又为人们所熟悉的"银行"平台是真。把两者的合二为一误解为是把道德捆绑在功利之上，要么是思想僵化的反映，要么在他的灵魂深处自以为是终极道德的守卫者，信守天不变，道亦不变。但他们的反对，看起来似乎是有道理，而其真实的意图是要误导人们对"道德银行"的了解。笔者认为，这样一种思想才是很危险的。

三、"道德银行"的主要特点

"道德银行"的特点既要有银行的一般特点也要符合道德的基本特点，是道德特点在特定情境下的一个外显。脱离了道德的本质来谈论"道德银行"的特点只能将"道德银行"引入邪道。"道德银行"具有如下一些特点：

第一，激励性。健康是指"道德银行"从内容到形式都要有利于人的成长，有利于维持人的良好工作和生活状态；向上是指"道德银行"的所有工作都能够给人以鼓舞，催人奋进，给人以"善"的信心和力量，并且能启迪人们"善"的智慧。"道德银行"引导人们进行健康向上的道德实践，体验到"善有善报"的古训，这正如毛泽东所说："只有人们的社会实践，才是人们对外界认识的真理性的标准"。[①] 这是建立"道德银行"的最初出发点之一，也是"道德银行"的主要特点之一。

第二，审美性。"道德银行"应该符合美的规律与人们对美的追求，不符合美的规律和人们对美的追求的道德注定是没有生命力的。在"道德银行"里面，要求"储户"储存进去的是符合美德标准的行为，这些美德行为在道德实践过程中所表现出来的就是尊老爱幼、互帮互助、无私奉献、见义勇为等。这些美好的道德行为都有一个共同的特点，那就是它们都是为了增进社会和谐、人际关爱的利他行为，这也就是伦理学中的美德。傅维利认为，"思想政治教育最重要的功能不仅在于培养人的主动性，而且在于使人的主动性与社会的真善美达到完美的统一"。[②] 美好的事物，美好的心灵都要在"道德银行"中得到记载和表扬，"道德币"自然就会增加，颓废低迷的人和事在"道德银行"里都要受到处罚，"道德币"就会减少。"道德银行"引导人们追求美，创造美。它的终极意义指向人类的幸福，从这个意义上来讲，"道德银行"又可以称为"美

---

① 《毛泽东选集》第一卷，人民出版社 1991 年版，第 284 页。

② 傅维利：《教育功能论》，辽宁教育出版社 1990 年版，第 54—55 页。

德银行"。

第三，先导性。苏格拉底认为，道德不是天生的，而是后天通过学习与实践得来的。美国教育学家杜威非常重视道德的互相学习和实践，他指出："道德教育集中在把学校作为一种社会生活的方式的概念上，最好的和最深刻的道德训练，恰恰是人们在工作和思想的统一中跟别人发生适当的关系得来的"。① 道德就是一种知识与智慧，需要互相学习。亚里士多德是苏格拉底的学生，他注重道德中的美德，认为理性的和伦理的美德都必须在现实活动中获得。杜威认为，道德潜在地与人的一切行为都有关系。哈耶克的理论认为，道德是一种"未阐明的规则"，道德的进步是从个体层面开始的：一些人有了新的道德，他有可能取得成功并被其他人学习和模仿，从而使道德被部分地更新，这种更新的积累导致道德的进化，使新道德成为主流。新道德"只有通过传统和教育，认同一定社会的主导意识形态，才可能得到这个社会的认同"。② 爱因斯坦也曾认为："卓越人物的道德品质，对于青年一代和历史的整个进程来说，可能比单纯的智力上的成就具有更大的意义。"③"道德银行"的存在是在当今市场经济条件下如何践行社会道德的一个很好的注解，它向人们表明哪些是善，哪些是恶，更为重要的是使人们重新认识了"善有善报，恶有恶报"这一条古训，感召着人们多做好事，并将多做好事形成一种道德主流。

第四，强制性。纯粹的德规范表现出来的是一种抽象的原则和信念，如果违反了道德规范，就会受到社会舆论的谴责，行为人也会感到自责、内疚和忏悔。"道德银行"能不能带有一定的强制性，这可以从道德与法律的关系中寻找依据。法律与道德同属于上层建筑，分属制度文明建设和精神文明建设的范畴，都是调整社会

---

① [美] 杜威：《杜威教育论著选》，王承绪、赵祥麟编译，华东师范大学出版社 1981 年版，第 5 页。

② 郑永廷等：《社会主义意识形态研究》，中山大学出版社 2001 年版，第 251 页。

③ 《爱因斯坦文集》第 1 卷，商务印书馆 1976 年版，第 339—400 页。

关系与人们行为的重要手段。彼此渗透，相互补充。道德是法律的评价标准和推动力量，是法律的有益补充，没有道德基础的法律，是一种所谓的"恶法"，对于这种"恶法"，人们不愿意去尊重和自觉遵守；道德在一定程度上能够保障法的实施，例如，对信用记录不良的人，在贷款、购房等方面会受到影响。这种奖惩本身就是具有一定的强制性的。另外，"道德银行"的成立必须在法律许可的范围内，这既是社会秩序化的要求，也是基本道德的规范。"道德银行"要在法律的指导下，以法律为准绳，依法经营、依法管理。"道德银行"开展的业务必须合情、合理又合法。

第五，利益性。"道德银行"的实质，是用制度对有德、施德之人进行感恩回报。这种"感恩"与"回报"，既是"道德银行"的基本功能，又是"道德银行"的主要特点。"道德银行"并不回避利益，提倡追求"德福一致""受恩必报"，从伦理上讲也是合理的、与时俱进的。马克思曾经说过："人们为之奋斗的一切，都同他们的利益有关。"[①]毛泽东也曾指出："马克思列宁主义的基本原则，就是要使群众认识自己的利益，并且团结起来，为自己的利益而奋斗。"[②]"道德银行"以银行的运作模式存取道德，将道德储户的善行义举转换成服务时间、道德币等多种形式，作为奉献社会、服务他人同时又可享有爱心回报的机会与权利的道德记录，希望以此来促进社会的爱心互动。这样一种全新的公民道德建设模式强调道德行为动机的非功利性，但更侧重道德互助。道德行为本应是一种自发自愿的行为，盲目地要求人们只为别人，不为自己，只履行义务，不享受权利，是一种看似自愿，实为强制的道德。[③]爱心无价、道德无价，两者都不能成为无视甚至否认道德回报的理由。"道德银行"要求每个人通过这种恩惠互助互动，增进人际关爱，

---

① 《马克思恩格斯全集》第 1 卷，人民出版社 1995 年版，第 187 页。

② 《毛泽东选集》第四卷，人民出版社 1991 年版，第 1318 页。

③ 郑光才：《论道德回报及其对道德教育的启示》，硕士学位论文，江西师范大学教育学院，2006 年，第 16 页。

达到社会和谐。"在一个社会共同体中，个人和集团的各种利益和要求之间的冲突是必然存在的。这就需要有一种能够为社会多数成员共同承认和教授的基本价值取向来协调冲突，缓和矛盾。以维持政治体系的生存与稳定。"① 通过功利手段激励社会成员实施美德行为，促使社会形成互帮互助、乐于奉献的和谐氛围。金生鈜指出："那些人在他人的意志下无原则地放弃自己的权利，一味地毫不利己，专门利人与其说是纯朴，不如说是愚昧，这种道德教育与其说是'教化'不如说是'规训'。"② 道德付出是一种内省，道德回报是一种他律。内省自悟受中国传统道德文化的熏陶，感恩互动受西方道德文化的影响，两种道德文化价值上是等值的，并无优劣高低之分。

第二节　大学生"道德银行"

人们对大学生"道德银行"的看法不一。一方面是大学生"道德银行"的成长壮大，另一方面是对大学生"道德银行"的质疑和担忧。面对社会的广泛关注，首先必须厘清大学生"道德银行"的概念，探讨大学生"道德银行"的本质问题。

一、大学生"道德银行"的概念

大学生"道德银行"是指大学生思想政治教育的一种新方法，是社会主义市场经济条件与文化多元状态下，我国高等院校思想政治关注探索的一种新途径，是大学生人生观、世界观、道德观建构与改造从管理被动型向自我主动型转变的一次飞跃，由此也带来了评价价值观念的颠覆性转变。它是社会"道德银行"在大学生群体

---

① 孔德元：《政治社会学导论》，人民出版社2001年版，第99页。
② 金生鈜：《规训与教化》，教育科学出版社2004年版，第2—7页。

中的体现，由于社会群体的不同，大学生"道德银行"的概念具有自身特定的内涵。

　　思想道德教育是人类社会神圣的事业。高等学校是思想道德教育的主阵地，承担开创新世纪道德文明的主要责任。青年学生是祖国的未来，抓好大学生思想道德建设对于其自身的成长和祖国的现代化建设都有着十分重要的意义。但是，思想道德教育需要载体。积极有效的载体对思想道德教育真正落到实处具有重要意义。

　　目前，高校思想道德教育体系中普遍存在主体性淡化、积极性不强、激励性较弱等诸多问题，导致高校思想道德教育实效性偏低。其中，载体的有效性不强是重要原因。新时代必然要求新的发展与探索。

　　大学生"道德银行"的建构就是高校思想道德教育有效载体建设上的一种有益的尝试和探索。

　　大学生"道德银行"是高校参照银行运作模式，将大学生志愿者的志愿服务、好人好事等以"道德币"这一虚拟货币的形式记录在"道德银行"的存折上，将志愿者活动中获得的"道德币"作为资产存入"道德银行"作为奉献服务的凭证。同时通过支取已存入的"道德币"可获得相关的帮助与服务。这一新形式适应了大学生思想道德思想的新情况：

　　大学是陶冶情操、广博学识、明辨事理、播种文化的圣地，但是在社会大环境的影响下，某些大学生的行为已经产生了变异。例如校外租房、父母陪读、雇用保姆、聘用钟点工、墙壁美术、课桌文化等举不胜举。这些都是以前思想道德教育中未曾出现过的新情况，虽然大学生思想道德的主流是积极、稳定、健康向上的，但同时在大学生中也不同程度存在着信仰迷茫、价值观扭曲、缺乏社会责任感、心理素质差等问题。这些都是新形势下大学生思想道德的新情况，新特点。开展思想道德教育，需要寻求新的途径，新的方法，新的载体。

　　大学生"道德银行"的出现与建构，适应了这一新的形势，新的特点。它建构的出发点，从学生的层面讲是解决高校大学生中存在的思想道德问题，弘扬高校主流道德文化；从制度层面讲，是解决思想道德教育中原有载体、方法有效性不强的问题；从主旨上讲，是要达到高校大学生思想道德教育与制度建设的和谐统一。

作为一名教育工作者，几年前笔者曾就相关问题在学生、教师与社会中展开了问卷调查。三组问卷分别以550名受访人员为限。学生的问卷主要在长沙理工大学城南学院进行。教师的问卷主要在长沙理工大学教师中进行。社会的问卷则选在社区、街头进行。在学生中，有86%的学生明确表示对传统德育方法的不满，4%的学生表示认可，10%的未表态度。而对"道德银行"，有60.7的学生表示认同，36.3%的同学表示比传统教育方法要好，只有3%的同学表示不完全理解或者疑惑。在教师中，88.2%的教师明确表达了对传统德育方式的不满，8.8%的教师表示认可传统德育方式，3%的未作表态。在社会人群中，有90.5%的受访群众认为说教式灌输式德育方式过于陈旧，"道德银行"模式值得一试，7.2%的受访群众对"道德银行"的有效性表示怀疑，2.3%的受访对象未作表态。

随机抽样问卷调查的结果显示，大学生"道德银行"是传统德育方式革命性换代升级的产品。它的模式理念能够得到学生、教师与社会的认同。浙江工业大学团委书记李昌祖认为，大学生"道德银行"着眼于提升大学生的道德实践，让大学生遵守道德规范的同时有一个更高的目标。"道德银行"是一个具体的操作平台，湖南株洲市委宣传部长赵湘珍认为，"道德银行"强化了社会对志愿服务的尊重，有助于形成"我为人人，人人为我"的良好道德氛围。①

在大学生"道德银行"概念中，"道德币"是一个核心的概

---

① 《高校成立"道德银行"喜忧各半》，2003年12月19日，见 http://edu.qq.com/a/20031219/000108.htm。

念，这个概念的出现具有双重意义：其一是对传统德育方式的直接否定。其二是将大学生的善行义举价值化与量化。对于第一点，已经没有必要做过多的阐述。于此讨论的核心是道德可否量化与价值化。

我们知道，任何一种理论突破都是一种对固守传统和极端反传统的突破。"道德币"可以说是现代化的传统道德背景下的一个文化产品，它突破了传统，落脚点在于社会道德的发展，根本取决于经济和道德辩证互动所形成的合力以及合力的状况。它的全部意义在于通过道德实践找到伦理与社会需求的契合点。同时，它反对极端的反传统，认为"道德银行"只是操作平台，"道德币"只是一个记录符号，中华民族的传统美德依然是它始终如一的追求。它对传统的改变只是一种手段上的改变。因而，从这个意义上讲，它并没有反传统。

道德能否量化、价值化不仅是"道德银行"概念中的核心，也可以说是全书的基点。尽管此前笔者已经展开了一些讨论，但在此还是需要旧事重提，以便作进一步的理论梳理与支撑。

反对"道德银行"者认为，"道德不是商品，也不是赠品。""道德给予人的，不在物质上面，而是在心灵方面。这种心灵的快乐和满足感是金钱所不能购买的，也是金钱所不能衡量的。"[1]"道德是意识，是精神，并非道德劳动的劳动时间所能代表的。因此，对道德的奖赏，不应该也不可能用时间存储交换的方法来实现。"[2]"道德的源头在体内，在于生命内里的信仰。"[3]

反对者的言辞还有很多，但仔细梳理起来，他们反对"道德银行"的理由主要认为道德是一种内省，一种信仰，一种精神。因此，任何一种将其市场化的行为与举动都是对"道德"的谋杀。对

① 魏荣华：《道德没有银行》，http://cqvip.com。
② 白志刚：《道德作为高尚的精神不能储蓄》，《政工研究动态》2002年第9期。
③ 王开岭：《"道德银行"与道德谋杀》，《教师之友》2005年第1期。

道德图利就是对道德的辱没。

粗略地看，似乎很有道理，但实际上，这种观点是值得商榷的。它的错误在于：其一，歪曲理解了"道德银行"与"道德币"；其二，对现代化了的传统道德没有一个正确的认识。

转型时期的道德实质上是现代化了的道德。现代化在意识形态领域的不断推进导致了原有社会道德的裂变。二百多年前就已经开始的西学东渐通过改革开放而全面提速了。这种提速所带来的影响在80后、90后一代中尤为强烈。所以笔者以为，目前中国人的道德观实际上是现代化了的道德观，这种道德观又是分层的。80后、90后直接与新时代相伴，与60后、70后相比，较少传统的思维，思想更为开放。对西学东渐抱有一种更为宽容、接纳的态度。尤其是在相当部分青年中，对西方的政治思想理论兴趣大增。他们从内心深处并不抵触西方文化，不视西学为洪水猛兽。如果说，在60后、70后中，中西两种文化产生的是冲撞的话，那么在80后与90后中间，这两种异质文化产生的就是交汇与融合。这样一来，在不同的人群中间，实质上就产生了不同的文化理念与道德观念。都是中国人，但在道德价值观上却有层层代沟，而这一切，是西学东渐的结果。这正像江怡先生所认为的那样："如果我们承认西学东渐对中国现代化进程起到了主要的推动作用，那么，我们就必须承认，没有西方文化的传入，就没有现代中国文化的发展，同样也就没有所谓的'中国传统文化'，否则，我们可能就会仍然生活在那样一种文化之中，而不会把它看作是一种'传统'。"① 斯宾格勒曾经认为，任何一种文化在价值上都是等值的，没有高低优劣之分。同样的道理，中西道德观在价值上是等值的，中国传统道德求义不求利，讲求内省，西方道德以个人为本位，二者的差别只是侧重不同。亚里士多德所建立的伦理体系强调个人的意志与利益，罗塔戈拉说，它是认识万物的尺度。中国的传统道德有美德也有丑

---

① 江怡：《西学东渐与中国的现代化进程》，http：//philo.ruc.edu.cn。

德。丑德之中譬如君君、臣臣，只体现等级，不体现人性；譬如饿死事小、失节事大等都应该批判。两种道德观谁高谁低呢？笔者无法评判。

既然是等值的，也就没有高低优劣之分。在两种价值观交汇融合的今天，如果只把其中的一种观点作为标准进行评判都会是一种错误。在这里，如果我们用一个数字公式表达的话，道理就更简单不过了。假设传统道德为 A，西方道德为 B，那么现代化了的道德就是 AB=A×B。因此，要评判就只能是两种道德观视角下的评判，缺一不可。而对"道德银行"持反对者正好犯了上述错误。

由于这一错误判断，因而对"道德银行"跟着又产生了另一种错误认识：否定道德的功利性。

大学生"道德银行"及"道德币"是一种大学生思想道德建设的评价体系，这种体系是对传统学生评价体系的否定，是一种文化制度上的创新与建设，是对转型了的道德的变型与认可。它并不是否定道德个体的内省，但更着眼于在个体道德基础上的社会道德共建。这种共建是有序的、互动的。"道德银行"与"道德币"就是这种共建的助推器。因此，追求功利与道德相对吻合，并不是"道德银行"的发明，也不是"道德币"的罪过，而是一种现实状况。只不过"道德银行"把这种状况反映到了制度中。道德能功利吗？西方的道德文化已经作了回答，改革开放以来中国人的现实道德状况也已经作了回答。所以对"道德币"的质疑从理论到实践都是有问题的。

当然，任何事物都有一种"度"。现代化了的道德追求义利一致，"道德币"是它的符号反映，这本身没有什么对错，是一种客观反映。反过来讲，通过"道德币"是否会导致道德功利有扩大化的趋势呢？笔者认为，这正是"道德银行"要解决的主要问题。

有利而不能过度，这是"道德银行"的一个基本原则。道德所带来的功利一旦超过了一定的限度，便会违背道德本意，失去建设的意义。所以在实际操作中,"道德银行"会遇到一系列的问题。对这样一些问题,"道德银行"亦有相应的配套措施,通过措施解决具体问题,使奉献与回报相对一致,促成校园良性的道德互动。当然,这种技术性的问题并不在本节的讨论范围之内。

二、大学生"道德银行"的本质

本质(essence)是事物固有的属性,是事物存在的根据。什么是大学生"道德银行"的本质呢?要回答这个问题就必须把大学生"道德银行"当作一个多层次的统一体去看待,必须把大学生"道德银行"放在一种它自身与外部的相互联系之中看待。通过这种整体联系的方法解剖分析,透过现象看本质。

第一,从大学生"道德银行"产生的背景来看,大学生"道德银行"是对当今大学生道德建设现状的回应。道德教育是大学教育的永恒主题,杜威曾经主张:"使道德的目的在一切教学中,不论什么课题,处于普遍的和统治的地位"。[①] 大学道德教育的对象是大学生,大学生作为一个生命个体,是"现实的个人",而不是"处在某种虚幻的离群索居和固定不变状态中的人,而是处在现实的、可以通过经验观察到的、在一定条件下进行的发展过程中的人"[②],"是处于既有的历史条件和关系范围之内的自己"。[③] 我国改革开放以来,我们的精神文明建设落后于物质文明建设,文化思想制度的建设也滞后于经济社会主义经济的建设。社会出现了道德贫困,这种贫困的道德也影响到高校的大学生。例如,在有的高校,一些并不贫困的学生用着高档的手机和电脑,却还要在一年一度的国家助学金申请中撒谎、造假,声称自己贫困而没有丝毫的道德羞耻感。在湖北,有这样的受助大学生,受助期间没有给资助者打过

---

① [美]杜威:《杜威教育论著选》,王承绪、赵祥麟编译,华东师范大学出版社1981年版,第98页。

② 《马克思恩格斯选集》第1卷,人民出版社1995年版,第73页。

③ 《马克思恩格斯选集》第1卷,人民出版社1995年版,第119页。

一次电话，发过一条短信，受助而不知道感恩。洪战辉带妹求学12年而成为道德楷模。在央视《新闻会客厅》节目中他坦诚说道，作报告、演讲、想要出场费。但这个典范注定要他鄙薄利益。所以有学者就指出，为什么道德必须和贫穷画上等号，"其实，财富本身毫无道德属性，其道德判断只能视乎人们取得并支配的手段和方式而定……应该让我们唾弃的是见利忘义的致富手段和为富不仁的支配方式，而亦并非财富本身。"德育在大学教育中处于重要地位，是大学教育的最高目的。有着"现代教育学之父"称谓的赫尔巴特谈道："德育是教育的仅有任务也是全部任务，抑或是人类最崇高的目标，所以同样是教育的最崇高目标。"① 联合国教科文组织国际教育委员会提出：应当把"'学习实现自我'即人的教育，放在最优先的地位"。大学生"道德银行"正是在这样的社会背景下应运而生，它的出现是大学生思想道德建设方式对社会问题作出的积极回应。这种"道德银行"可以把大学生的良好道德行为兑换成"道德币"，并将其存储到"道德银行"中。"储户""道德币"的数量对应着该储户所作的志愿服务以及好人好事的量。另外，"储户"还可以凭借自己道德币的多少向银行申请一定的帮助或享受相应的待遇。通过自己的道德行为大学生能够获得自己的某种需求，正如马克思说的，"人类不断通过进行各种各样的活动进而从外界获取能够满足自我需求的物质"。② 对公众进行物质奖励或者其他方式的激励能够使得他们进行良好的道德活动，这样整个社会的道德氛围就会变得越来越好，正如马克思所说的那样："社会——不管其形式如何——是什么呢？是人们交互活动的产物。"这种预想直接指向当下大学生的道德现状，对大学生道德教育有着积极的意义。大学生"道德银行"建设的最初目的也是在于改变大学生的道德状况，让社会变得更加和谐美满。

---

① 张焕庭：《西方资产阶级教育论著选》，人民教育出版社1979年版，第262—263页。
② [德] 马克思：《1844年经济学哲学手稿》，人民出版社2000年版，第40页。

第二，从大学生"道德银行"的外在手段来看，大学生"道德银行"实质上是大学生思想政治教育的一种载体，也就是借助"银行"这个功利化的外在手段来推进大学生思想道德教育。我国宋代的司马光曾指出："才者，德之资也，德者，才之帅也。"[1]19世纪的俄国教育家乌申斯基谈道，"对儿童进行道德教育比向儿童灌输科学知识要更加重要，所以道德教育是教育的一项重要任务"。[2]同时，他还指出，道德教育在于改变人的思想道德素质，"德育的个体性功能主要表现为教育对象的品德发展"。在大学生思想道德特点已经发生变化的情况下，大学生思想道德教育方式亦必须发生改变，变则通，通则久。本质上，大学生"道德银行"就是大学生道德生成环境已经变化的情况下产生的一种新的思想道德教育管理模式，这种模式是一种制度创新与回应。对传统而言它不再是号召性模式的、说教式的与令人乏味的。对现实而言，它不再具有强迫性，人人可为而可以不为，但是，它通过一种保障回报的制度营造起一个"我为人人，人人为我"的道德氛围。因此，它的目的与本质的本质就是在大学生中提倡道德奉献，促进道德互动，迈向道德和谐。马克思主义认为，"一切以往的道德论归根到底都是当时的社会经济状况的产物"。[3]大学生"道德银行"的外在手段是功利化的，体现为其运营方式与社会中的实际银行相似，大学生与"道德银行"交易其道德行为，当然是要通过利益驱动驱使大学生的道德行为与"道德银行"的利益发生交换，这样可以加强大学生的道德建设。大学生"道德银行"对不同的善举实行不同程度的奖励，这种外在的激励是对道德行为的肯定和赞扬，这样做可以建立起一个和谐的道德氛围使得人们能够更好地善待他人与社会。功利的核心突出体现为行为所带来的效益，边沁的"快乐"理论和密尔

---

① 司马光：《资治通鉴》卷一。

② ［俄］乌申斯基：《论德育的目的和手段》，上海人民教育出版社1979年版，第262页。

③ 《马克思恩格斯选集》第3卷，人民出版社2012年版，第471页。

的"幸福"学说都强调行为所带来的效果及作用。实际上，创建大学生"道德银行"的本来意图就是促进大学生向善的道德追求，以期建立起和谐美满、相互关爱的美好世界。"思想政治教育的终极目的就是提高人的素质特别是其思想道德素质，并发挥其潜能以推动生产力的发展，从而使得社会不断向前进步"①。大学生"道德银行"建设的着眼点就在于将大学生塑造成具有优良道德品质的社会公民，这主要是因为一个和谐美好的社会是不可能由一群道德缺失、人格具有缺陷的社会群体建立起来的。换句话说，从创建大学生"道德银行"的宗旨来看，它是从大学生的内在道德这一角度出发的。在大学生道德建设期间，如何发现并能够找到一种能激励人们主动向善的方式应该是我们更为关注的一件事情，大学生"道德银行"所采用的外在的、客观的物质激励或精神奖励仅仅是一种功利化手段，而不是最终的目的。

　　第三，从大学生"道德银行"的运行机制来看，运行过程就是大学生思想道德素质提升的过程。大学生"道德银行"实质上是利用一种外在的激励手段使得大学生能够作出符合道德规范的行为，这样可以使大学生目前的道德状况得以改善，因此有利于在社会上建立起相互帮助、和谐美满的风气。通过对大学生给予一定的奖励这种功利化的方式可以实现大学生"道德银行"所要发挥的作用。换句话说，要想使大学生"道德银行"真正发挥作用，就必须建立起相应的激励机制与措施。这种激励机制的性质是具有功利性的。大学生"道德银行"冠以"银行"的名字，就表示它是借用实际银行的功利化交易方式来推动和促进大学生的道德建设不断发展。一方面是大学生储户把他们符合道德的行为转化为"道德币"并将其存储到"道德银行"中，另一方面，"道德银行"会依据该储户的道德行为及其"道德币"的多少对其进行相应的奖励。在实际实施过程中，大学生"道德银行"选用的方式不尽相同，如一

---

① 张耀灿等：《现代思想政治教育学》，人民出版社 2001 年版，第 113 页。

些"道德银行"是将储户的道德行为记录在册，有的大学生"道德银行"采用物质奖励的方式，有的大学生"道德银行"则是采用授予荣誉的方式，不管哪一种方式，基本上利用的都是功利性的评价手段和运作方式。大学生"道德银行"实际上是借用实际银行相似的运作方式使其效力得以发挥，利用功利化的手段来刺激大学生与"道德银行"交换其道德行为，使得大学生"道德银行"得以运转。因此，大学生"道德银行"本质上是从外部对大学生实施功利化的激励来促使他们从事良好的道德行为，从而改变当前大学生的道德状况，使社会呈现出相互扶持、相互关爱、和谐美满的景况。需要注意的是，我国的专家、学者以及媒体在谈及大学生"道德银行"时，基本上都没能合理地指出大学生"道德银行"中的"道德"二字到底意味着什么，同时对大学生"道德银行"的伦理实质也没能准确地给出解析。另外，对大学生"道德银行"带来的利弊进行分析时，只是关注和强调银行所起的作用和目标，而没有准确地找出其外在的功利化手段。这样带来的后果就是在分析"道德银行"的利弊时往往只是依据其发挥的作用，而没有从其内部本质入手深入地进行理论上的分析。

第四，从付出和回报的关系来看，大学生"道德银行"又是大学生产生良好品德行为的激励手段。与传统德育方法相比，它最大的不同是讲求回报获利，努力做到与实现个体既是道德建设过程的参与者，又是道德建设成果的获益者。大学生通过参与道德实践活动，"可使每个社会成员的需求和愿望（主要是精神方面的）得以实现，并在此过程中能够感到满足、高兴与幸福，从而得到精神上的享受。"① 通过这样一种制度，建立一种互助互动型的道德观念，实现奉献与报偿、德行与幸福、义务与权利的二律一致。正如扈中平所说："用一句通俗的话来说，公平就意味着在机会均等的前提下，'该是谁的就是谁的'，就是义务和权利的统一，就是付出

---

① 鲁洁、王逢贤主编：《德育新论》，江苏教育出版社2002年版，第276页。

和所得的统一，否则，就无道德可言。"① 应该说，大学生"道德银行"客观准确地反映了当代大学生思想道德状况。因此反对者对大学生"道德银行"会产生伪善的质疑并没有从根本上驳倒大学生"道德银行"的建构理念。是否产生伪善，是一个执行问题，制度完善问题。因此，这种质疑，与其说是针对大学生"道德银行"，不如说是针对社会道德体系。因为目前中国的社会道德已经是问题多多。例如"我们抛弃了信仰，信仰也抛弃了我们"。社会充满了谎言等。大学生"道德银行"构建的目的之一就是为了进行道德救赎，而不是相反。对建构大学生"道德银行"资格、权力的质疑实质上是道德虚无与怀疑主义的表现。他们的一个浅显的错误是，他们不知道，道德是个人的也是公共的，个人道德的总和便构成了公共道德。社会道德，这是一方面；另一方面，个人的道德标准又不是也不可能是公共的（或社会的）道德标准，对构建大学生"道德银行"资格、权力的质疑实际上偷换了逻辑概念，它把公共的概念强迫个体接受，然后回头进行指责，这是毫无道理的。

三、大学生"道德银行"的特点

所谓特点（feature；characteristic；trait）是指人或事物独特的地方。大学生"道德银行"的特点是从它的本质属性中派生出来的，是本质属性的自然反映。这可以从它的产生、内容与功能三个方面进行阐明。

第一，大学生"道德银行"具有时代性。大学生"道德银行"是在社会主义市场经济的背景下产生的，是当今社会的经济基础对上层意识形态造成的影响带来的产物。马克思主义认为，"一切以往的道德论归根到底都是当时的社会经济状况的产物"。② 大学生"道德银行"也是我国当前市场经济的一种反映。它以银行形式

---

① 扈中平：《教育目的论》，湖北教育出版社 2004 年版，第 228 页。
② 《马克思恩格斯选集》第 3 卷，人民出版社 2012 年版，第 471 页。

的操作平台，在着力培养广大学生树立奉献意识的同时，也把善恶有报变成一种有组织的社会行为；它在激发个体的主体意识、主动意识、推进个体道德全面发展的同时，也满足个体的精神与物质要求，在这种参与和享受的互利互动过程中完成社会道德的共建，实现道德和谐。一种制度的产生与建立并不是为了满足什么条件才产生与建立的，它只能是一定经济状况的产物。大学生"道德银行"并不是丢弃传统。反过来，传统的东西在现实世界中并不都是可行的。例如针对山东省教育厅出台的经典诵读新规，复旦大学钱文忠就表示："按照《弟子规》《三字经》的标准培养出来的孩子，到社会上 90% 是吃亏的。你把孩子按照《弟子规》那样培养成忠诚、守信、孝悌、守规矩的孩子，到社会上混混看，马上被人摆平。"钱先生的话表达了一个学者的担忧，也反映了一定的客观实际。无须否认，我们的时代确是一个诚信缺失的时代，假药、假酒、假文凭、诈骗短信、诈骗广告、诈骗电话无孔不入。因此在今天我们特别倡导要建立社会主义核心价值体系，强调因时制宜，正本清源，强调因势利导，与时俱进。大学生"道德银行"便是为着这种目的而建立起来的一种制度。它是破茧而出的道德制度，而不是为了满足一些条件的"填空"产品。

第二，大学生"道德银行"具有实践性。"马克思主义中的实践范畴，不论其表现为生产斗争、阶级斗争还是表现为科学实验，都主要是指社会、群体或类的实践。"[①] 大学生"道德银行"以实践为出发点，通过道德实践推动道德的良性互动。道德虽然是个体的，但最终只有通过社会才能反馈出来，只有进行道德实践，才能展现道德价值。"因为人的本质是人的真正的社会联系，所以人在积极实现自己本质的过程中创造、生产人的社会联系、社会本质。"所谓道德实践就是要求受教育者在日常生活中履行道德规范。孔子

---

① 戚万学：《活动道德教育论》，博士学位论文，南京师范大学教育科学学院，1994 年，第 66 页。

所说"听其言而观其行",墨子所说"士虽有学,而行为未焉",就是这个意思。道德实践包含道德行为和道德实践这两个方面。道德行为指的是人们在一定道德原则的规范作用之下,从个体意志出发,在个人利益与社会利益上所做的一个选择。各个个体会针对当时当地的具体情况进行不同的选择,但一般说来,分为"美行"与"恶行"两种基本类型。在理论表述上,道德行为又与非道德行为相对,这种情况下,两个相对的概念表达的则是正与反,好与坏,善与恶,美与丑的相对道德含义。道德实践则是一种主动的有目的的道德行为。其中,又可分为成年人的道德实践与未成年人的道德实践两种。大学生道德实践从教育层面上讲,属于未成年人道德实践。一般来说,大学生道德实践是指大学生思想道德外化为道德行为后对社会及个人产生影响的过程。这种实践是一种有目的的道德认识的付出。当下,大学生的道德行为是多元性的,取向不一,需求不一。一方面,这种道德具有未成年性,在当今的社会道德体系中,应该继承什么?杜绝什么?摒弃什么?发扬什么?各自都没有一个固定的答案,都在进行不断的选择与排列组合;另一方面,具有可塑性,他们热爱祖国,具有强烈的民族自豪感,关注世界的发展变化,主流是好的。因此,高校德育工作如何做到明伦察物、行之有效便是一个亟待解决的问题。大学生"道德银行"为此在德育机制上作出了一个与过去完全不同的回应。它摒弃传统模式,从大学生个体道德行为入手进行道德培育,通过奉献与回报机制,使尽德之人得到公正的评价与回报。通过道德自律与他律使道德权利回到合理地位,实现奉献与回报的相向互动,以此强化大学生的道德行为,激励大学生的道德实践。

第三,大学生"道德银行"具有思想的激励性。在当代大学生中确立一个什么样的道德导向是高校思想政治工作能否有实效的关键。大学生"道德银行"提倡奉献精神,从体制上给予施善者一定的回报,它存入的是服务奉献的精神,取出的是相互帮助。因此,在道德导向上,它激励个体的道德实践与互动。因为如果没有一个机制的保障，大学生个体的道德实践就不会产生一种长期的良性互动。"如果只是要求人们付出，却不对这种道德付出给予回报的话，那么肯定会导致道德评价与道德赏罚欠缺公平，导致权利与义务，付出与回报，德行与幸福的背道而驰。"① 郑州大学魏长领教授认为，"社会必须建立一种守德者幸福，背德者不幸，善有善报，恶有恶报的德行和幸福统一的伦理体系"。② 大学生"道德银行"就是这种伦理体系的具体体现。"道德银行"通过利用利益激励机制来实现道德教育的目的，这符合马克思主义的观点，即利益是道德的基础。任何德育，都无法回避利益，商品经济条件下，实现自己的利益是绝大多数人从事各种活动的原始出发点。大学生"道德银行"充分考虑了市场经济条件下的物质利益原则，正视与肯定付出后追求回报的正当性与合理性，履行道德义务不以获利为目的，绝不意味着这种道德义务是脱离道德权利的义务，受恩有报，受恩必报是实现道德公正的必然要求。由于德育机制的改变，使得大学生"道德银行"实现了利益激励机制与道德教育现实途径的内在统一，有效地解决了当前高校思想道德教育中激励性不强的问题。

第四，大学生"道德银行"育人的工具性。必须承认，大学生"道德银行"浸入了工具主义与功利主义的思想内核。功利主义认为，伦理中的最大善的计算必须是善行所涉及的每个个体苦乐感觉的总和。个体之间具有相同分量，能够进行换算。米尔认为，人类行为唯一目的是求得幸福。工具主义认为，思想、概念与理论是人们为了达到某种目的而设计的工具，适应环境有用便是真理。工具无所谓真假，只有有效或无效，适当或不适当，经济或不经济之分。这种观念的引入并不是高校教育工作者的主观故意，也不影响社会主义道德在大学生思想意识中的主流地位。实际上，它是对客

---

① 葛晨虹：《应建立道德奉献与回报的社会机制》，《政工研究动态》2002 年第 7 期。

② 《学者呼吁我国尽快完善道德奉献与道德回报机制》，2005 年 11 月 18 日，见 http：//news.sina.com.cn/s/2005-11-18/07517471555s.shtml。

观事实的一种尊重与认可。现代化背景下大学生道德生成具有自己的本质特点：他们普遍倾向实用与功利主义。认为在充满激烈竞争的社会，要想立足就必须学会表现自己，抓住机会，展现自身的价值。因此，在他们的道德生成中，主体意识与竞争意识都特别强烈。自我价值的实现始终处于一种最重要的位置。如果集体利益与个人利益发生冲突，他们首先维护的是个人的利益。在这种状况之下，大学生个体之间也会有所不同，由于家庭环境、生活方式、人生经历、年龄大小以及出生地域的不同而使大学生思想道德在个体之间存在着差异。比如来自沿海地区的学生大多更加功利，年龄大的学生比较世故，绝大多数同学认同义利并重，极少数同学陷入极端个人主义与拜金主义等。这就是大学生思想道德的真实状况。这种真实源于社会主义市场经济；源于五颜六色的都市生活；源自飞速发达的信息时代。因而在今天，大学生就业形势与就业压力十分严峻的情形之下，那种圣贤式道德要求实际上是一种乌托邦式理想，看起来很高尚，很纯洁，很神圣，实际操作起来没有可行度，刻舟求剑，流水已失。

第五，大学生"道德银行"德育机制的创新性。实现了德育主体与环境，个体与群体，个体能动性与群体联动性的多重统一。具体表现在以下几个方面的突破性创新。首先是大学生"道德银行"需要更加制度化。根据《大学生道德银行管理办法》的有关规定：每个储户每年至少保证要存入48小时志愿服务时间，能够接受有关协会的指派而提供相应的、力所能及的志愿服务，他们的服务对象是那些需要获得帮助的社会低收入群体和公益项目，以及已经提供了志愿服务的志愿服务者。其次是大学生"道德银行"强调监督机制。志愿者的服务时间由银行、被服务者、志愿者三方共同认可，在储蓄卡上作记录，方可存入"道德银行"。再次是大学生"道德银行"建立了道德的回报机制，将道德权利与义务统一起来。大学生在履行了一定的道德义务后，要给予其相应的回报，"道德银行"就是为这种公正的奉献与回报提供保障。由此可见，大学生"道德银行"既是一种思维突破创新又是一种制度突破创新，这种突破性创新来源于社会，来源于时代，来源于生活，来源于实践，而不是书斋、书本与经典。它与大学生的生活密切相关，与我们所处的时代密切相关。它不是社会"道德银行"的照搬与简单重复，而是适应了当代大学生道德实践的客观实际。能够促使大学生道德良性互动的持续运转，以制度的形式固化这种良性互动，通过持续的激励保持道德互动的活力。通过组织保持与大学生道德实践信息的畅通，持续激励个体道德实践的积极性。这种制度创新是大学生道德实践的必需载体。没有这种制度保障，大学生道德互动就会失去持续的动力机制。因此，大学生"道德银行"不是对大学生道德实践细枝末节的修剪，而是一种制度上的根本性的变化与调整。它主要是引导学生借助情感体验来进行相关的道德选择，使大学生的道德行为发生变化，从自发自在向自觉自主转变，进一步变成自身道德素养中的自我塑造主体。传统德育机制将德育理想化、空泛化，忽视受教育者的个体差异，导致实效极低，作用不大。大学生"道德银行"不反对"认知"，但更侧重"践行"，在践行中彰显个体的差异和实现个体的权利平等、机会平等、地位平等、认知平等，使德育直面生活、直面时代、直面实践，增强德育的信度和效度。它通过以互助互利为原则的活动，在培养广大学生树立奉献意识的同时，又将先进性道德要求与大多数学生的道德实践合二为一，促使学生不仅能够遵守基本的道德规范，更能够在此基础上建立更高的道德追求目标。把"善有善报"变成一种自觉自发的行为，使得学生的物质与精神两方面的需求都能够满足，把笼统的、抽象的规章制度具体化、数字化，正确引导学生进行道德实践，持续调动其潜在的积极性，充分发展与发挥大学生的主体意识与主体需要。通过制度保持实践主体对制度主体的充分信赖，使制度产生一种公信力，通过公信激发自信自勉自律。

第三节 大学生"道德银行"的建构

大学生"道德银行"是一种新型的道德建构模式，以大学生的道德实际为着眼点和立足点，旨在进一步推动大学生道德建设事业的发展。大学生"道德银行"的构建既有社会"道德银行"的特点，也有它的自身特点与规律。

一、大学生"道德银行"建构的内涵

内涵是事物内在因素的总和，是事物内部所含的实质与意义。大学生"道德银行"有它固定的本质属性与特点。这些属性与特点都是客观存在的。它本身不是内涵，只有当它反映到概念之中成为思想内容时，这时候的大学生"道德银行"才是内涵，它是一切属性的总和。

首先，马克思主义的道德观，是建构大学生"道德银行"的理论基础。

马克思主义认为，人的主体性是一切道德活动的内在依据。道德是内在于人的事物，而不是外在于人的事物；是自我肯定与自我发展的社会形式，而不是自我否定与自我倒退的社会形式。艾伦(D.P.H.Allen)认为，尽管马克思与恩格斯并未使用"功利主义"一词，但所持的立场却是功利主义的，"功利主义支撑着他们的道德判断"。[①] 按照马克思主义道德观原理，我们可以认为，现实是阐明道德现象与道德意识的唯一源泉。个体的道德意识从本质上讲又是社会的，具有社会属性。所以，道德的生成与发展必定是两者互为因果，相互促进的结果。

---

① 张霄：《评目的论式的马克思主义道德理论》，《中南民族大学学报》（人文社会科学版）2010 年第 3 期。

利益是道德的基础，任何道德教育都不可能回避利益问题。人们为之奋斗的一切，都同他们的利益有关。费尔巴哈曾指出，取得幸福是维系道德的前提条件。人要对人以爱，以爱易爱，共同幸福。因此，道德离不开人的利益关系。大学生"道德银行"遵循马克思主义道德理论，通过激励机制着眼于引导大学生的道德实践，通过实践科学处理义利关系，调动广大学生的积极性。邓小平曾说："如果只讲牺牲精神，不讲物质利益，那就是唯心论。"

道德也是社会的产物，道德关系说到底是一种经济关系。有什么样的经济关系就会有什么样的道德体系。当前的道德经历了市场经济的长期哺育，因此，道德建设不可避免地渗入了竞争原则、交换原则、等价原则和利润原则。

同时，道德又具有相对独立性与能动性。它对经济规律的刺激与影响可以作出积极的有选择的反映。这种道德的能动是一种意志的能动，受道德主体意志的自由支配。能动不是随意，自由支配不等于目空一切，道德的能动说到底又是相对的、有限的，总是受制于一定的利益关系。道德的能动只是在一个更高的层面体现出社会关系运动的规律性，在更深的层次体现出自然规律。大学生"道德银行"就是这种能动性的反映，它通过志愿者志愿服务的方式倡导"无私奉献""多予少取"的道德理念，摆脱完全等价交换的纯市场化倾向。从理论的角度讲，在市场经济环境中，要想在实践"我为人人，人人为我"的道德理念，就有必要采取大学生"道德银行"这条新路径。

人是社会关系的总和。道德的奉献与回报，其实质就是义务与权利关系的反映。在道德当中，既有权利，又有义务，是权利和义务的统一。权利与义务是相互依存的关系，但是又不是简单的相互对应，有道德义务并不一定要对应相应的道德权利，义务不是获得权利的工具。承担相应的道德义务也不是以他人对等承担义务作为前提条件。道德主体履行一定的道德义务，尽管没有主观的要求回报，但在客观上会回报相应的权利。道德的主体与客体又是相对的，可以互换的。人在履行道德义务的过程中也是其他的人所要奉献的对象。人们在作出利他的同时也在利己，人们在受益的同时也要使别人受益。

道德回报与道德奉献相对应。它是一种特殊的道德评价与调节方式。从实质意义上看，它是对道德主体进行的物质与精神的双重褒奖或贬惩。道德回报并不是"道德银行"的发明，在中国古代，道德回报可以说到了登峰造极的地步，那些被封上道德楷模的人，生前加官晋爵，享尽荣华富贵，死后树碑立传，力求流芳百世。亚当·斯密指出，奖赏与惩罚都是回报和补偿方式，只是前者是以眼还眼，而后者则是以牙还牙。

承认道德回报意味着承认高尚的道德行为可以也应该给主体带来利益。道德可以获利，获利的道德并不影响其崇高性，因为道德的本质是增进了社会与个人的利益。

其次，德得相通，德福一致的传统文化理念是大学生"道德银行"建构的理论支点。

中国传统道德从"天人合一"的理念出发，寻找道德的基础，养成"由近及远""推己及人"的思维方法。"内修于己为德，外措施于人群为道。""见贤思齐焉，见不贤而内自省也。"

在这样一种道德文化中，主张义利一致是其中的一个主要内容。墨子主张尚义与兼利并举。"兼相爱，交相利"，"忠，利君也；孝，利亲也；功，利民也"。① 东汉王充进一步发挥了义利并举的思想。他说："让生于有余，争起于不足。谷足食多，礼仪之心生；礼丰义重平安之基立矣。"② 由此他诘疑孔子的"去食存信"的道德主张是不对的，"夫去信存食，虽不欲信，信自去矣；去食存信，虽欲存信，信不足矣"。王夫之认为，人生一世，义与利是两大支柱，缺一不可，"义足以用，则利足以和，和也者合也，言离义，而不

---

① 《墨子·经上》。

② 《论衡·治期》。

得有利也"。

很显然，在中国古代，道德价值观念总体上虽然重义轻利，但并不是重义弃利。所谓以义制利，先义后利，义利并举等都说明道德中的仁义与功利是密不可分的孪生兄弟。因为道德是针对芸芸众生的，所以它再高尚，也高尚不到不食人间烟火的地步，它再纯洁，也纯洁不到脱离芸芸众生而孤芳自赏的境界。芸芸众生是与五谷杂粮相伴一生的黎民百姓，民以食为天是亘古不变的真理，所以对百姓来说，仓廪实才能知礼节。

所以，大学生"道德银行"契合了中国古代传统道德文化的思想，不回避道德建设中的利益回报。对大学生来说，道德是高尚的，但"积善之家，必有余庆""爱人者，人恒爱之；敬人者，人恒敬之"。道德是纯洁的，但有道德者"必得其位，必得其禄，必得其名"。

最后，现代西方道德理论是大学生"道德银行"思想内涵。

现代西方道德理论是一个系统的理论。一般来说，这种理论注重道德能力的培养，强调个人主体、注重道德认知的发展，反对说教、榜样式的灌输方法。杜威认为，一个在道德上受过教育的人，是一定社会和社会团体的一部分，社会形成了他的道德，他强调活动、实践在道德建设中的作用。把个体的主动性、积极性作为道德发展的重要条件。法国道德学代表人物萨特（J. Sartre）是存在主义道德理论的守护者。他认为，道德价值存在于人的自由选择之中。正确的师生关系应该是一种平等对证关系，这种关系具有包容性。道德教育的内容应该由学生需求所决定。罗杰斯提出"以人为中心"的学校德育，反对教师权威，认为学生是主体，教师只是学生良好的咨询者。阿瑟·W.库姆斯进一步认为，人是道德教育的中心，也是德育的目的。1943 年，美国心理学家亚伯拉罕·马斯洛在他的《人类激励理论》中提出人类需求层次理论，认为各种层次的需要互相激励、依赖与重叠。科尔伯格（kohlberg）认为，道德发展是学习的结果。道德有赖于个体的自主性，又与外部环境产生作用,德育如果试图用一种灌输的方法来达到发展的目的,其结果可能是适得其反。涂尔干试图用社会学解释道德。他认为,社会条件是产生道德的决定性条件,也是德育的最后依据。在拉斯思(L. Raths)的价值澄清理论中,拉斯思提出了关注生活、提倡反省、尊重自己与他人、培养能力四大原则。

总之,全球化催生多元化,西学东渐形成中西文化的交织相融。不可否认,西方道德观念已经渗透到大学生的思想之中。传统道德观念不再一统天下,甚至在部分人中这种道德共识已经土崩瓦解。"每个人都可以自由地成为他想要成为的那个人。每个人都可以自由地选择他想要的生活方式,其结果最终导致了社会道德共识的瓦解和道德相对主义的产生。"① 道德标准不再是一元的而是多层的。道德是相对的、会发生变化的。"新发生的新生活新社会必然要求一种适应他的新道德出来,新道德的发生就是社会的本能的变化,断断不能遏抑的。"② "从整个人类历史看,各时代有各时代的道德,各人群有各人群的道德。这便是新人群新道德观的精髓。新人群的生活条件,使新人群有这种最前进的道德观;而就是有了这种道德观,新人群才不会附着那旧道德的骸骨再去迷恋,而发生一种去旧革新的力量。"③

当代大学生是新时代的新人群。他们的道德是一种现代化了的道德。"跟着经济状况的变迁而变迁。"④ 大学生"道德银行"对这一情况作出了适应性的反映。实质上,"道德银行"是中西道德文化观念反馈于大学生之后再反馈到大学生德育体制的结果。

---

① "A. Maclntyre, After Virtue", Notre, Dame, Lnd, University of Notrepress, 1984, p.68.

② 李大钊:《物质变动与道德变动》,《李大钊文集》,人民出版社1984年版,第15页。

③ 冯定:《新人群的道德观》,《冯定文集》,人民出版社1987年版,第1045页。

④ 杨贤江:《青年的道德观念》,载《杨贤江教育文集》,教育科学出版社1982年版,第188页。

大学生"道德银行"的思想内涵也就在这里。

二、建构大学生"道德银行"的功能

大学生"道德银行"覆盖着大学生群体,走进了大学生的生活,针对大学生的实际,反映并正面回答大学生的需求,接受大学生的检验。它的功能表现在:

首先,通过制度支撑,保证大学生德育的正常有序。

"德性是人的力量自身,这种力量是由人的本性决定的。"[①] 德性是需要培养的。而培养德性需要制度保障。随着改革开放进一步的深入,传统的灌输式的德育体制已陷入困境。这种困境主要体现在受教育对象道德的多元性使这种以唯一道德标准为模式的灌输式教育陷入尴尬。举例来说,大学生评优评奖,教师提倡大学生"先人后己",但有学生就反对这种所谓的谦让本身就违反了公平竞争的原则,是不道德行为。道德灌输失灵,信息化网络的飞速发展打破了教师对知识的唯一垄断。因此教师对知识与道德的唯一评价权也一同消失。大学生的道德学习与认知具有显著的开放性、多样性与选择性,教师的评价只是一种选择而不是唯一。

马克思主义的道德是人性的道德,马克思主义的道德教育是人性的道德教育。它的全部语境在于对个体人性与客观事实的尊重。大学生"道德银行"充分尊重这个客观现实。从性质与方向上看,大学生"道德银行"仍然以宣传马克思主义道德观为己任,仍然以培养大学生的社会主义道德为立足点与出发点,大力宣传社会主义核心价值体系。但是在手段与方式上,大学生"道德银行"对传统进行了革命性改变。这种改变就是一种尊重,就是一种适应,就是一种制度认同。它在传统德育机制面对新时代新道德新群体困难重重的时候接过德育的接力棒,不仅保证了德育工作的正常有

---

① [荷兰] 别涅狄克特·斯宾诺莎:《伦理学问题》,刘昇泽译,中国社会出版社 1999年版,第175页。

序，而且使这个工作生动、活泼，富有成效。

其次，通过制度支撑，保证大学生德育的阳光透明。

在以往的德育体制下，学生道德的高低由教师说了算，教师的评判具有唯一性。这种以个人好恶判定学生道德水平与标准的做法普遍遭到学生的质疑，公信力大为下降。其实，在现代化背景下，教师的师德同样也面临着挑战。例如爱岗敬业精神问题，只教书不育人问题，为人师表意识相对淡薄的问题。高校教师中学术道德缺失问题等。所有这些，都使教师道德的评判威信与效力大为下降。教师的评判不再具有唯一性。

在传统德育机制中，学校道德评判有无比的权威，因为它背后站着的是国家政治权力。道德被政治化，其结果不是强化了道德的力量而是稀释了道德中的伦理因素，道德依附于政治，学校道德教育从某种意义上讲已是一种政治教育，政治化了的道德走出了道德的范畴。马克思指出："道德的基础是人类精神的自律。"① 美国学者威廉·K.弗兰克纳认为："任何道德原则都要求社会本身尊重个人的自律和自由。"② 新时代的德育机制理应走出传统道德教育的模式，符合个人内在良心的认同和自愿的希求，否则就不会有任何的号召力与约束力。高校德育首先必须使人知道它，而且必须诚心、自愿地希求它，否则高校德育机制就不能成立，失去实际的意义。

传统德育机制的失败还在于德育主体的"错位"。它把外在的规则系统当成了道德的本质特征。无条件服从，顺应领导与上级要求成了最终的道德目的，其结果是造就了一大批迫于外在压力而循规蹈矩，却在道德意义上仍然是有欠缺的人。道德规范不是强迫，德育只有在人们诚心诚意接受并转化为个人的情感、意志与信念时才是有意义的。因而，在传统教育那里，循规蹈矩只是一种表象，

---

① 《马克思恩格斯全集》第 1 卷，人民出版社 1995 年版，第 119 页。

② ［美］威廉·K.弗兰克纳：《善的求索——道德哲学引证》，辽宁人民出版社
  1987 年版，第 66 页。

道德欠缺却是一个不争的事实。

大学生"道德银行"有效地克服了上述这些矛盾。它用奉献与回报的模式把高校道德教育置于一个阳光平台，公开透明，一目了然。它倡导个人奉献社会、社会回报个人的道德理念，引导学生通过情感体验进行道德选择。教师不再是评价的主体，道德中的政治因素被最大限度地稀释，德育主体不再错位。它注重学生的道德实践而不是自我吹嘘，注重学生道德行为习惯的养成，因为这种习惯一旦养成，那么学生的行为动机就是"一种对已经确立的责任准则所表示的尊重，是一种在各方面都按感恩规则行事的认真和迫切的愿望"。①

最后，通过制度支撑，培养与规范大学生在当前的社会主义市场经济条件下的新道德，提高大学生对道德的认识水平。

道德可以说是人的灵魂，一个没有道德的大学生是可怕的，一个在道德观上停滞不前的大学生也是可怕的。同样的道理，高校如果没有德育是不可想象的，高校德育如果不能与时俱进更是不可想象的。大学生道德与大学生道德教育的全部语境在于二者必须在全球化、信息化、市场化的状况下找到"合作"的契合点，形成共有的道德理性。

对高校德育来讲，这种理性首先就在于它对大学生道德多元化的认知与认同，承认这种多元性与传统德育方式的极不对称。不行就是不行，伪装应被剥去。其次就是认识到，大学生毕竟是未成年人，在成长的过程中尽管个性彰显，但仍需要阳光雨露。大学生道德生活与习性仍然有缺失，在信息化、全球化、市场化背景下，他们的道德选择仍然需要正面引导。他们的道德实践中自然性的因素较多，社会性的因素较少；情感性的因素较多，理智性的因素较少。因此，如何在现代化背景下使大学生的道德水平提升与优化仍然是当今高校德育面临的重大课题。全球化对大学生的有利影响是

---

① ［英］亚当·斯密：《道德情操论》，商务印书馆1998年版，第197页。

社会对个体的道德选择更加尊重、理解，道德标准更加多元与开放；不利因素是环境更加错综复杂，现代化使人的某些行为背离了传统公认的方式，人际关系异化，道德失范现象增多。

困境的解决需要智慧。大学生"道德银行"不失为市场化背景下大学生德育机制的一种智慧选择。它凭借一种市场运作的模式，鼓励更多的学生参与道德实践，通过提供服务与寻求服务的人联系在一起，通过爱心回报激发埋藏在人们心中的善良与友谊，使人人向善，个个报善，实现道德的升华。通过道德互动，稀释大学生的非理性与自然因素，养成向善的道德习性，增强社会责任感，借以养成良好的道德氛围。

三、建构大学生"道德银行"的主旨探讨

大学生"道德银行"不是主观想象与主观意志的宣扬。它是社会实践发展到一定阶段的产物，需要从理论上给予清晰的回应与科学的解释。因此，构建大学生"道德银行"的理论体系，实质上是对这种实践的理论梳理。

实践是检验真理的标准。实践是一种自觉自我的行为，这种行为又外化为一种关系。所有的行为都会是在一定关系下的行为。从这一观点出发，笔者认为，大学生"道德银行"是一个客观存在，是具有特定意识体存在的客观实体制度，它以引导与改造大学生的道德为目的，通过制度主体与学生主体的相互作用而形成了一种新的文化互动。

这种新的文化现象实际上在中国已践行数年之久，几乎覆盖了中国的所有社会阶层，特别是它在学校引起了广泛的共鸣。因此，适时地对这种文化现象给予理论认知、梳理与提升，是理论工作者的使命。到目前为止，对"道德银行"基本产生了认同与不认同两种反映，由此产生了关于"道德银行"合理性的讨论、争鸣。这种讨论与争鸣就是一种主旨探讨。对认同者来说，回答的是为什么要构建大学生"道德银行"，为什么能构建大学生"道德银行"

等的问题。对不认同者来说则相反。争鸣的双方都在探讨构建大学生"道德银行"的合理性，都在进行一种主旨探讨。

笔者认为，在这种主旨探讨中，对大学生"道德银行"认同者更具道德理性，更加占据理论的制高点。这是因为反对者不论他如何措词，他总是从教条出发，从一成不变的概念出发去分析问题；不论他如何措词，他总是把片面当成整体，把枝节问题当成主流问题加以批判。而对大学生"道德银行"认同者则是用辩证的、发展的眼光看待与尊重大学生道德的变化，尊重事实而不是墨守成规。并对大学生"道德银行"为什么会出现，为什么要建立，为什么能存在等一系列问题都给予了合理性的理论解释。

笔者本章对大学生"道德银行"的理论梳理就是一种主旨探讨。一方面，笔者赞同马克思所指出的"道德的基础是人类精神的自律"。因此在道德教育中就必须尊重学生的选择，以利于保持个体道德发展的活力与自我创新。这种制度与活力不是灌输所能给予的。在全球文化相互影响的背景下，道德灌输也许能在一定时间内有效，但是一旦学生的道德认知能力与自主意识发展到一定高度时，这种道德灌输就无异于道德欺骗，其结果只能是适得其反。

"没有一种科学，它本身自然地或者不顾及学习者的发展阶段，就具有固有的教育价值。"[①] 同样的道理，也从来没有一种教育方法可以不顾及学生实际，而具有教育价值。大学生"道德银行"的出现，用德育机制转型的方式对大学生道德作出了正面回应。实际上，大学生"道德银行"使高校大学生道德教育回归到了伦理本位。它承担着对学生进行道德教育的任务。但是它排除了政治对道德的任意挤压、行政权力对道德评价的直接取代，摒弃了具有强迫性的灌输手段，认为"灌输既不是一种教授德育的方法，也不是一

---

① [美]杜威:《杜威教育论著选》，王承绪、赵祥麟编译，华东师范大学出版社1981年版，第127页。

种道德的教学方法"。① 力求避免道德教育的政治化倾向，提出道德教育中的非道德因素，纯洁道德内涵。通过互助互动，选择理解提高道德教育的实效性。

构建大学生"道德银行"使高校道德教育凸显伦理本位思想，更新了高校教育工作者传统的德育思想。

每一个人都生活在日常生活之中，教师也不例外。日常生活的道德要求是多层次的。全球化与市场经济从根本上动摇了灌输式体制的合理性，唯义的至高道德标准在现实中遇到了重重困难。它既不符合马克思主义的基本原则，也无法走入大学生的生活而成为一种普遍的价值观。在高校德育工作中，顺应形势发展，改弦更张，求是创新已经成为一种必要。当代道德教育如果还按照旧模式走下去，势必又会形成一种道德欺骗，再次引发学生的逆反、戒备与敌视。

因此，大学生道德教育需要恢复人性，回归伦理本位。人性包括自然、社会与精神三个方面。满足人性的需要就是满足这三个方面的需要。人的自然属性决定了道德建设必须要有低层伦理（或基本伦理），承认与尊重人满足自然属性的权利。人的社会属性决定了社会性道德的产生与性质，决定了道德建设的基本范式。社会道德是一种中层道德，这种社会道德建设实质上是一种社会关系的组合与交换。没有这种有机的组合与交换，社会道德就会出现断裂、出现断层，因为高层伦理原则在这里是不会起到任何作用的。道德中的奉献与回报主要满足人的社会属性的需要。因为有了社会属性，道德才有存在与发展的土壤。完全否定道德的社会属性而追求宣扬所谓道德崇高，不仅在学理上站不住脚，而且在现实中也完全行不通。

大学生"道德银行"通过自身不同于传统的理念与模式回答

---

① 戚万学：《冲突与整合——20 世纪西方道德教育理论》，山东教育出版社 1995年版，第 314 页。

了一个至关重要的主旨命题：建设一种什么样的道德。它在实践中解答了道德谋义与得利的合理性。承认道德回报实际是在回答大学生需要一种什么样的道德教育；强调道德与利益的不可分离性实际上是在回答道德操守离不开物质基础的支撑；指出道德的层次需求实际上是在回答如何避免道德秩序的混乱；量化道德价值实际上是肯定他律在道德选择中的作用。在实践过程中，它可能会出现一些问题，但绝不会出现道德险境。

在阶级社会里，各个阶级的思想政治教育都反映了本阶级的根本利益与要求。"道德银行"也是一样，它是有阶级性的。从理论视角看，它不是思辨的产物，也不是推理的产物，而是直接源于社会实践，因此，从它一产生开始，就产生了极强的应用性，不断地接受着实践的检验。在现实生活中，每个人都是"立体"的人，一个人的行为与思想的形成总是受着各种因素的影响，反过来，在考查一个人的时候，我们总是应该从多角度多侧面对他们进行观察与检验，综合分析。笔者认为，"道德银行"实践内含了思想政治教育的这样一些基本原理，涉及心理学、社会学、管理学、伦理学、行为科学等若干相关学科的基本方法。它把现代大学生思想道德的形成放在社会主义市场经济与文化多元的大背景下进行观察，同时，又不脱离社会主义主流文化，通过社会主义核心价值理念的引导，发挥"道德银行"的调节、凝聚与激励功能，使大学生"形成符合一定社会所要求的思想品德"。通过道德实践，使个体价值与社会价值趋于一致，体现思想政治教育的人学、美学与教育学价值，使学生形成"相对于社会发展要求一致的思想，"借以体现"道德银行"作为一种思想政治教育方法的科学性与规范性，因为，这一方法"直接继承了其理论基础的要求"。① 所以，它在回答了一个至关重要的哲学命题的同时，也解答了一个至关重要的思想政治教育学命题。

---

① 刘新庚：《现代思想政治教育方法论》，人民出版社 2006 年版，第 22 页。

第二章 国内"道德银行" 建构的实践考察

2002 年 1 月 7 日，我国第一家"道德银行"在湖南长沙岳麓区望月湖社区正式创立。从此以后，"道德银行"如雨后春笋般在全国各地建立起来。这些"道德银行"出现以后，经历了哪些发展变化？这种变化又是处于一种什么状况？这些问题是本章探讨的内容。

第一节 "道德银行"的发展历程

"道德银行"是社会发展的产物，从产生到现在有十来年的历史了，十年里，有的发展壮大，有的销声匿迹，回顾十年的风雨历程，带给人们的是无尽的思考。

一、萌芽和产生——社区"道德银行"

在我国，"道德银行"之所以能够产生并获得迅猛发展，与特定的社会历史条件以及时代背景有着千丝万缕的联系。加强对"道德银行"形成发展史的研究，有助于丰富和发展"道德银行"的内容和形式，进一步挖掘"道德银行"的功能和价值。

在《第三条道路》著作当中，作者吉登斯详细介绍了在世界范围内广泛流行的"服务信用"。这里所说的"服务信用",就是指慈善志愿者从其他志愿者处获得的"报酬"。在实际中,慈善参与者可以通过计算机系统,详细地了解"时间—货币"的收支情况以及结算情况。对于"时间—货币"来说,它不仅可以节约大笔医疗卫生服务费用,而且可以实现免税。在此基础上,"纽约时间—货币协会"还专门成立新的就业机构,用以增加培训或工作机会。

劳动交换形式的提出,最早可追溯到 19 世纪初期。在当时,空想社会主义者将其作为未来社会设计的重要内容。例如,在魏特林的《和谐与自由的保证》著作中,首次出现了"交易簿"一词,以此来记载劳动者的"劳动小时"。而就我国而言,上海虹口区提篮桥街道于 1995 年专门开设了"时间银行",以丰富老年人的养老办法,提高老年人的养老水平。在实际中,志愿者可以根据个人喜好,选择将服务时间存入银行,当他们步入晚年的时候,可以从银行取出这些服务时间,以此来免费享受其他志愿者带来的同等时间的服务。通过"时间银行",可以很好地实现爱心的传递,进而践行"我为人人、人人为我"的理想信念。在现实中,"时间储蓄"主要经历两种形式的考核,一种是居委会的考核,考核频率为每月一次;另一种是街道考核,考核频率为每半年一次。"时间银行"凭借其独特的优势在上海推广开来,其成功的经验也逐渐被全国各地所吸收和借鉴。中国青年志愿者服务时间储蓄制度是"时间银行"的延伸和发展。从 2001 年开始,在上海、深圳、青岛等一线城市试行,并取得了良好的试行效果。统计资料显示,2001年共计服务 8000 多万人次,40 多亿小时,充分显示了该项制度的独特魅力。随着制度的不断推行,"时间银行"存取内容变得更加丰富,服务范围也变得更加宽广。在实际中,"时间银行"不再局限于老年人,还包括困难家庭、伤残军人等新的对象。与此同时,"时间银行"也冲破了社区生活的范围限制,融入社会大熔炉当中。在"时间银行"模式中,劳动交换不是服务者与服务对象间的"回报性"交换,而是服务群体内部的"约定性"生活方式。对于服务者来说，"时间币"就是他们所持有的"特殊储蓄"。与此同时，这种"特殊储蓄"在市场中无法通过交换方式获得。通俗地讲，一批有着共同生活情趣的志愿者结成一个群体，群体成员通过服务约定的方式来相互扶持与相互帮助。可见，在"时间银行"当中，既不存在对道德纯洁性的破坏，也不存在服务者与服务对象间的纯粹公平。除了"时间银行"以外，第一家"道德银行"于2001年11月落成于湖南长沙市岳麓区望月湖社区。"道德银行"概念的提出，在全国范围内尚属首次。在实际中，它以协会制度的形式，保障每位服务者能够获得一定的社区志愿回报，以此来吸引更庞大的志愿参与群体。创立"道德银行"是望月湖社区在新时期推进社区精神文明建设的一种探索。市民在成为"储户"以后，可利用业余时间积极参加志愿者协会组织的志愿活动，也可长期为志愿者协会提供的受助对象（孤寡老幼、残疾人、军烈属等特殊困难群体）提供志愿服务。而在志愿者需要帮助时，可以通过协会获得不少于自身积累的"道德资产"原值，由其他会员提供志愿服务。至于需要寻求帮助的对象，可通过请求志愿服务登记卡进行登记，得到志愿者协会调查属实认可后，可由志愿者协会会员提供帮助。"道德银行"在操作上完全模仿银行的存取模式，立足于整合整个社区的道德资源，动员全体社区居民积累道德资产，争做道德"富翁"，力求推动高尚道德在社区的普及、推广。

湖南长沙市岳麓区望月湖社区率先推出"道德银行"后，经新闻媒体的传播报道，这一社区精神文明建设的创新之举引起了广泛的兴趣。一时间，各地纷纷效仿，一批社区"道德银行"在全国各地逐渐成立。

2003年5月，苏州市沧浪区葑门街道创办的"社会公益道德银行"。这家"社会公益道德银行"经营的主要项目是家政、家教服务、医疗服务、技术服务、公益活动（帮老助残、植绿护绿、科技、卫生等）、帮困服务和确认的其他业务项目。2003年5月19日，长春市首家"道德银行"在该市朝阳区南湖社区成立。"道德银行"

的储户每年至少保证为居民无偿服务 48 小时，实行社区联网"经营"，由社区服务中心统一管理。这家"道德银行"主要经营家政、环境美化、电器修理等业务。

2003 年 9 月 22 日，烟台市莱山区万光小区成立烟台市首家"道德银行"。凡是该小区 18 岁以上的居民都可成为"储户"。"储户"志愿服务后，服务内容就可记录到"道德银行"的"储蓄卡"上，当志愿者自身在遇到巨大困难时，就能够获得其他人的志愿服务的回报。该"银行"经营的主要项目是家政、家教、医疗、技术等服务和一些公益活动。

二、形成和发展——中小学"道德银行"

当前我国经济社会迅猛发展，人们的物质生活水平得到了较大程度的提升。然而，笔者觉得人们的精神生活水平质量却相对下降，精神文明建设显得相对不足。为此，采取切实有效措施加强青少年学生的道德建设也就成为学校教育教学工作中丝毫不能放松的重要任务。目前，我国许多地方兴起了"社区道德银行"，很快吸引了媒体、思想政治工作者以及学术界的极大关注。一些青年志愿者协会，尤其是一些中小学都将"道德银行"作为德育工作的一次尝试和探索，纷纷成立自己的中小学"道德银行"，并根据自己的特点和需要制定了相应的细则。

2002 年 3 月 19 日，湖南省株洲团市委、株洲市青年志愿者协会正式开通全国第一家"青少年道德银行"。该银行设 1 家总行和 13 家分行，其组织网络覆盖全市各社区、企业、学校等基层单位，服务项目涵盖家政、医疗、帮残助教等诸多领域，以"志愿服务，奉献爱心，道德积累，拥有真情"为经营理念，以社会弱势群体和公益项目以及提供了志愿服务的志愿服务者为服务对象，出台了一些以协会的名义发布的规章制度来确保人们开展志愿服务所应得到的回报。如果累计志愿服务时间超过 3000 个小时，将发放相应的收益卡，这张收益卡是终生有效的。当然，在发放之前应该由

"道德银行"进行审核确认，该卡持有人在年老或者自己有其他困难的时候能够获得相应的长期性的回报服务。

2002年4月7日，隶属于郑州市青年志愿者协会的郑州市"青少年道德银行"隆重开业，这是共青团郑州市委为吸引更多的社会成员加入志愿服务而推出的一项创举。共青团郑州市委制定了《郑州市青少年道德银行管理办法》，按照规定，"储户"年志愿服务，如果其服务的事件分别超过了200、100小时的，在评选优秀志愿者等相关的先进个人时具有优先权。如果服务的时间分别超过3000、1000、600小时的，分别颁发金星、银星、铜星荣誉证书，在上述3种荣誉证书中，获得金星荣誉证书的将获得终生收益卡。

2002年3月，福建大田六中借鉴湖南株洲团委"道德银行"建设的做法，办起了"道德银行"，目的在于树立学生"我为人人，人人为我"的道德观。学生到"道德银行"注册，可得到一个"道德银行"的账号和道德储蓄卡。按银行运作方式操作，分为道德储蓄和道德支出两部分。义务劳动、学习辅导、帮助特困生、参加社会服务等事项都可以存进"银行"。学校将道德积分作为学生评比各类先进的依据之一，并随学生的升学推荐给上一级学校。

我国中小学较早开设"道德银行"的是江苏的一所中学，其在2003年的时候就在全国中小学中率先成立了"道德银行"，在这个学校的每个学生手里边都持有一张由"道德银行"发放的储蓄卡，并且储蓄卡中还细化分为友善、勤奋、信念、诚信、自律等更为细致的项目。如果学生们在上述项目中有了突出的表现，就可以向"道德银行"申请一定的分值，"道德银行"经过审核后将相应的学生所得到的分值存入学生的"道德银行"储蓄卡中。学生"道德银行"中的分值，作为学生评选先进和进行操行评定的依据。

从2004年3月开始，山东肥城在全市中小学中继江苏的试点之后开设了"道德银行"，肥城市各中小学的做法和江苏的做法基本一致，但在江苏做法的基础上进一步进行了一些细化。比如，学生在学校或者学校外所做的好事，都会被记入学生的"道德银行"储蓄卡，学生的"道德银行"储蓄卡每学期结算一次，对于评选三好学生、优秀学生干部需要达到"道德银行"的多少分值都进行了一定的规定。如果学生"道德银行"的分值达不到要求，将自动丧失评选相应先进的资格。同时，学生的"道德银行"分值较高的，或者作出了突出事迹的，学校在板报、校刊等阵地进行通报表彰，并发给荣誉证书和一定的奖励，对于"道德银行"分值较高的学生进行精神和物质上的双重鼓励，其中以精神鼓励为主。

2004年，江西省遂川县在全县中小学普遍开设了"道德银行"。这家"道德银行"制定的细则与山东肥城中小学"道德银行"相似，"道德积分"多少是评优选好的首要标准。

2004年，长春市安阳小学、南京市人民中学初中部均先后成立了学校的"道德银行"。其中，长春市安阳小学的"道德银行"是全省第一家未成年的"道德银行"，在运行的机制体制等方面进行了许多创新。比如，"道德银行"的行长，由未成年人学生通过公开的竞聘产生，在"道德银行"之下设置了相应的支行行长、部长等，负责"道德银行"的日常事务处理工作。学生的储蓄卡中记录其自入学以来所做的好人好事，按照好人好事的类型进行计分统计，分值较高者将得到"道德银行"的一定的精神和物质方面的表彰奖励。同时，如果作为"储户"的学生遇到了具体的困难，可以向"道德银行"申请帮助。南京市人民中学成立的"道德银行"，同样也向学生们发放相应的储蓄卡，每做一件好事，都会被算成分值记入"道德银行"储蓄卡之中。

2005年1月，锡林浩特市立足于加强和改进青少年思想道德建设，创新性地在锡林浩特市中、小学开展了"青少年道德银行"储蓄活动。"青少年道德银行"是模拟银行的工作模式，在锡市团委、教育局成立总行，各学校成立分行，分行内各班级成立储蓄所，学生为储户。储户通过所做的行为积累分值，文明行为存储，不文明行为支出。它的宗旨是以"道德银行"为主要载体，以"志愿服务、奉献爱心、道德积累、拥有真情"为运作理念,倡导我国的公民基本道德规范,使广大青少年养成良好的思想道德习惯和行为品质,使其成为德、智、体全面发展的栋梁之才。其储蓄内容是,青少年在学校、家庭、社会生活中所做的能够体现出具备良好的道德情操和思想素质的行为和无偿的、有益于社会的行为。

2006 年 11 月份,三溪中心小学按照《旌德县关于加强未成年人思想道德建设的若干意见》规定,在县相关业务部门的指导下,开办了学生"道德银行"储蓄业务试点工作。该校首先确定校长为银行总监,大队辅导员为银行行长,班主任为营业部主任,每班推荐两名协储员和五名监督员的道德储蓄管理机构,制定了"道德银行"储蓄考核细则。该校"道德银行"实行月评制,每个月底由班主任把各营业部的积分、扣分进行汇总,汇报给行长,行长进行月总,评出道德先进班级、优秀学生和道德标兵学生,加以表扬,同时找出扣分的同学及其扣分的原因,并通过班队会、晨会或个别谈话的形式,帮助他们认识不足,从而加以改正,帮助学生在学习中培养了自己管理自己的能力,促进了学生日常行为习惯日渐规范。

三、丰富和创新——高校"道德银行"

2002 年 3 月,湖南株洲团市委创立了全国第一家"青少年道德银行"。中南林学院生命科学与技术学院"道德银行"是该市"道德银行"第一批成立的 13 个分行之一。这是"道德银行"第一次走进大学校园。其后,"道德银行"在诸多高校纷纷成立,这些积极探索"道德银行"的经营模式,丰富和创新了"道德银行"这一德育新载体。浙江工业大学之江学院和长沙理工大学城南学院成立的"道德银行"最具影响力。

2003 年 11 月 4 日,浙江工业大学之江学院创办大学生"道德银行"的构想提出之后,便备受社会关注,也引发了不少争议。因此,学校认为在当今的市场经济条件下,如果仅仅让学生一味地付出而不给予相应的回报,那是极其不现实的事情,也是不公平的事情。光付出没有回报，有失公正，也不符合经济学原理。校方还邀请了国家以及省内包括浙江大学等几所著名高校在内的社会伦理学专家进行论证，最后，"道德银行"被确立了下来。

该校的"道德银行"内部设置了储蓄窗口、领取窗口等，把学生的各种有道德的行为用道德币衡量并记录在储蓄卡里，它是学生志愿服务、做善事的一种重要体现。银行每季度按"道德币"存款的多少评出"星级储户"，分别可以申请获赠学院各种晚会或学术讲座门票、一个季度的学科类书报杂志、优先参加学院各类培训等；每学期将评出"十佳道德表率"。学生也可用自己的储蓄申请其他帮助。

之江学院"道德银行"并非一步到位，而是经过了不断地完善。"道德银行"成立后遇到很多困难。如最初遇到的问题便是如何论证好人好事的真实性。为此，学校决定以班级和系作为集体单位登记"款项"，同时要提供相应的证明。

为了进一步唤起大学生做好人好事的主动意识，学校把相应的宣传资料直接送到各个班级的学生手中，让学生自己主动提出申请。"道德银行"向学生发放了储蓄卡之后，就像人们向真正的商业银行机构申请了储蓄卡一样，双方还需要签订诚信协议，并且约定双方的权利义务，要求"道德银行"要做的事情和学生做了好人好事之后的登记制度等进行了详细的规定，"道德银行"和学生双方都在诚信的基础上开展好合作关系。学生在遇到困难的时候，可以向"道德银行"求助，比如要求"道德银行"提供一定的勤工俭学岗位和申请课外辅导等，学生享受到了"道德银行"的帮助之后，需要做一些具体的好事以偿还"债务"。

2007年10月，湖南的长沙理工大学城南学院成立了湖南省高校首家大学生"道德银行"，将志愿者参加的志愿服务和好人好事等以"道德币"的形式记录在"道德银行"的存折上。大学生在各种志愿活动中获得一定数量的"道德币"，变成"道德资产"存入自己的"账户"。长沙理工大学城南学院的"道德银行"试图在全院学生的学习、生活中导入银行运作概念，在对学生的道德付出给予充分肯定的同时，给予相应的回报是为了进一步规范在校大学生的日常行为，培养其良好的思想道德品质。使其树立正确的人生观、价值观、道德观。使其积极参与道德实践，储蓄美德，积累道德资产，实现道德意识的文明素质的全面提升，为当代的大学生树立良好的道德风范。

城南学院"道德银行"与其他"道德银行"相比较，有着一个显著的创新之处。该院的"道德银行"在一般"道德银行"都具备的激励机制的基础上，创造性地增加了约束机制。学院将一学年获得十个道德币作为学生评优评奖的基本条件，正式写入了《学生手册》。很多"道德银行"之所以倒闭，其中一个很关键的原因就在于缺乏约束机制。人们要么不愿意从事志愿服务，要么从事了志愿服务也不愿意去银行办理相关业务。而我院"道德银行"则充分解决了这个问题。要想获得奖学金、助学金、"三好学生""优秀干部"等荣誉称号，都必须至少赚取十个道德币。

第二节　"道德银行"发展的动因与困境

社会转型时期，人们的道德观念发生了一定的变化，"道德银行"是在传统道德教育手段与观念受到挑战的情况下应运而生的，作为新生事物，"道德银行"的发展既有动力，又有困境。

一、社会转型：市场经济对思想道德建设的挑战

当前，中国正处于社会的转型时期，按照社会转型时期特点来看，世界上其他国家在转型期的矛盾比较突出尖锐，在我国也同样如此，目前处于转型期的我国各种社会矛盾层出不穷。当然，我国在改革开放以来特别是这些年来，经济社会全面发展，人们的生活水平得到了较大程度的提高，人们的文化生活也越来越丰富多

彩。然而,在改革开放的过程中,我们既从国外吸取了许多的经验和技术,同时国外许多不好的观点和理念也被传输到国内来,加之我国这些年经济发展的过程中,放松了对学生的道德教育,学校即便开展道德教育活动也并没有收到良好的成效,在这样的情形下,许多学生的道德观念被扭曲,崇拜金钱、过于追求实际物质利益的情况在较大程度上存在,反映出我国学生在道德上存在许多弊病需要采取切实有效的措施加以真正克服。广大中小学中的"道德银行"在当前环境中,具有十分重大的实践价值、探索价值。

我国自古以来就高度重视道德问题,将一个人的道德品行放在比才能和知识更为重要得多的位置。但是,在目前我国社会主义市场经济条件下,又特别强调人们在服务他人的过程中来实现我们个人的价值,就这样和传统的道德观念产生了一定的矛盾,市场经济下的交换原则、等价原则、利润原则必然对传统的道德观念产生巨大的冲击。按照马克思主义经济基础决定上层建筑的理论,经济基础决定上层建筑。道德是上层建筑,受经济基础的制约。现在的道德状况也就是目前我们的经济基础、经济关系所决定了的。因此,道德不是凭空而来的,只有从经济基础的角度处罚,促进我国经济改革的成功、促进经济发展,才能够实现我们的道德教育目标。目前,我国中小学所积极尝试的"道德银行"的做法,无疑是在对学生进行道德教育中的一种大胆的创新试验,有利于对学生道德品质的培养,有利于不断对学生进行道德教化方面的强调,有利于在学校形成社会主义的道德新风尚,是对我国道德教育形式的大胆尝试,使学校的道德教育活动得到了进一步的丰富完善,完全符合《公民道德建设实施纲要》要求。

二、时代发展:呼唤思想道德教育的创新

随着我国教育改革的不断深入,大家对高校德育有了明确和统一的认识,那就是要长期坚持和加强德育工作。当前我国高校的德育工作机制相对滞后,这在一定程度上影响了高校德育的开展,

最突出的表现就是现行的思想政治教育模式不能适应时代发展的要求。高校德育工作要适应社会主义市场经济的发展需要，就必须有新观念和新方法。在建设中国特色社会主义理论指导下，不断改进高校德育方法，一定要摆脱过去那种单纯的说教和灌输。

管理和教育学生是教育教学工作的永恒课题。在现有的教育体制下，管理和教育学生过程中遇到了一些新情况、新问题，如学生自律意识较差、学校环境复杂多变、师生关系逐渐淡薄等。在这种情况下，高校德育工作显得愈发重要。高校德育工作旨在让学生掌握和运用各类德育知识，使学生树立正确的世界观、人生观、价值观，全面提升学生学习的积极性、主动性、创造性。而管理作为一门科学和艺术，是高校德育工作中不可或缺的助推器。因此，高校德育工作注重管理效益，强调管理效率，将管理工作作为自身的重要内容。此外，要想顺利实现各项德育目标，高校应当加强德育工作的科学性与艺术性，妥善处理德育工作中的矛盾与冲突，有效改善德育工作的环境与氛围。

现阶段，高校德育工作呈现出鲜明的时代性特征。一方面，我国正处于社会大变革时期，政治体制、经济体制、社会体制等正在逐渐转型；另一方面，全球化的趋势愈发强烈，政治文明、经济文明、社会文明等正逐渐与世界接轨。在这种情况下，高校德育工作要努力应对以下几项新问题与新挑战。首先，多元性的价值取向正冲击着一元化的价值导向。在我国，高校德育工作一直坚持着"马列主义、毛泽东思想、中国特色社会主义理论体系"的一元价值导向。在全球化背景下，我国不可能"关起门来搞建设"或"关起门来搞改革"，而要将建设或改革事业置于开放的世界体系当中。在世界体系当中，价值取向具有多元性的特征。因此，两种不同的价值取向在实际中不可避免地会发生激烈碰撞，原先的一元化格局被打破，高校学生的价值判断也会受到严重影响；其次，现代信息技术严重冲击着传统的高校德育工作。与以前相比，现代信息技术的时效性更强、传播速度更快、波及范围更广，对传统高校德育工作的冲击也更大。此时,学生如果还是凭借单一的知识结构体系,就很难理解和分析纷繁复杂的信息。受此影响,学生对高校德育工作逐渐产生质疑,参与的积极性与主动性也不断降低;再次,新的社会经济需求不断冲击着高校德育工作的地位。现如今,市场经济的趋利性正逐渐渗透到高校当中,使高校产生了"唯学历"或者"唯智慧"的错误倾向。在这种校园文化当中,学生的思想会发生"变质",个人主义和功利主义日益滋生,学生对高校德育工作的抵触情绪也愈发强烈,不仅造成了德育工作的低效率,而且造成了人才培养的低质量。

在调查分析中发现,激励机制是解决上述问题的有效手段,而且在实际中发挥了不可替代的作用。从心理学的角度讲,"激励"是指一种激发、改变、促进人的行为的刺激。通常情况下,受到激励的行为比没有受到激励的行为更容易产生有益结果。人的行为由激励产生,而不同的激励又会产生不同的行为。在有些情况下,它容易激奋人的内心;而在有些情况下,它又会平缓激奋的内心。这说明,由激励产生的行为都带有一定的目标性和方向性。行为科学理论指出,行为动机、行为需求、行为目标是推动人的行为产生与发展的三大动力因素。这里所说的动力,是一种内在的力量,从内心深处产生从事某事的强烈欲望。尽管如此,它也会受到诸多外部因素的影响,我们将这些外部因素统称为外在激励。而对于高校德育工作而言,就是要通过积极有效的激励方式来引导学生形成正确的行为动力,使学生做出有益于自身健康发展的行为。当然,在选用激励方式的过程中,要注意尊重行为活动规律以及高校学生的实际情况,让学生主动参与到德育工作当中,实现德育工作的各项预定目标。

在市场经济环境中,个人、单位以及组织都在追求自身利益的最大化。因此,市场经济条件下的道德,只能是一种自觉行为。依据马斯洛需求理论,人的需求共分为七个不同的层次。一方面,人的需求具有层序性,激励方式要符合不同层次的需求;另一方面，人的需求又具有主次之分，激励方式又要围绕人的最迫切需求展开。伴随着市场经济的变化，高校德育工作也应作出相应的调整。在实际工作当中，要综合运用各种激励手段，对高校学生因势利导，使高校德育工作迈上一个新的台阶。

激励方式就好比是一个集合，由奖惩激励、竞赛激励、榜样激励、领导激励、形式激励、目标激励等多个子集组成。而无论是哪种激励方式，只有选择恰当的时间、恰当的地点、恰当的人物，才能发挥出最大的功效。也就是说，激励方式具有一定的特定性，其作用的大小在很大程度上由条件的成熟程度决定。近些年，社会上涌现出了一些新的激励方式，赋予了传统激励方式新的内涵。以"道德银行"为例，它将道德货币化，可以自由地进行存取，成为新形势下的一种新型激励方式。人们只要有所需要，就可以将存入"道德银行"的道德币取出使用。可见，"道德银行"以计量形式给予了道德付出者以充分的回报，以此来激励他们从事更多的道德行为。进一步讲，"道德银行"将道德纳入市场化运作，以市场规律和市场原则来指导道德行为。市场化运作模式下的道德，能够最大限度地吸收参与者和支持者。"道德银行"的实质，就在于以给予回报的方式鼓励人们积德行善，领悟和实践道德的真谛。"道德银行"将本来看不见、摸不着的道德变得清晰可见、触手可得。但是，与商业银行相比，"道德银行"经营的是"道德物质"。因此，它只是一种新的激励方式，极大地丰富了高校德育工作的内容和形式，是新时期思想道德教育创新的必然选择。

三、现实冲突："道德银行"实践发展中的多维困境

"道德银行"自诞生之日起，就争议不断。有人说，公民的道德建设只能通过公民将道德内化才能实现，而充分利用银行的商业性和市场经济体制来建设道德的"道德银行"，是彻底地和公民道德建设的理念和原则背道而驰。有人说，"道德银行"让道德功利

化，彻底颠覆了中国人"做好事不留名，做好事不图报"的传统观念。"道德银行"的实施目前存在着理论与实践上的双重困境：在理论上，"道德银行"与高尚的品德之间会产生内在的矛盾；在具体实施中，"道德银行"可能会滋生故意装出来的友善，即伪善。

(一)"道德银行"的理论困境

"道德银行"的本质是在推广高尚品德的过程中采用一些功利化的形式。这些功利化的形式主要是指：它把道德或者高尚的品德作为交易的物品，模仿商业化银行的操作模式，通过利益吸引群众，激发他们产生高尚的品德，从而和"道德银行"的利益进行交换，以此为动力促进社会整体的精神文明建设。在具体实施过程中，有些"道德银行"甚至明码标价，给不同等级的高尚行为标明不同的价格，实行不同的奖励。美德是指一个人高尚的道德行为和优良的道德品质、情操和行为，是每一个人都应该自觉自愿培养的优点。虽然有时在培养过程中需要一定的外在激励，但这种激励绝不能是功利化的，因为功利化往往关注的是行为的最终作用，而美德本应该反映的是行为者的内心需求和行为动机，也就是说行为者本身才是美德的中心。因此，如果真的是要对美德实行激励制度，也应该是事后我们对高尚行为的肯定和赞誉，为这种高尚行为营造一个和谐的环境，用环境的力量引导人们多做善事，多关怀他人。

其实，"道德银行"创建的最初想法，就是希望人类社会能够向着和谐、温馨、友善的方向发展，营造一个美好、温暖、充满爱的环境。

那么，从这种建设目标来看，"道德银行"建设的主要目的就是要培养向善、行善，具有高尚道德品质、德行完满的社会成员。因为如果社会中的成员都是没有道德或者具有人格缺陷的话，美好和谐的社会和生存环境是根本无法实现的。既然"道德银行"的主要建设目的是培养每一个社会成员的内在的高尚道德品质，那么，在此过程中，我们应该注意的是鼓励社会成员向善，而不是只看重向善行为的最后结果或效果。从这个角度来看,"道德银行"的功利化手段是很难实现整个社会环境自觉向善、行善的。只会是一些在外在物质的诱导下,表面的向善行为甚至伪善行为,而不是出于真正的内心需求。

(二)"道德银行"的实践困境

既然"道德银行"的方式对于实现美德社会环境在理论上行不通。那么,如果我们在具体实施中,依然通过"道德银行"来试图改变我们的道德环境。或者说,用一种外在功利化的、客观的手段来激励整个社会的向善行善环境的形成,那么结果会是什么?我们可以尝试着通过分析实践中可能产生的负面作用来寻找答案。

如果我们推行"道德银行",一个人做了善事或者说有了高尚的道德行为,我们就给他相应的奖励,也就是用功利化的方式激励人们向善行善。那么,这些有了高尚道德行为的人,究竟有多大比例是自觉地发自内心地向善和行善的?只有"根据主体的内在品性"(Agent-based)实践的善良行为才能称为美德。因此,那些不是通过内心的自觉需求而向善的行为,不能称其为美德。那种用功利化的手段来鼓励人们向善行善,容易使人们为了外在的物质利益而做出"美德行为",这就成了伪善。也就是说,这些人虽有向善的行为,却没有内在的高尚品质,这是绝对不利于和谐、温馨、友善的社会环境的形成的,也违背了"道德银行"创建的初衷。

其实,在现实环境里,并不是每个人都具有高尚的道德品质,甚至大部分人都很理性,都希望获得更多的利益,远离更大的伤害。在"道德银行"的刺激下,有些人可能虽然做了一些具有"美德"的事,但却是在外在物质利益的诱惑下做出的。因此,只能称其为有善行却无善心的伪善。这是一种品质和行为的断裂状态,是一种假象,极有可能破坏了人与人直接的互相信任,使整个社会出现信任危机,甚至导致真正的善和美德的流失。这种情况的存在,不利于社会美德的形成。

第三节　长沙理工大学城南学院大学生"道德银行"建构考察

2007 年 10 月，我国第一家大学生"道德银行"在长沙理工大学城南学院建成，长沙理工大学城南学院的大学生"道德银行"在社会上引起了强烈的反响。

一、定位准确：大学生思想政治教育的有效载体

"道德银行"是指运用社会上普通商业银行的运行方式，把大学生参加的一些社会公益活动、帮助他人的行为等善事，用虚拟的"道德币"的方式记录入册，此册被称作"道德银行"的存折。这些"道德币"成为每位大学生"储户"的"道德资产"，在需要帮助的时候，每个人可以支取这些先前存入的"道德币"来获得他人服务。这种"道德银行"将学生在学校、社会的向善、行善等高尚的道德行为转化为"道德币"的形式，随时可以储存和支取，督促学生在日常生活中养成良好高尚的行为习惯和道德品质，诚实守信，能自主约束自己的习惯和行为。"道德银行"的实施，是德育工作改革与创新的一次探索。

1. "道德银行"符合了大学生道德发展的层次水平

大学生的道德发展已经进入了比较高的水平。他们能够以普遍的道德原则作为自己行为的基本准则，能从人类正义、良心、尊严等角度判断行为的对错。他们已经有了自己的道德判断，不会轻易地因为外部因素，而改变自己固有的道德观。尽管"道德银行"可能会让人产生道德功利化的错觉，但是作为道德发展已进入较高水平的大学生来说，他们能够准确地判断这种回报究竟应该是道德行为的主观动机，还是客观结果。他们对道德本身有其正确的评判

标准。

2."道德银行"满足了大学生道德行为的利益激励

"道德银行"是通过利益激励来实现道德教育的。这符合马克思主义的观点，即利益是道德的基础。与其将"善有善报，恶有恶报"归咎为天意，不如由社会创造条件，真正体现道德的福报。"道德银行"正是利益与道德结合的最佳平台。在这里，道德行为可以转化为道德资产，道德资产达到一定数目，又可享受相应的精神回报。这样一种利益激励，会不断强化学生的道德行为，直至形成习惯。

3."道德银行"遵循了大学生道德教育的创新原则

早在1995年，国家教委颁布的《中国普通高等学校德育大纲》就明确规定了继承和创新的德育原则。德育的内容是相对稳定的，但教育形式必须与时俱进，纯粹的灌输、说教对大学生毫无吸引力，只有不断创新突破，才能达到事半功倍的效果。"道德银行"正是引入现代银行的概念，潜移默化地开展德育工作，是大学生道德教育的有益创新。

4."道德银行"完善了大学生评优评奖的必要条件

从小到大，我们就知道要力争做到品学兼优，成为"三好学生"。智育、体育都能准确进行量化，有确切的评价标准，而德育一直都是主观的，难以衡量的。因此，很多时候所谓的"三好学生"其实只是"二好学生"（即智育、体育好）。我院将一学年获得十个道德币作为学生评优评奖的基本条件，有效弥补了大学生评优评奖标准的缺陷。尽管道德资产额绝不等于一个学生道德水平的高低，但是将一定的道德资产额度作为学生评优评奖的必要条件而非充分条件，是无可厚非的。

5.通过他律和自律，增强当代大学生的道德观念，增加当代大学生的道德行为

当前大学生多是80后、90后的独生子女，从小在长辈的宠爱、甚至是溺爱中长大，自我意识强，服务意识差。其主动从事道德行

为的自觉性欠缺。"道德银行"正好起到一个他律的作用，通过约束，增加当代大学生的道德行为。

"道德银行"是高校德育的有效载体，其根本是要实现从他律到自律的转变。通过道德行为的增加，感受助人、服务的快乐，从而从根本上增强道德观念。因此，建设"道德银行"的最终目的是：实现即便没有"道德银行"的激励与约束，仍能主动服务社会、帮助他人。

二、体制顺畅：院系班三级管理职责分明

在街道社会，"道德银行"管理由街道社区全权负责，实行的是一级管理。这种管理的劣势在于事权集中，功能集中，职责划分不清，缺少监督与优化。因此在体制的运作上难以做到顺畅，容易出现诸多意料不到的问题，从而影响"道德银行"的生命力。

长沙理工大学城南管理学院采用了院、系、班三级管理模式。其主体思想是尽量把管理区划小。因为大学生在校四年，每届学生几千人，如果不把管理的最小单位细化到班，就会在"道德银行"运作的起步阶段面临脱离实际的窘境。大学生的学习与生活，一般地以班为单位，学生通过"班"这个平台实现了互相认识，然后才逐渐扩展到系、院、大学与社会，"班"又是一个实现社会互动的最初的平台，在这个平台，学生间产生了情感的共鸣与共振。有了互相学习与帮助的需要。通过班级的学习与生活，大学生开始自觉与不自觉地寻求着自身在"班社会"中的地位与作用，开始建构着自身的大学生思想道德。"班"是一个相对稳定的"社会"，熟悉的"社会"，诚信与美德从这里起航，友谊与亲情从这里开始培育，符合实际与理论的逻辑。

系是班的专业性的集合，是大学生建构道德从班级迈向社会的中间必经地带。通过专业的学习，不同班级，不同年级的学生实现了互相认识，随之产生了情感的共鸣与共振，并有了超越班级的相互学习与帮助的诉求与需要。在"系社会"里，大学生的年龄与

生活阅历呈现不一致，这种不一致随之转换成个体在建构道德时的差异与个性。这种差异与个性的不断呈现与展示，使得"道德银行"的道德建设呈现出五彩缤纷的局面，使大学生道德建设进一步深入。

院是系的集合，是一个更大的平台，在"院社会"里，大学生的道德建构不仅展现着各自的个性，而且这种个性表达也会表露出一种个性的成熟与思考。

"道德银行"就是要根据这种不同的实际实行分级管理。不能越级，不能代替，更不能包办，只有这样才能做到一级一级有人管，一级一级被管好；一级一级有人查，能查到；一级一级有人问，错不了。从管理学的角度来说，这种三级管理就是确立了道德建构的总体结构与系统，明确了各个子系统与总系统之间的关系，以保证道德建构信息的一致性、可靠性。它强调的是执行而不是控制，专注的是流程而不是平衡系统关系，实行的是一种直线管理，强调监督与优化的系统性与层次性。不搞一锤子买卖，以保证"道德银行"功能的发挥与个体道德建构绩效的真实可靠。

三、方法得当：虚实结合与层级统筹并重

建构"道德银行"不是一件轻松的工作，特别是当今社会环境之下，更是要付出百倍的努力。但作为一种必须在实践中不断接受个体与实践检验的制度建设，"道德银行"又同其他制度建设一样，必须遵循客观事实与规律。此可谓天下同理，万物归元，就像孔子所说："质胜文则野，文胜质则史，文质彬彬，然后君子。""道德银行"建设也是这样，质胜文——务实，文胜质——务虚，文质彬彬——虚实结合。"道德银行"建设最好的就是虚实结合。

为什么这么说呢？因为不务实，就没有"道德银行"的建设基础；不务虚，就没有追求高度。只有虚实结合才能使"道德银行"具有生命力。"实"是什么？"实"是"道德银行"一代又一代的大学生。"虚"是什么？"虚"是"道德银行"的品牌形象，品牌

内涵与理念。虚实结合就是使二者自觉与自愿地结合在一起，通过实践这个良性运行轨道，完成一种形态建构，实现"道德银行"价值与个体道德价值的双重提升。同时，虚实结合是方式而不是目的，要做好虚实结合，必须借助于机制评价，实现虚实结合与机制评价的齐头并进。

我们说机制评价"道德银行"是一个非常复杂的过程，因为这种机制评价是对"道德银行"与道德个体各自不同的道德评价。"道德银行"虽然是一个相对稳定的系统，但它也会随着时代与环境的改变而发生变化。因此，对"道德银行"的评价也不会是一成不变的，也会发生变化，这就要求它的机制评价保持一种跟进态度。在确立评价标准、评价情境、评价手段与利用评价结果上随时根据变化进行调整。

机制评价的过程会更加复杂，评价进行调整的概率会更大。这种评价会起到什么作用呢？Bloom 认为，"评价就是对一定的想法（ideas）和材料（material）等作出的价值判断过程。它是一个互用标准（criteria）对事物的准确性、实效性、经济性以及满意度等方面进行评估的过程"。这也就是说，它会对事物的准确性、实效性与满意度起到一个价值判断的作用。

"道德银行"需要这种价值判断，这就如同它需要虚实结合一样，没有这种价值判断，我们就不会清楚虚实结合的准确性与实效性，就不会清楚个体对"道德银行"以及"道德银行"对个体相互之间的满意度。没有这种准确性与实效性及满意度的信息反馈。我们就无法确定"道德银行"存在的意义、价值与状态。因此，只有进行了适当与适宜的评价，才会对一定时期的"道德银行"与个体进行一次诊断。通过这种诊断产生一种价值导向与激励，使"道德银行"不断焕发出新的活力。

因此，在"道德银行"里，搞好虚实结合与机制评价是有相同重要的意义的。

四、机制健全：激励机制与约束机制并举

道德激励机制，就是在思想道德教育过程中激励主体通过激励因素与激励对象之间相互作用的一种方式。换句话说，道德激励机制就是在思想道德教育系统中，激励者首先要把握激励对象中的各种因素，再通过一定的方式来调动被激励者的积极性，使他们产生符合一定要求的行为的制度总和。道德激励机制通过加强对人们道德行为的强化激励，从而实现扬善抑恶、扶正祛邪，从客观上保障社会主义思想道德建设的顺利进行。长沙理工大学城南学院的"道德银行"建立了完备的激励机制。在长沙理工大学城南学院，同学们做了志愿服务要签名认定来证实自己的参与。签名之后，班上的学生干部将证明上交辅导员，辅导员统一计算分数，根据分数计算"道德币"的数目。在学校评优评先工作中，道德币的数目是最主要的参照标准，每位学生每个学年，至少要获得十个"道德币"才能参加该学年的评优评先。这项规定已经列入《学生手册》之中，成为学生管理的一项重要制度。从上述情况可以看出，在长沙理工大学城南学院的"道德银行"里每做一件符合道德的事，都会有不同数量的"道德币"奖励，这些"道德币"又可以作为评优评奖的依据。这也说明了长沙理工大学城南学院的"道德银行"建立了完备的激励机制。

同时，道德需要保障，需要维护，需要道德环境和物质条件的支撑。硬性制度约束作为道德素养底线，要真正担负起规制伦理道德失范的重任。在醇厚自身道德素养的基础上，利用各种制度加强对正面的引导和对负面的规制，发展成熟的公民社会，才是提升社会道德的有效途径。道德是内在性与外在性的统一，因此，"道德银行"的约束机制是道德自律和道德他律的统一。长沙理工大学城南学院为了确保"道德银行"顺利进行，建立了约束机制。学校把道德币作为学生的年度考评硬性标准之一，形成一种"约束机制"，每个同学每个学年至少要存满十个道德币才有资格参与评优评先，申请奖学金、助学金，申请入党等。为配合"道德银行"建

设，城南学院专门修订了《学生手册》等相关制度文件，将一学年获得十个"道德币"作为学生评优、评奖、评先和获得助学金的基本条件，正式明文规定。长沙理工大学城南学院的"道德银行"建立起来的道德约束机制持续发力，取得意想不到的效果，有的学生从被动地积攒道德币慢慢地转化为主动地向善、行善，做好人好事，甚至有时还做无名好人。

综上所述，长沙理工大学城南学院的"道德银行"是激励机制和约束机制并举，是道德的外在性和内在性的融合，是道德自律与他律的统一。

五、功能完善：储蓄业务与贷款支出齐全

第一是道德"储蓄"。长沙理工大学城南学院"道德银行"是模仿社会上商业银行的运行方式，把志愿者参加的一些社会公益活动、帮助他人的行为等善事，用虚拟的"道德币"的方式记录入册，此册被称作"道德银行"的存折。将活动中获得的"道德币"作为道德资产存入"道德银行"。"道德银行"有专门的营业点，每周一至周四晚上，由一名值班经理、两名储蓄员共同办理业务。新生入校时，学院会给每人发放一张存折，账号即学号。"银行"工作人员会到每一个新生班级进行宣讲，介绍"道德银行"的业务。每一件符合道德的行为都可以转换成一定数量的虚拟"道德币"，这其中有量化的具体要求和尺度。不同的好人好事或者公益活动，会有不同的计算标准。比如，做志愿者每小时可以获得1—3个"道德币"；献血每次奖励6个"道德币"等。有些还要根据具体事件来决定获得"道德币"的数目。"道德币"由储蓄员、被服务者、储户三方共同认可，方可生效。每个星期一、星期三、星期四的晚上和星期二的下午，是把"道德币"存入"道德银行"的时间，每个班派专人到"道德银行"把每个同学获得的"道德币"录入"道德存折"。

第二是道德消费。由于每一件道德行为都对应着一定数量的"道德币"，做了符合道德的好事就可转换成"道德币"储存起来，

那么当储户在日后遇到困难需要帮助时，也可以向"道德银行"支取"道德币"或申请"道德币"贷款，将这些支取或贷款到的"道德币"转换成一个个实实在在的"帮助"。支取的"道德币"会减少自己原来储存的"道德币"，贷到的"道德币"要在规定的时间内进行道德行为的偿还。通过这种道德支取或道德贷款，使那些处于困难中的大学生能够得到及时的帮助，这种寻求帮助的方式并不是道德的"施舍"，而是用自己付出的道德行为来换取别人回报的道德行为，真正做到了"我为人人，人人为我"的理想道德境界。

第三是道德利息。道德利息也就是道德回报。大学生存入"道德银行"的"道德币"不仅在自己需要帮助的时候可以支取，还可以产生利息，这种利息就表现为"道德银行"对储户的精神奖励和"优先条件"。在城南学院的"道德银行"，学院将一学年获得十个道德币作为学生评优评奖的基本条件，正式写入了《学生手册》。根据存储细则，各类志愿服务每小时可加1—3个"道德币"。也就是一学年从事4个小时左右的志愿服务即可具备评优评先的条件。为了防止学生"10个刚好，11个多余"的心态，"道德银行"特别推出VIP客户。每学年评选出"道德富翁"，分别发放钻石卡、白金卡和金卡。VIP客户在办理业务时，直接走VIP通道，无须排队；凭卡无须门票，可直接进入校园讲座、晚会的现场。这些都是储户所获得的利息，储户存入的"道德币"越多，道德利息也就越多。

六、效果明显：素质提升与社会反响俱佳

1. "道德银行"极大促进了道德行为的产生

城南学院"道德银行"成立至今，整个学院都呈现出"人人争做志愿者，个个愿当活雷锋"的良好风尚。无论是义务献血、爱心捐款，还是公益劳动，每个同学都争先恐后，当仁不让。目前，"道德银行"已有储户10000余名，平均志愿服务时间在6个小时以上。学生自发建立了五个社区服务点，702、804路两条公交服

务线，一个交通协管站，承包了11栋教学楼的"垃圾文学"清理，在湘西偏远学校设立了"城南助学金"，还长期资助了21名贫困学子，累计捐款61490.5元。汶川地震发生后累计捐款达136430.6元。各种各样的道德行为随处可见。无论是校内，还是校外，总能见到城南学院青年志愿者的身影。值得一提的是，这些道德行为都不是学院强行安排的，而是学生主动为之，并且是全院总动员，人人都参与。只要有机会从事公共服务活动，同学们再也不像从前那样推三阻四，而是党员、干部先行，争先恐后，当仁不让。同学们也不再是守株待兔，而是主动出击，积极寻找服务途径。

近三年来，我院学生受到团省委和县级以上人民政府通报表彰的英雄人物达三人，有抢救落水同伴、牺牲自己生命的刘翼；有抢救落水儿童、不留姓名的欧阳震；有抗冰救灾、无私奉献的何山；2009年共收到好人好事表扬信五封、锦旗一面，如长期照顾脑瘫儿童的杨敏俊、朱亚圣；无微不至照顾受伤同学的外语文法系师生；勤工助学卖报纸、为希望小学募捐的院青志基；任劳任怨、积极投身社会公益服务的徐江；每周坚持给长沙市第一福利院孤残儿童上手工课的范慧蒙、丑国娇等。

2."道德银行"极大促进了道德观念的强化

当前大学生多是80后、90后的独生子女，从小在长辈的宠爱、甚至是溺爱中长大，自我意识强，服务意识差，道德观念相对淡薄。"道德银行"在很大程度上，也促进了同学们道德观念的强化。在针对"道德银行"发放了550份问卷进行随机抽样调查后显示，有60.7%的同学认为："道德银行"成立后，周围同学从事志愿服务的积极性提高了；有63.2%的同学在志愿服务过程中感受到的是快乐；在对从事志愿服务的动机调查中，有23.1%的同学纯粹是为了服务他人，有60.7%的同学有多种动机，包括为他人服务、利于评奖评优、赚取"道德币"。不少同学表示，最初从事志愿服务，更多的是为了赚取"道德币"，以获得评优评先的资格。但在从事志愿服务的过程中，充分感受到了为他人、为社会服务的乐趣。爱心、助人、服务等道德观念，在同学们的心目中不断得以强化。

3."道德银行"的社会影响

2008 年 7 月 8 日，团中央第一书记陆昊来湘调研，我作为独立学院代表向他进行了工作汇报，他指出："城南学院开办的'道德银行'是加强团员青年思想政治教育的重大创新"。7 月 9 日在团省委召开的学习贯彻团十六大精神会议上，陆昊作了主题报告，在报告中又一次提到："长沙理工大学城南学院创办的'道德银行'，给我留下了深刻的印象，值得借鉴和推广。"2009 年 12 月 28 日，《中国青年报》头版报道了《长沙理工大学"道德银行"在争议中前行》。报道得到了数十家境内外主流媒体的转载，引起国内外德育工作者的极大兴趣，产生了强烈的反响。2010 年 1 月 3 日，湖南教育电视台对我院"道德银行"进行了专题报道。2010 年 1 月 14 日，《长沙晚报》用了半个版面，以《道德币成学年考评标准》为题对我院"道德银行"进行了全面报道。陆续有不少高校提出来我院"道德银行"学习与借鉴。

作为思想政治教育的一个全新载体，"道德银行"与传统教育相比，就是凸显了它的民主性特色。因为从手段上讲，它要避免传统教育那种主观武断、片面评估、长官意志与以偏概全；从特性上讲，它又体现了现代思想政治教育民主性的本质要求。三级管理体系既做到了虚实结合、职责分明、手段多样、实质民主，又注重考查学生的道德建构的整个过程，考查个体的现实表现，而不是像过去那样，孤立地、静止地、一成不变地考查学生。笔者认为，从某种意义上来讲，这种民主性原则正好是党的群众性路线基本精神的一种体现。正像有的学者所指出的那样，"思想政治教育是立足于广大人民群众，为广大人民群众服务的，其评估的结果必须是广大人民的公认评价，而不是少数人的私下结论"。①

---

① 刘新庚：《现代思想政治教育方法论》，人民出版社 2006 年版，第 356 页。

第三章 建构大学生"道德银行"的理论依据

"道德银行"产生于 21 世纪，但它的核心价值理论却源于马克思主义。只有在深刻审视时代特性、教育主体需求、现实道德生活环境的基础上，科学地整合不同的道德理论，把握它们之间的内在关联性，才能有效地推进当下的大学生道德建设。

第一节 马克思主义思想道德教育理论

大学生"道德银行"建设的本质是借助于银行这个外在手段来对大学生进行思想道德教育，因此，构建大学生"道德银行"就离不开用马克思主义思想道德教育理论来进行指导。

一、道德与经济的辩证关系理论

马克思主义认为，"每一个社会的经济关系首先是作为利益表现出来"。[①] 道德是人类社会发展到一定阶段的必然产物，特定的经济关系决定了道德的形成、发展、完善，道德依赖一定的舆论、文化、传统、习俗、信念等来维系它的存在，是善与恶对立的社会心

---

① 《马克思恩格斯全集》第 18 卷，人民出版社 1964 年版，第 307 页。

理意识、原则、规范以及社会活动等构成的理论体系。由此可见，道德的发展必须建立在现实经济与社会发展的基础之上，正如恩格斯在《反杜林论》中所揭示的："一切已往的道德论归根到底都是当时的社会经济状况的产物"。① 同时，道德还是人类社会发展到特定阶段，社会生活在人们的思想、社会心理、文化传统等的综合表现，是由特定的经济基础决定的社会意识。

道德是社会发展到特定阶段的经济关系、其他利益关系的产物；反过来，它也服务于特定的经济与利益。社会经济关系决定了道德的内容、形式以及与其他社会存在关系。作为社会中的自然个体，只有在持续不断地与外界进行物质和能量的交换，才能满足衣、食、住、行等基本的物质需要，这是人类社会实践活动最主要的前进力量。"如果任何人没有在同一时间为了满足自我需求和与需求相对应的器官而奋斗，那么他便没有什么可以做了"，从根本上说，人的目的和意志通过道德表现出来，因此，道德必然地与人类最基本的需要、物质利益及其生存、生活、发展相联系。在社会中人的存在与发展是以社会的存在与发展为前提，人类社会发展的客观规律是个体社会实践活动所必须遵循的。因此，道德必然具有一定的社会功利性和趋利避害性，这是它的一般本质。"观念、信念、认识的诞生在早期是和人类的物质生产、物质交流以及语言沟通相结合的。"所以马克思主义指出道德的基本特性具有很强的功利主义。另外，由于道德是观念形态的一种，因此有相对的独立性。民间的风俗、舆论、个人理想、信念与追求是人们行为的依据，这就使道德具有一定的非功利性，这就是它的浅层本质。

社会存在（"人们的存在"）也就是人们的"实际生活过程"②，"意识在任何时候都只能是被意识到了的存在"③，人们在从事物质

---

① 《马克思恩格斯全集》第 3 卷，人民出版社 2012 年版，第 471 页。
② 《马克思恩格斯全集》第 3 卷，人民出版社 1960 年版，第 24 页。
③ 《马克思恩格斯全集》第 3 卷，人民出版社 1960 年版，第 29 页。

生产和其他活动时能动地表现自己是通过自己的精神活动和观念作用于实际生活过程而实现的，而人们的"观念都是他们的现实关系和活动、他们的劳动、社会交际、人们自发组织的有关政治社会的机构（无论是真实存在抑或是虚构的）"。同样，道德作为一种社会意识形态之一，在本质意义上也是由社会的经济关系、物质利益决定与表现的。

当前，"中国社会正从传统社会向现代社会、从农业社会向工业社会、从封闭性社会向开放性社会变迁和发展"。在急剧转型的社会背景下，人们的思维方式、生活方式、行为方式、价值观念、思想意识等也发生了深刻的变迁，而处于社会思想体系核心的道德价值观更是这种变化在社会意识领域的集中表现。同样，目前道德评价标准及价值取向的多元化也是经济多元化在人们思想观念中的必然反映。

在理论上，"道德银行"创新了在社会主义市场经济条件下道德践行的新路径，把上述市场因素融入大学生道德建设之中。在"道德银行"的构建中，大学生以"支票"获得精神上的奖励，改善了当前教育体系中激励因素不足的状况，是一种理念上的进步，它与社会发展的要求是一致的。因为"一个正确的认识，往往需要经过由物质到精神，由精神到物质，即由实践到认识，由认识到实践这样多次的反复，才能够完成"。① 因此，只有正确揭示道德认识与道德实践的辩证统一的关系，并按此规律去创设思想道德教育载体、形式、内容、目标，才会取得思想道德教育的良好成效。

二、中国特色社会主义道德建设理论

1. 中国特色的社会主义精神文明的构建内容。目前，我国面临新的历史环境，在这种历史条件下，构建中国特色社会主义精神文明的主要目标，是能让每一个社会成员都拥有科学的头脑，让社

---

① 《毛泽东文集》第八卷，人民出版社 1999 年版，第 321 页。

会的舆论能起到正面的影响作用，让高尚的道德情操充盈整个社会环境，让更多优秀的文学艺术作品带给人们精神力量。我们要注重从中国传统文化中挖掘民族精神的神奇力量，让中国传统的民族精神精髓能和新时期的时代精神有效结合，发挥更加有影响力的作用，从而促进整个社会的公德和美德建设。《公民道德建设实施纲要》《中共中央国务院关于进一步加强和改进未成年人思想道德建设的若干意见》等成为新形势下指导加强大学生思想道德教育的重要文献。这些文献是研究社会主义精神文明建设的具体要求，立足于我们党建设中国特色社会主义、全面建设小康社会、实现中华民族伟大复兴的历史背景和发展高度，以当代大学生的思想道德现状为基点，全面阐述了当今大学生思想道德教育方面的指导思想、基本原则、主要任务以及方法途径。"思想政治教育最终是要通过人的素质尤其是思想道德素质的提高和潜能的发挥来促进生产力的发展，推动社会的进步。"① 新时期大学生精神文明建设蕴涵四个层面的内容：一是反映爱国主义、集体主义和社会主义的思想和精神；二是反映改革开放和现代化建设的思想和精神；三是反映全民族和睦相处、人民生活安康、全社会共同发展的思想和精神；四是反映用诚实劳动争取美好生活的思想和精神。这四个层次的内容着眼于建设中国特色的社会主义实践和世界科学文化发展的前沿，形成反映社会主义时代精神的先进文化。为加强和改进大学生思想道德教育指明了方向，体现出鲜明的时代性、现实性和实践性，保证了社会主义意识形态的主导地位和发展方向，成为思想道德教育的重要内容。

2. 社会主义荣辱观。荣辱观是世界观、人生观、价值观的重要内容，树立正确的荣辱观对于倡导思想道德新风尚、构建社会主义和谐社会有着至关重要的作用。2006年，胡锦涛在出席全国政协十届四次会议时提出了社会主义荣辱观的重要命题，针对"八荣

---

① 张耀灿等：《现代思想政治教育学》，人民出版社2001年版，第113页。

八耻"深刻的思想内涵、鲜明的时代意义与价值以及开展荣辱观教育的具体要求等问题进行了全面科学的论述。总体而言，社会主义荣辱观的提出契合了社会主义世界观等"三观"的价值内涵，它从八个不同的侧面，以不同的立场、角度出发对建设新时期的社会主义道德观念提出了更严格的要求。"以热爱祖国为荣、以危害祖国为耻"再一次强调和深化了爱国主义的内涵；"以服务人民为荣、以背离人民为耻"践行着中华上下五千年"以民为本"的根本宗旨；"以崇尚科学为荣、为愚昧无知为耻"是推进历史进步的迫切要求；"以辛勤劳动为荣，以好逸恶劳为耻"在于激发劳动者的热情和创造性。上述几点也恰到好处地体现了社会主义的价值原则。"以团结互助为荣、以损人利己为耻""以诚实守信为荣、以见利忘义为耻""以遵纪守法为荣、以违法乱纪为耻"，这三点是维持有序的社会公共生活的基本准则，也是构建成熟的社会主义市场经济、建设法治国家的重要守则。"以艰苦奋斗为荣，以骄奢淫逸为耻"是对中华民族艰苦奋斗精神的继续弘扬与传承，是大力推进改革步伐不可缺少的精神气质。社会主义荣辱观的提出是历史的进步，它的八个层次相互关联、相互渗透，共同构成了一个有机整体，主要表现在以下几个方面：一是社会主义价值规范与道德规范的统一；二是表现为矛盾的有机统一。"八荣"是从积极的方面诠释了社会主义道德规范的全新理念，对广大干部群众尤其是青少年给予正向引导。而"八耻"则是以否定的态度警戒世人，要坚决反对危害祖国、背离人民等此类言行；三是传统美德与带有现代印记良好品德的和谐统一。"八荣八耻"既继承发扬了传统美德中优秀的精神品质，又根据社会经济发展的新变化对道德建设提出了新的要求。四是又一次强调了依法治国和以德治国的密不可分。胡锦涛关于社会主义荣辱观的精辟论述是对过去有关公民道德建设一系列提法的全面总结和深化，形式简单且易于接受。其精神内涵又十分丰富，承前启后，继往开来，为丰富社会主义文化、全面落实科学发展观树立了标杆，同时以饱满的激情带领各族人民积极锻造自身的文化品性,大力挖掘本地区的文化内涵,以崭新的精神状态谋求社会主义的新发展。

3. 社会与人的和谐发展理论。在中国特色的社会主义发展观中,社会主义社会各个层面的和谐发展构成实现人的自由而全面发展的必由之路和现实选择。邓小平针对西方人道主义离开现实抽象地谈人的发展,指出人的发展必须依赖于物质文明和精神文明建设的同步推进。他指出:"不能靠谈论人的价值和人道主义来解决,主要地只能靠积极建设物质文明和精神文明来解决。"① 物质文明建设旨在通对改革,解放和发展生产力,为人的发展提供物质基础,精神文明建设旨在满足人的精神需要和提高人的道德水平,二者的相互协调发展为人的全面发展开辟道路。江泽民在"七一"讲话中进一步强调了人的全面发展与社会全面进步的辩证关系,他说:"人的全面发展与社会经济文化的进步是互相依赖,互相促进的。只有当人们得到了全面发展的机会,提升了各个方面的技能,才有可能充分利用自身的科学知识和创新性思维创造更多的物质精神财富。反之,当整个社会步入快速发展的健康轨道,各个领域都良好、有序地运行时,就有利于完善公共基础设施,为人们提供更好的生活发展环境,从而推进他们的全面进步。"这一论述标志着我们党在有关人的全面发展问题上又上了一个新台阶。人与社会本是融为一体的,两者相互依存、相互促进地向前发展。党的十六届三中全会和十六届四中全会更是明确提出"社会与人的和谐发展",这样一来,就把关于经济建设、政治建设和文化建设的三位一体发展推进到社会整体建设中,形成社会主义经济、政治、文化和社会建设四位一体的总体布局。例如,在阐释"科学发展观"这一重要命题时,党的十六届三中全会《决定》曾提出"五个统筹"的新要求。它从政治、经济、文化等方向出发,以他们的协调发展为基本内容,全面深化了发展的内涵;坚持社会主义市场经济的改革取

---

① 《邓小平文选》第三卷,人民出版社 1993 年版,第 41 页。

向、尊重群众的首创精神、正确处理改革发展稳定的关系、统筹兼顾、以人为本的"五个坚持"。在这四位一体相互协调发展中构建的社会主义共同体，成为人的全面发展的依托和基本向度。而在这一过程中，文化道德建设成为维系这一和谐社会共同体的精神纽带，它以和谐的社会经济、政治秩序为基础直接指向主体的精神世界。因此，中央关于公民道德建设、加强和改进大学生思想政治教育、未成年人思想道德建设、社会主义荣辱观教育等社会主义精神文明建设旨在为建设和谐的社会主义共同体提供先进的文化和道德支撑，其有效性也成为衡量社会主义和谐发展的精神风向标。胡锦涛在强调用社会主义荣辱观进行社会价值导向时曾提出这样的指导思想：牢固树立社会主义荣辱观是实现和谐社会的内在要求。在全社会范围内弘扬爱国主义与集体主义，积极倡导社会主义基本道德规范，关注人的全面发展，建立社会主义新风尚、新文明。因此，在中国特色的社会主义发展观对人的发展的实践转换中，思想政治教育发展不仅直接指向人的全面发展，而且理应在社会主义和谐共同体中为自身发展寻找动力源，并以此彰显思想政治教育的社会价值。这在于：友好的社会主义需要建设思想品德和精神文明，才能实现社会主义文化的友好与社会精神的友好。由此思想政治教育发展直接指向两个层面：第一，构建有利于推动社会进步的包含社会主义思想道德和价值观念在内的友好文化；第二，反映主体的作用和功能，构建友好文化。

第二节　现代思想政治教育基本原理与方法理论

现代思想政治教育无论在理论还是在实践上都取得了很大的成就，研究的内容非常丰富，现代思想政治教育中的有关原理、方法和载体等理论对本研究有着非常重要的指导意义。

一、道德观教育的原理与方法

2004 年，为了适应党的十六大所提出的新任务的具体要求，以更好地应对当时的社会发展新形势，中共中央国务院针对"进一步加强和改进大学生思想政治教育"提出了新的意见和要求。从该文件可以看出：加强和改进大学生思想政治教育是一项重大而紧迫的战略任务。在激烈的国际竞争中，拥有先进的科学技术水平和各领域的拔尖人才是屹立于世界民族之林的关键。坚定不移地实施科教兴国战略和人才强国战略，是保证具有中国特色社会主义的建设事业不断层、培育合格接班人的首要举措，对实现全面建设小康社会、推进社会主义现代化发展步伐的战略目标具有深远的意义。① 由此可知，加强大学生的思想政治教育对我国进行的社会主义现代化建设具有极为重要的战略意义，同时，提升大学生的道德素质是中华民族精神建设的重要内容之一，从一定意义上说，大学生道德素质彰显了社会的发展及文明程度。大学生道德教育不能脱离这根主线。

思想教育、政治教育和道德教育构成了思想政治教育的主要内容。思想、政治教育是大学生教育之本，道德教育是其主要基础，两者的终极目的是要实现人的全面发展。当代道德教育既要以人为本，又要高度重视时代特征和人的发展变化，因为现实中的每个人都"不是某种处在幻想的与世隔绝、离群索居状态的人，而是处在一定条件下进行的、现实的、可以通过经验观察到的发展过程中的人"。② 大学生道德教育是以人为本的"做人""成人""做事"教育，道德是"立己""立人"之本，其目的是"培养一位好人、一个合乎社会规范的人"。③ 由此可见，大学生道德教育还必须在个体与个体、社会、自然之间构建起完整、合理、合情、合法的规范

① 《中共中央、国务院关于进一步加强和改进大学生思想政治教育的意见》，《人民日报》2004 年 10 月 15 日。
② 《马克思恩格斯全集》第 3 卷，人民出版社 1960 年版，第 30 页。
③ 彭未名：《道德教育：从泛政治化到本体价值的复归》，《江汉论坛》2002 年第 9 期。

体系。所以,道德作为一种文化价值观念、规范理论体系和实践活动,它基于人性和社会关系的完善,基于人与社会的良性互动。正如德国著名教育学家赫尔巴特所言:"道德是教育的最高目的。"①

大学生道德教育又必须与实际相结合,因为在不同的时间和空间范围中,个体会生活在不同的社会领域和子系统之内,从而会形成不同的道德规范和道德要求,大学生道德也是如此。党中央在 2001 年 9 月颁布的《公民道德建设实施纲要》中就提出了公民基本道德规范的问题。其主要内容是:一切社会主义道德的构建都是从人民利益和最广大人民的集体利益出发,以公共道德、职业道德、家庭美德为着力点,并将爱国、爱人民、爱劳动、爱科学、爱社会主义作为道德建设的基本要求认真落实。对于学校道德教育,文中还指出:思想政治教育是各类学校一项非常重要的工作,必须时刻排在学校日常工作的首位。良好的道德素养不仅能够引导人们主动隐恶扬善、扶持正气,还能促使社会向更加文明、更高境界前进,确保国家的经济向更加稳定和健康的方向发展,从整体上提高国民的素质和修养。好的道德素质如何培养呢?其中重要的一点,就是要针对高校的实际。

还必须注意到,西方的"自我价值实现"观念也唤醒了大学生对道德建设的探寻与追问,这也是当代大学生道德建设的重要内容。"自我实现"与全球化、改革开放、市场经济等结合在一起,促成了大学生道德观念、道德教育、思想观念发生深刻变革。道德是人自身的一种内在的、自觉的、自律的精神力量,是道德人格的核心。周中之认为,"道德教育可以使一定社会或阶级的道德原则转化为人们的内在道德品质,使道德的原则规范成为人们内化于心的个体准则"。我们看到,大学生"道德银行"对道德内化和个体心理的关注,目的是为了主体的道德内化和道德自我教育,促使社

---

① 张焕庭:《西方资产阶级教育论著选》,人民教育出版社 1979 年版,第 259—260 页。

会成员提高道德认识、陶冶道德情感、发展道德能力，形成良好的道德行为习惯，建立完善的道德人格，这与党的要求是基本一致的，也跟上了时代步伐。

二、思政实践教育法的基本理论

"在探索的认识中，方法也就是工具，是在主体方面的某个手段，主体方面通过这个手段和客体发生联系。"① 法国著名教育家涂尔干强调道德教育要讲求灵活性、技巧性和艺术性，使人们在潜移默化中接受高尚道德的熏陶、感染，实现道德内化。"内化指人的外部物质动作向内部精神（即心理）动作转化的过程。"② 通过道德内化，在道德主体内心形成一定的道德认知、自觉、情感、信念、意志等内在道德力量。

道德教育必须建立在人的客观存在的基础上，把个体生命的特点作为选择教育方法的依据，这是教育的起点。现实生活中，道德教育采用了各种各样的方法，其中学习理论是最重要的方法之一。同样，道德教育也是道德主体学习的过程。"所谓道德学习就是一种接受、内化社会规范，通过获得、体验、实践—建构等途径，形成并完善道德信念与行为的价值性学习。"③ 奥地利的西格蒙特·弗洛伊德（Sigmund Freud，1856–939）认为：人的道德学习的动力是先天的本能，道德学习的实质是控制本能冲动，人在道德学习中人格不断趋于完善。瑞士心理学家让·皮亚杰（Jean Piaget，1896–1980）认为道德学习是一个积极、主动、自觉的建构过程，是自主、能动地建构自己的道德观体系的过程。"道德银行"为道德主体的道德学习提供了一个极佳的场所。在道德学习过程中，道德主体掌握、理解与时俱进的道德知识，激发积极的道德情感，践

---

① 《列宁全集》第 55 卷，人民出版社 1990 年版，第 189 页。

② 教育大辞典编纂委员会：《教育大辞典》第 1 卷，上海教育出版社 1990 年版，第 28 页。

③ 戚万学：《道德学习与道德教育》，山东教育出版社 2006 年版，第 13 页。

行良好的道德行为习惯，这一过程正是道德主体知行合一、实现道德自律与他律的统一的过程。

思想道德教育是一种有计划、有组织、有内容、有形式的可操作性的社会活动。著名教育家包德列夫曾指出，"道德教育不能仅归为教师的教育影响，而必须以学生自己的活动为前提"。① 当代大学生的道德发展是以学生为主体、以教师为主导的新型的道德实践方式，在道德发展的过程中，两者进行着合作式学习。康德也指出，"人只有通过教育才能成为人"。② 对当代大学生而言，道德既是一种价值导向，也是一种意义实现；既是一个结果，又是一个过程。道德选择成为现代人的一种生存、生活方式。在某种意义上，道德学习的实质是一种价值选择，是对人生理想信念的选择、对时代优弊的选择、对道德学习方式和途径的选择等，最终是一种生命态度的选择。

在全球化背景下，道德思维方式、价值观、规范、认知、实践等更趋复杂。"在社会转型时期，各种价值观相互竞争，导致价值混乱，使我们无法作出判断，这同样会干扰学生的价值选择和品德建构。但我不能因此而否定家庭和社会中许多正面、善良的价值对学生的熏陶与教育。"③ 我国著名教育家杨贤江认为："道德是变迁的。时代不同，环境不同，所谓道德也跟着不同。……道德所以有变迁性，是源于道德这样东西，并不是孤立的、超然的、理想的，乃是受环境的支配，受社会制度的影响的。换句话说，道德乃是人类实际生活的要求和反映：是跟着经济状况的变迁而变迁的。"④ 道德的变化性是道德的内在属性之一，"当代中国大学生的道德以崭

---

① [苏] 包德列夫：《学生的共产主义道德教育》，李渊庭译，人民教育出版社1958年版，第45页。

② [德] 康德：《论教育》，赵鹏等译，上海人民出版社2005年版，第5页。

③ 高德胜：《也说"5+2=0"》，《思想理论教育》2006年第18期。

④ 杨贤江：《青年的道德观念》，载《杨贤江教育文集》，教育科学出版社1982年版，第188页。

新的面貌出现在世人的面前，其最显著的特征具有不稳定性、多样化、不对称性。"① 随着社会的发展，道德学习也必须采用新的道德实践形式。

传统的道德教育，较少引导学生主动学习。"因此，迫切需要改变道德教育的方式，从当前这种充满单调无趣味的说教和带有强制性接受的课堂道德灌输转变为原本就应该有的充满魅力和吸引力且令人神往的教育模式。"为了增强道德教育的有效性，当代道德教育必须实现创新。大学生"道德银行"就是对传统思想道德教育理论和方法的超越，是"道德教育回归生活世界"的一种社会实践方式，是人们对日常道德生活的批判性重构。它是在长期的道德实践中形成、发展起来的，是人们对道德客观规律的主动探索与自觉运用。它既是道德主体实现道德发展目标的重要途径，也是保障道德发展的必要条件。

三、思想政治教育的载体理论

胡锦涛在中国共产党十七大的报告中谈道："重视思政工作，尊重人的需求与发展，加强心理健康引导，处理好人与人的关系。"这说明，思想道德教育中以人为本的宗旨和方式、方法的创新已经成为社会的要求。人的全面发展是思想道德教育的目的，也是思想道德教育载体的价值性所在。

随着科技的进步、生产力的发展，思想道德教育载体日益丰富。"人类开展活动所借助的媒介就如同人类的活动一样，是丰富多彩和形态各异的。人类处理人与自然生态环境的关系和社会间的人与人之间的关系一般要充分利用包括法律、法规、规范性文件、设备、生产工具、语言、风俗、交换物、标识等在内的具有多样化、多维度的媒介。正是因为上述的媒介在人类的对象性活动中起

---

① 刘莉：《当代中国大学生道德学习研究》，博士学位论文，东北师范大学马克思主义学院，2009 年，第 42 页。

着至关重要的作用，才能促使人类和自然与人和人的关系网的顺利形成。"① 新时期思想品德教育媒介的出现，其直接原因是科学技术的进步，根源于人的主体需要。它不仅影响教育对象的精神需求，而且决定着思想道德教育目标的成效。

思想道德教育载体坚持以人为本，关注现代市场经济条件下人们的思想观念、道德诉求、精神文化的需要。在道德完善过程中，"在个人和生态环境、社会、其他人、过往及自己之间都有媒介存在的；道德的主体是一个基于社会实践行为的存在，这种存在具有很强的社会性、历史性和文化性，它以思想活动、文明活动为媒介而形成的主体对客体的关系。"② 外部条件只有经过一定的"中介"因素将一定的道德理念纳入自己的思想品德结构体系之中，使之成为自己的思想、情感、信念，才能成为行为的内在力量。在思想道德教育过程中，教育主客体、目标、内容、方法等因素之间相互联系、相互影响，载体是这些因素相互作用、相互联系的"场所"和平台，因此，"思想政治教育载体的功能具有承载、蕴涵、传导和教化等四方面功能。"③

"道德银行"是在创新传统载体和现代科技进步下形成的具有时代特征的道德教育的重要载体，它蕴涵着爱国主义教育、道德教育、集体主义教育等内容，一定程度上影响着道德教育客体的人生观、世界观、价值观和道德观。它更能够满足人的心理需求，能够促进社会环境和谐氛围的营造。作为现代道德教育载体的"道德银行"，它是人们社会实践活动的产物，在实践中又推动着人的道德实践。从"道德银行"的发展历程来看，它是在长期的道德教育实践中产生和发展起来的，其产生以及运行都具有突出的实践性特征。

---

① 夏甄陶：《人：关系　活动　发展》，《哲学研究》1997年第10期。
② 孙正聿：《哲学修养十五讲》，北京大学出版社2004年版，第87页。
③ 董世军：《现代思想政治教育载体论》，博士学位论文，吉林大学行政学院，2008年，第25页。

　　"道德银行"是承载和传递思想道德教育内容的物质手段，为教育主客体相互作用、相互影响提供了平台，因而，它是一种双向互动载体。在现代社会，人们之间互为主客体，双方通过社会道德实践进行联系、沟通。道德教育过程本质上就是思想道德互相影响与转化的过程，道德教育载体只是联结道德教育内化阶段与外化阶段的中介。一定的思想道德规范，通过一定的教育载体影响现实社会中的每个人，人们在实践中比较、选择、消化、吸收后将其转化为自己的道德认识；道德客体将思想道德认识通过一定的教育载体转化为思想品德行为，并借此形成一定的思想品德习惯。因此，"如果没有思政教育这个媒介，那么就无法顺利连接内化和外化环节，同时也无法形成一个具有整体性的思政培育过程。"① 而无论是内化阶段还是外化阶段，都离不开思想道德教育载体的作用。

　　"道德银行"作为思想道德教育的载体，其建构是要满足人们精神生活的需要，因为这是以人为终极关怀的内在规定性所决定的，又是思想道德教育载体社会职能的体现。大学生"道德银行"作为大学生道德建设的管理、文化、活动、组织载体的统一，它承载并传递一定的道德教育内容或信息，它贴近实际、贴近生活，以规范行为习惯、提高基本素质为切入点，以大学生的自我教育、管理和服务为落脚点，促进大学生在社会实践中自觉、顺利地实现道德社会化。大学生"道德银行"又源于社会实践活动，反映着人的道德意识，陶冶着人的身心、丰富着人的精神生活，满足着人的道德需要，表现出其存在和发展的强大生命力。人的"需要即他们的本性"②，人本身既是道德教育的出发点，又是道德教育的目的和归宿。"道德银行"因此是"合规律性"和"合目的性"的统一，它从人的需要出发，把道德内化为人自身的素质，以达

---

① 张耀灿、郑永廷等：《现代思想政治教育学》，人民出版社 2001 年版，第 394 页。
② 《马克思恩格斯全集》第 3 卷，人民出版社 1960 年版，第 514 页。

到道德教育实效。

第三节　优秀文化传统中的思想道德教化理论

我国优秀的文化传统思想中关于道德教化的理论很多，如"德得相通"理念、"德福一致"思想、"道德回报"观念，这些理论在当时的思想道德教育中处于主导地位，也是一种主流思想。在今天看来依然焕发出很强的生命力。

一、"德得相通"理念

在中国传统道德文化中，古人就对"德"与"得"有了统一的认识，也有了"德得相通"的思想。《卜辞》中的"德"和西周文字中的"德"都与"得"相通，"德"即"得人"，即"德"者统治之意。"德"在《说文解字》中是："外得于人，内得于己也。"也就是说，"以善念存诸心中，使身心互得其益，此内得于己之说也；以善德施之他人，使众人各得其益，此外得于人之说也。"朱熹在《论语集注·述而》中说："德者，得也，得其道于心而不失之谓也。"即"德者得也"。

"在中国伦理文化中，'德得相通'具有德者得于道、德者得于心、德者得于人、德者得于利、德者得于福等多重含义。"①《礼记·大学》载："大学之道，在明明德，在亲民，在止于至善。"在孔子看来，一个人追求自我道德的完善，即使"饭疏食饮水，曲肱而枕之"，"一箪食，一瓢饮，在陋巷"，即使物质生活贫困，也不改变。孟子曰："尊德乐义，则可以嚣嚣矣。故士穷不失义，达不离道。穷不失义，故士得己焉；达不离道，故民不失望焉。古之人，得志，泽加于民；不得志，修身见于世。穷则独善其身，达则

---

① 肖立斌：《"德得相通"的内涵及其现代价值》，《理论观察》2009 年第 3 期。

兼善天下。"① 正是崇道尚德的文化精神塑造了古人以信奉道德为人生首要的价值取向，对传统道德完善起来。

孔子说："仁者无忧""知者乐，仁者寿""不仁者不可以久处约，不可以长处乐。"孟子说："反身而诚，乐莫大焉"，"理义之悦我心，犹刍豢之悦我口。"② 西汉董仲舒说："利以养其体，义以养其心。心不得义不能乐，体不得利不能安。"古人们认为，唯有把外在的道德规范转化为内在的道德自律，严格要求自己的道德行为，进行自我约束。在高尚的道德践行中，才能获得精神享受。孔子说："德不孤，必有邻。"孟子说："得道者多助，失道者寡助。寡助之至，亲戚畔之；多助之至，天下顺之。"由此可见，中国传统道德认为，只有人们在高尚道德情操的指引下，自觉践行的道德，才能得到社会的认同，才能通向成功。

在古人看来，"德"是"得利"的重要手段与必经之途，而"得利"则是"德"的价值追求。墨子说"兼相爱、交相利"，"孝，利亲也"，"义，利也"③，他认为道义与利益是统一的，不是矛盾对立的，两者相互促进。由此可见，中国古人已经认识到，道德建立的必要条件是利益的获得，这是人们生活所必需的。同时，古人已认识到道德关系的发生是以双方都有所得为前提的。"道德底行为，事实上亦可使有此种行为者自己有利。"④

传统儒家认为，"义为利本""义以生利"，只要符合、遵守社会道德规范的要求去做事，才能实现个人的功名。因此，朱熹提出："正其谊，则利自在；明其道，则功自在。专去计较利害，定未必有利，未必有功。"陆九渊说得更加透彻："士庶人有德，能保其身；卿大夫有德，能保其家；诸侯有德，能保其国；天子有德，能

---

① 《孟子·尽心上》。

② 《孟子·告子上》。

③ 《墨子·经上》。

④ 冯友兰：《冯友兰选集》下卷，单纯编，北京大学出版社 2000 年版，第 327 页。

保其天下。"① 中国传统道德认为，高尚的道德追求是实现幸福的前提，同时，道德也是幸福的重要内容之一，只有以合乎道德的手段获得的幸福才是真正的幸福。《尚书·商书·伊训》指出："作善降之百祥，作不善降之百殃。"同样，儒家的"仁者安仁"以及人们通常所说的"好心得好报""好人一生平安"等，都蕴涵着人们对"德得相通"的认同。"德得相通"、积德行善、"德可生财"是中国传统道德的精髓，是"德"与"得"的合一。这些传统道德思想对当代的大学生道德建设有着重要的参考价值。

二、"德福一致"思想

传统道德文化中有诸多关于道德的记载和论述。《说文解字》解"德"说："外得于人，内得于己也，从直从心。"说明德是美好的心灵和高尚的行为。据记载，《尚书·禹贡下》中有"祇台德先，不距朕行"之说。《尚书·蔡仲之命》说："皇天无亲，惟德是辅。"《尚书·召浩》说："惟王其疾敬德，王其德之川，祈天永命。"这些说明，只有获得崇高的道德，践行高尚道德，成为人们模范的榜样的人，才能获得统治，才能成为王。春秋以后，"德"的含义逐渐丰富，如"忠，德之正也；信，德之固也；卑让，德之基也"。②在传统的儒家道德家看来，"德"更加侧重于个人道德修养的提升和道德行为的践行。

在中国传统文化中，幸福的含义也很丰富，有福禄、福德等。《尚书·洪范》指出"福"包括："一曰寿，二曰富，三曰康宁，四曰攸好德，五曰考终命。"《诗经·小雅·蓼萧》说："其德不爽，寿考不忘"，"和鸾雍雍，万福攸同"。就是说，古人以富为福，把福与富联系起来，而且两字也是同源字。《礼记·郊特性》："富也者，福也。"《释名·释言语》："福，富也。"《说文解字》说："禄，

---

① 《陆九渊集·杂说八》。

② 《左传·文公元年》。

福也。"以上说明，古人把获得健康、富足、快乐等视为幸福。长寿、富贵、健康、宁静和善终之福往往与个人之德联系在一起。只有道德高尚的人，才能过上幸福的生活，实现自身的价值；幸福的人应该是具有良好道德修养的，人的幸福与其道德呈正比相关的关系，一个人能否幸福，道德是其必要条件，德与福是一致的。

传统道德还认为，德与福是紧密联系、相互依存的。"中国传统道德精神就是'德''得'相通，'德''得'合一的精神。"① 在古人们看来，有"德"就意味着有所"得"，"福德果报"，两者具有因果联系。从一般角度看，有德就意味着获得福、禄、"利"、"福"等。"德得相通"与"义利统一"是一致的。"德福一致"在生活的各个方面都会有体现。所谓"仁者无敌"②，在孟子看来，怀有一颗仁爱之心的人是天下最强大的人。"仁则荣，不仁则辱。"即是说，只有实行仁政，才会国泰民安；反之，则国破家亡。"爱人者，人恒爱之；敬人者，人恒敬之。"③ 孟子认为，关爱、恭敬别人与被关心、被恭敬是相互的。可见，中国传统道德强调，道德是人的一种幸福生活方式。

中国伦理道德文化的"德福一致"观念，源远流长，它历经儒、道、佛三家思想共同的构建，形成了中国人的伦理气质，塑造了中国人的道德品性，至今仍然具有价值资源的意义。其实，"德福一致"是人类的伦理信仰，是和谐社会的理性需求和永恒追求。"德福一致"作为一种道德机制，是通过人类的理性反思而存在，目的在于维护、增进个体的合理利益，同时，个体德行又必将有利于增进和维护社会自身的合理利益，即由个"德"获社"福"。"德""福"一致体现着社会的根本道德原则——社会公正。我们说，道德建设的目的是创造一个"我为人人，人人为我"的良好道

---

① 樊浩：《中国伦理精神的现代建构》，江苏人民出版社 1997 年版，第 622 页。

② 《孟子·梁惠王上》。

③ 《孟子·离娄上》。

德氛围，是使得追求个体自身合理利益与维护他人合理利益、社会整体利益的互相统一。因此，道德建设的终极目的即是为了个体的根本利益与幸福生活，又是为了社会的和谐发展奠定道德大厦。

随着社会文明的进步，"德福一致"的价值理念不断内化为社会与个体的道德追求，这是对传统美德的扬弃，是大学生追求道德、践行道德的重要推动力。大学生"道德银行"的实施则顺应了社会的这种前进方向和人性要求，弘扬了传统道德的"德福一致"理念，推进了大学生追求道德的生活，为德与福的统一与实现打下坚实的现实基础。

三、"道德回报"观念

日常生活中的"投之以桃，报之以李""滴水之恩，当涌泉相报"等，是受恩必报的形象概括。它把利益等作为对个体行为善恶或道德修养高低的道德评价，以社会认可或者否定的方式表现了出来。因为，社会应该对个人的行为作出合理的反应与评价，道德回报本身符合人的本质和社会发展的需要，它是对主体的道德人格的一种尊重。

在历史文献中，有诸多受恩必报的历史记载，《信陵君杀晋鄙》中有："人之有德于我也，不可忘也；吾有德于人也，不可不忘也。"[1] 就是说，不应忘记别人对自己的恩惠与帮助，而自己对别人的恩惠，却不应该铭记在心。《金楼子·戒子》中有："施人慎勿念，受恩慎勿忘。"[2] 它同样是告诫人们帮助别人不应该总是记心上，受人恩惠、帮助不能忘，以后有机会要回报他人的帮助。子曰："礼以行义，义以生利，利以平民，政之大节也。"[3] 即是说，要通过礼乐制度来实行仁义道德，仁义道德在社会中产生一定的物质、精神

---

① 罗国杰：《中国传统道德名言卷》，中国人民大学出版社 1995 年版，第 617 页。

② 罗国杰：《中国传统道德名言卷》，中国人民大学出版社 1995 年版，第 618 页。

③ 陈克炯：《文白对照十三经·左传》，广东人民出版社 1983 年版，第 216 页。

利益，这样就可以安定百姓，稳固社会。孔子已经认识到，物质、精神利益对人们安定和社会稳定的重要意义，利益、功利是社会前进的物质基础。"富而可求也，虽执鞭之士，吾亦为之。"从这里可以看出，孔子也是高度重视物质利益的获得，并对人们通过正当的途径获得利益表示认可。

　　传统道德思想家还十分重视道德回报对社会道德建设的协调作用。如"赏一以劝百，罚一以惩众"。"赏以富厚，而罚以杀损也，是百王之所同也。"[①]"赏一人而使天下之人喜，罚一人可使天下之人惧，苟二事不失，自然尽美"[②]，等，赏、鼓励、奖掖等成为社会机制。据《吕氏春秋·察微》载："鲁国之法，鲁人为人臣妾於诸侯，有能赎之者，取其金於府。子贡赎鲁人於诸侯，来而让，不取其金。"孔子曰："赐失之矣。自今以往，鲁人不赎人矣。取其金，则无损於行；不取其金，则不复赎人矣。"可见，孔子也注意到缺失回报的道德对社会道德的巨大危害性。顾炎武曾提出"劝学奖廉"，他把礼、义、廉、耻看作是社会的最高名节，对杰出者予以一定的回报，以此形成良好的社会氛围。

四、教化实施理论

　　教化理论是中国古典政治学中颇具创新价值的部分，与今天的德育理论、思想政治教育理论和西方的政治社会化理论相类似。

　　1.教化理论的形成与发展。我国古代的儒学批判残虐的政治与过量的死刑，提倡以德治国、宽厚待民，形成了以春秋战国时期儒家孔子和孟子为代表的涵化理论。随后，战国末期的荀子也同样提倡涵化理论，与孔孟不同的是，他更倾向于把法律和刑罚提升到政治层面上来。到了韩非子，他也主张教化，但是韩非子所主张的是"以法为教"。再后来到西汉初的时候，贾谊摒弃了"唯法是教"

---

① 《荀子·正论》。
② 《资治通鉴·梁记》。

和"以吏为师"的理论和实践，又重新提出了儒家的那一套教化主张。在西汉中期的时候，董仲舒主张教与刑相结合，提出的"罢黜百家，独尊儒术"的主张，推行教化，他的这种教化思想受到汉武帝的赏识并被采纳，同时在这个时期被提升为主导涵化理论，由此在我国历史上的封建时期受到普遍接受。① 从此开始了儒法合流。到了汉代以后，道教和佛教开始在我国汉代兴起，直到唐代时，唐代的学者和朝廷官员又重振了儒学，复兴了教化的理论和实践，这其中特别需要提到的是我国古代唐宋科举制度对"文教"的推动作用。到了明朝，统治者强调"治国以教化为先"，更加进一步加强了在学校进行儒学教育和开展科举取仕的制度。在后金至清初，儒法两家教化并重；清朝入关后，实行多元文化教育，教化内容开始多样化。

2. 教化的对象和目标。教化的对象是君子和民众。孔子说："君子学道则爱人，小人学道则易使也。"② 意思是说，君子掌握了儒家六种基本才能不仅有助于其形成真心诚意、热爱人民的崇高品德，而且还有利于提高其统治和治理国家的本领。而民众绝大多数人天生具备善良的本性但都没能把这种本性发挥出来的，这些人内心都拥有良好的品质，但是自己不一定能够发现，就像"螟者待觉"，进行涵化才能使其明白何为善。君主采取措施涵化人民，能够使人民变得容易听使唤。孟子指出，君主实施良好的政令仅仅使民众信服和得到民众的财产，然而实施教化就能在精神层面上使人民遵从君主。

3. 教化的类别和内容。儒家提倡的教化，主要有平常行为规范、伦理品德培训、文章教化、法治教化等。③ 第一，对人民开展平常行为规范和伦理品德培训，主要是通过这两方面的训练来培养

① 黄书光：《中国传统教化的理论基础与组织特征》，《教育学报》2005 年第 4 期。

② 《论语》。

③ 赵朝峰：《论中国古典教化理论及其影响》，《新视野》2010 年第 3 期。

国家民众的政治态度和行为习惯。其中的教化内容，在先秦儒家看来，教化的核心内容就是仁、义、礼。① 教育家孔子在民间创办的私学堂的授课内容也包括儒家六种基本才能在内的平常行为规范和伦理品德。孔子主张弟子无论在家还是远行在对人和物上要先尽孝道。孟子也倡导在学校里要重视对民众的孝悌教育，使民众能够以平时学习到的孝悌忠信来很好地侍奉父母兄弟和官员。尤为值得一说的是从汉朝起，统治者就把提高百姓的孝悌忠信作为一项重要工作，唐明皇不仅解释了儒家的经典伦理学著作《孝经》，而且下旨要求每个家庭必须有一本《孝经》；② 第二，实施文章教化，普及治理国家的策略。比如孔子就强调百姓要重视知识技术等修养，广泛吸取文章精华。用"经书之道"来教育民众，不但可以"化民"，还能为国家培养人才。其中的教化内容自然是"经书之道"，西汉之后学校教化的内容变为五经、十三经、官编书籍、御制诗文集等。值得一提的是，我国古人编写的历史传记和创造的文艺作品都包含儒家的纲常伦理和中国传统四字道德准则等；第三，实施法治教化，换句话说是向百姓普及国家法律。韩非子继承荀子重视法律的理念，提出以法律为教育内容、以官吏为教师的思想。儒家又吸收了其中的合理内容，强调对民众进行刑罚，增加了法制教育的重要内容。从后金到清初，礼、法并重，融合了儒法两家的涵化主张。

4. 涵化的执行方式。古代涵化执行的方式主要包括朝廷创办的学校和私人举办的学堂的培养、官府教训开导与礼教宣扬。从学校教育来看，春秋时期，私人兴办学堂。儒家学派代表人孔子主张任何人都能接受教育，因此他的学堂里就有成年人学生，在很大程度上增加了受教育的对象。孟子很重视学校的教化作用，主张对民

① 唐明燕：《先秦儒家教化哲学及其影响》，《大连理工大学学报》（社会科学版）2011 年第 4 期。
② 《旧唐书》，中华书局 1975 年版，第 218 页。

众实行伦理道德教育。西汉的儒学家董仲舒主张学校的培养是实施涵化方式之一。创办学堂就是在进行涵化，同时受过学堂教育的人还能有效地涵化社会。基于统治者的教训开导和礼仪教化，儒家和法家同样提倡由统治者来涵化百姓，然而孔子认为官吏不是采取刑罚而是通过指引和培养来促使百姓具备符合统治者需求的思想。随后，儒家也认可朝廷在统治国家的时候要对庶民开展礼节和音乐等方面的培养，充分借助敬祖与尊天等宗祠寺庙活动、婚丧宴饮等习俗活动、表扬和嘉奖忠义仁孝者来进行纲常要义的宣扬和践行。同时，儒家也非常重视个体的磨炼与涵养的意义。在儒学看来，涵化不但要用语言表达，也要以实际行动做榜样。孔子主张只有接受政治教育的官吏不断提高自身修养，才能成为有德有才的道德高尚之人，成为社会权势的楷模。官吏端正自己的思想言行，依照礼节办事，合情合理实施法律。只有这样，下级官员和百姓才能够自愿服从。他说："其身正，不令而行；其身不正，虽令不从。"① 朱熹继承了孔子提出的端正自己言行的理念，主张修身齐家治国平天下。②

5. 涵化理论的特征。我国古典涵化理论主要有以下几个方面的特点。首先，教化理论的核心目标是要在社会上塑造出维护统治阶级秩序的政治文化。教化是上层对下层施加文化的一个过程，是统治阶级文化影响民间文化的一个过程。涵化不仅表现在法律法规政策和礼仪音乐上，还体现在以批评教育庶民的方式来深入影响习俗。在教化实践中，双方处于不平等地位；其次，涵化理论反对统治者的暴力施政方式，认为官吏不得对庶民有过量的刑事处罚和采取过度的粗暴行为，这就是涵化理论重视人民价值的重要体现。其中，儒家思想就主张百姓是国家的根本，君主和官吏是庶民的父母，他们以养育百姓为重要任务，要率先提倡涵化。我国古典涵化及其实践，有助于减少官吏对庶民的欺压行为；再次，涵化体制和

① 《论语》。
② 《礼记·大学》。

方式隐藏着一些规律。比如在涵化理论和具体的操作过程中构建了一些高效率的涵化机制：统治者涵化与学堂涵化的相融合；道德训练与文化教育相结合；学校教育与官员考试选拔相结合；言传与身教并重；文化教育与法制教育相结合；礼乐与表彰忠义节孝相结合；演礼习外部训化与个体学习相结合等。最后，在教化理论及其实践中，涵化的目标具有多样性，不仅提倡和开启人民的智慧，而且警惕百姓，努力培育归附统治者、淳朴的庶民。"民可使由之，不可使知之。"① 例如，董仲舒认为庶民都是追逐利益的，倡导通过涵化以警惕百姓因为追逐利益而变得奸诈邪恶。② 唐宋八大家之一的韩愈提出通过涵化促使百姓遵从当权者意志。他认为："不示其所以易之之道，政以是得，民以是。"③ 显而易见，这是一种思想退步。

总而言之，涵化执行理论是当时特殊的历史阶段对民众的思想道德教育起着重要的作用，对其中的理论与实践经过取其精华、去其糟粕之后，对今天的道德教育仍旧有着很好的启发与借鉴作用。

第四节　西方社会公民道德教育理论的借鉴

西方社会公民道德教育理论非常丰富，在教育学、心理学等学科中占有重要的地位。其中对大学生品德培育发挥着不容忽视的作用的有劳伦斯·科尔伯格提出的现代道德认知发展理论、弗里肯纳的"新德育"模式和行为主义理论。

一、科尔伯格的道德认知发展理论
美国当代著名的心理学家和教育学家劳伦斯·科尔伯格

---

① 《论语》。
② 《汉书·董仲舒传》，中华书局 1962 年版，第 2503 页。
③ 《韩愈全集》，上海书籍出版社 1997 年版，第 132 页。

(Lawrence Kohlberg，1927–1978）被誉为西方研究道德认知发展阶段论的集大成者。他按照道德判断结构的性质、认知的发展和社会性的激励作用将个体道德发展划分为"三水平六阶段"，即前风俗、风俗、后风俗水平。但是风俗是具有社会或地区威信的为个人遵守的准则。以能否理解、坚持社会的规则和期望为标准，分为前习俗水平的个体、习俗水平的个体、后习俗水平的个体。后习俗水平中的个人自始至终坚守道德准则，如果准则与风俗相违背，则会放弃风俗而严格遵守道德。美国当代著名的心理学家和教育学家劳伦斯·科尔伯格在这三个品德水平的体系中主要依据的是：第一，是正确的；第二，认为正确的原因；第三，每个环节之后的品德理念（sociomoral perspective），即个体用来界定社会事实和社会道德价值（或者说"义务"）的观点，划分出六个阶段。①

科尔伯格认为，"学校德育课程包括良好的德育环境（隐蔽课程）和多学科整合（把道德教育融入历史、社会和英语等课程中），其以培养学生更好地知晓和理会思想品德政治的含义，提高学生理解品德的水平、评估和推断品德的本领以及挑选道德的技能等为主要目标"。② 学校应鼓励个体通过自己的理性思考和实践作出自身的判断、决策和理性的道德行为。他还强调以发展性和以尊重学生主体性为德育的基本原则，学校道德教育必须循序渐进，符合学生的心理发展规律；因为每个个体都有自主建构道德认知的能力，所以，必须以尊重主体的自由意志为基本准则。劳伦斯·科尔伯格指出在特定时期对道德的评判有着比较特别的方式，这种方式与对应的智能评判的方式的平行的。③ 道德必然借助学生自己的智力水平进行探索和活动来获得相应阶段的发展。大学生逻辑思维的发展已

① ［美］L. 柯尔伯格：《道德发展心理学：道德阶段的本质与确证》，郭本禹译，华东师范大学出版社 2004 年版，第 164 页。

② 范树成：《德育过程论》，中国社会科学出版社 2004 年版，第 204 页。

③ L.Kohlberg："The Philosophy of Moral Education"，San Francisca：Harper Row，1984，p.136.

经从基本认知能力方面规定了道德判断发展可能。我们认为,科尔伯格的这种道德理论同样适用于当前的大学生"道德银行"。

科尔伯格认为,道德发展还依赖于社会性的激励,包括让角色承担机会;学校德育应鼓励学生进行道德认知冲突的自我抉择、发展道德认知力,以促进学生的独立和批评性道德思维能力的发展;学校道德教育的内容、形式、方法必须服从学生道德发展规律和学生的批判性思维的发展,使学生在自己的理智活动或社会实践中实现道德境界的提升;学校道德教育的任务在于根据学生的认知发展规律,开展丰富的道德实践活动,培养学生作出理性的道德判断、道德抉择,并践行道德的能力。"品德培养是一种引导而非传授,是提出问题、提供解决的办法,而非直接给出结果。这种培养力求指引人发展到更高的水平,但不是把东西灌输至本来就是个空壳的内心中。"[1] 科尔伯格在后期还进行了公正团体途径的研究,制定了以团体培养机制为基础的,意在引导学生评判品德、实现品德统一的公平集体方案,提出了公平集体法。"何为公平集体,就是可以表现出公平公正、齐心协力的团体。使团体中的所有人都可以参与到所有人都必须遵守和执行的行为规则的制定中来,参加到所有的决策和管理中来,促使所有的人受到这样民主和公平氛围的熏陶,形成更好的习惯和作风,这种道德教育的方式就是公正团体培养法"[2],其特征是:建立各种管理组织、团体,鼓励学生积极参与,营造出一种和谐、民主的道德氛围,并使民主成为学生的一种生活方式。学生在参与的过程中,发展学生的集体、共同的价值观,把集体力量转化成为一种资源,实现学生的自我管理、教育,建立良好的合作式伙伴群体关系,促进学生和团体的道德发展,让每一个人学会对个体和团体的发展负责。在社会实践活动中,学生充分发

---

① [美] 唐纳德·里德:《追随科尔伯格——自由和民主团体的实践》,姚莉译,黑龙江人民出版社 2003 年版,第 190—191 页。

② 王玄武:《比较德育学》,武汉大学出版社 2003 年版,第 255 页。

挥了自身的主体性、积极性，有更多的角色扮演机会，促使道德认知转化为理性的道德行为。

笔者认为，"在具体的社会中，每个人对道德做出的评判不只是个人道德水准的体现，同时也是个人的水平与品德的具体特点相互影响的产物。"① 只有在社会主义强调集体氛围的大环境下，公正团体策略才能在真正意义上发挥作用。"所以，品德培养的最佳方式是不断改良每个人作出道德评判时的品德氛围。"道德教育要更加现实化、生活化，道德教育的内容、形式与日常生活要密切结合，这样的教育对受教育者才有导向意义。学生通过创建道德实践团体，才会增强自己的参与意识。因之，科尔伯格的理论对构建大学生"道德银行"具有重要的借鉴意义。

二、弗里肯纳的"新德育"模式

"新德育"理论是继传统德育理论和现代德育理论之后出现的一个新的道德教育流派，也有人称"新德育"理论为道德教育的"第三支力量"，美国的弗兰肯纳是其主要代表人物之一。近年来，"新德育"理论作为一种新生力量，日益受到德育理论界的广泛重视。

"新德育"理论是在传统德育理论和现代德育理论的基础上提出来的，是"采取一条居于这两种极端观点之间的路线"。② "新德育"理论认为，传统道德教育忽视了儿童的主体性，现代德育理论的成就也仅仅限于对主体的理性的尊重，而不是批评和反对道德教学。而弗兰肯纳作为新德育倡导者认为，提倡发展学生的自主性并不冲突于坚持道德教学。正是由于道德教育有着两个方面的真正目的，其中一方面要维持正常的社会道德秩序，另一方面又要在正

---

① 张建荣：《科尔伯格道德教育理论研究》，燕山大学文法学院，2009 年，第 37—38 页。

② 《教育百科全书》（英文版）第 6 卷，美国：麦克米兰公司 1971 年版，第 397 页。

常的社会道德秩序中重视道德学习自主性的培养。因此，完整的
道德教育系统要包括两方面：一方面是对某些美德和规则的直接
教学；另一方面是发展和培养学生的自主性和理性。在进行道德
教育的过程中，要将培养个体特性作为重点。

在弗兰肯纳提出的"新德育"理论中，总结概括了以下五个
方面的道德教育任务：第一个任务是教育儿童的"道德观念"，通
过教育使孩子对自己的道德行为准则有自己的认识和想法；第二个
任务是教育儿童采纳接受适合自己的道德理想、道德价值和道德
原则，根据这些判断道德和作为行为决定的依据；第三个任务是教
导儿童接受具体的价值和美德；第四个任务是培养儿童做好人好事
的品性；第五个任务是促进儿童达到精神上的自由和思考上的自主
性。在上述任务中，他认为传统德育理论只重视教育和培养，即第
三和第四个任务；现代教育理论则更加注重儿童精神上的自由和自
主性，即第五个任务。但是这两种理论都是片面的，这五个任务是
一个不可分割的整体，每一个任务都是相互联系的，它们都是不可
缺少地完成一个完整的道德教育所需要的组成部分。因为利用某一
种道德方式和道德观点来探索德育的理想和原则，正是在对它们理
解认知的基础上进行的。更进一步来说，接受更为具体的一系列的
美德和规则，同样是在掌握了一般的原则和理想的基础上才能实
现，至此才能将这些进一步接受并真正应用，把他们当作一种手段
来实现自己的基本理想，直至成为"道德上的好人"，或者说按这
种方式持续下去，使自己成为道德主体，保持自主性。弗兰肯纳总
结了一套道德教育方法：首先，道德规则的传授，让儿童明确道德
的具体规则；其次，道德观点的理解，帮助儿童理解并认同道德观
点，形成一个正确的道德观；再次，按照以下几个阶段进行教育和
培养，这些阶段正是道德发展的过程。这样一来，新道德理论所提
倡的道德教育，大致由两个连续的阶段构成了其整个过程：第一个
阶段是儿童早期，主要是使用非理性的方法，让学生被动地接受和
记忆道德规则，这一过程是必需的，具有很强的可操作性；第二阶

段要建立在第一阶段的基础上，培养儿童的自主性，让学生主动地理解道德规则，并将其应用于实际生活中。

弗兰肯纳等人认为，道德本身的特点决定了需要向儿童坚持实施道德教学。他们的观点是："道德的知识领域有着自己的概念、方法和过程，根本不同于其它的知识领域，仅依靠学校的影响并不能形成一个完整的道德体系，依靠历史、文学的教育无法实现道德教育的目的，必须建立一种专门用于道德教育的学科，让学生学会、接受并理解正确的道德理念，用正确的道德观念来指导自己的思想和行为。"[1] 他认为"大部分教师都没有对学生的创造力寄予期望，能够创造和发明数学定理的人是少数，能够仅依靠自己的力量就形成正确的道德观的学生也不多"。大部分学生正确道德思维的形成，必须通过教师和成人的帮助和指导。儿童期是道德观教育的最佳时期，要重视儿童早期道德教育的重要性。还有研究证明，一套相应的道德价值规则对于道德发展是十分必要的，教育者如果不在儿童早期进行道德教育，使儿童学习价值和规则的原理，以后自己的反省道德就很难发展。

同时弗兰肯纳指出，"新德育"理论虽然在是否应该进行道德教学上与传统德育理论有相似之处，两者都强调道德教学在儿童品格形成中的重要作用，但对于道德教学的方法却根本不同。道德教学在传统意义上所采用的方法，主要是通过规劝和惩罚等强制手段，是一种被动、强制的方法，没有遵循儿童的天性，禁锢了孩子的自由和自主，只是单纯让孩子记忆道德观念，并没有帮助儿童理解道德观念的内涵，用这种强迫的方法来培养儿童的品格是错误的，也是不道德的。因为它"不仅从根本上扼杀了道德主体的理性活动，压制了儿童的个性，它的心理学基础从而被丢失，而且它所依靠的这种道德哲学是错误的，过去和现存的道德认识在这种道德哲学中被认为是正确和完善的，并对相对具体的价位和规则过分强

---

[1] 戚万学:《"新德育"理论评介》,《山东师大学报》(社会科学版) 1989 年第 6 期。

调,对儿童的自有、需要和理性视而不见,相较于道德,法律更适合这种道德哲学,道德需要更自由、自主的维护方式"。尽管使用非理性的方法在"新德育"理论中也有强调,但目的不是强迫儿童去遵守道德规则,不是为了使儿童服从,他们是为了发展儿童的道德自主性,培养儿童的道德观点,并且,只有在儿童还不具备独立思考的能力期间,才能使用这些非理性的方法,一旦儿童可以独立思考,形成了反省思维,这些方法就会被马上丢掉,儿童被鼓励运用所学的道德原则和道德知识作出自己的道德判断和行动。

弗兰肯纳的"新德育"理论认为,让儿童学习并接受道德观点是道德教育的主要目的,但是教育的最终目的是让儿童树立正确的人生观和道德观,以正确的价值理念指导生活。在进行道德教育时,要努力帮助儿童形成正确的道德观,将道德作为思考和行为的准则。弗兰肯纳认为"道德思维和观点影响了一个人的行动,往往意味着他决定自己应该采取什么行动的标准并不是以个人的幸福和愿望为基础,通常会将对他人的影响作为考虑自己行动的出发点,并且会顾忌自己行为对他人和社会带来的影响"。所以,"新道德"理论认为,向儿童传授一些道德准则是为了帮助儿童去领会道德观点,鼓励儿童通过学习思考自己进行道德行动和道德判断是道德教育更重要的目的。

弗兰肯纳的"新德育"理论有很多可取的地方。第一,"新德育"理论对德育目的的折中观点是可取的。实现个体道德的自主和社会需要服务在学校的道德教育中被强调认为相互统一。第二,"新德育"理论所提倡的对儿童进行道德教学具有一定的合理性。如人本主义的"价值教育",麦克费尔提出的"生活指导"理论以及威尔逊提出的"道德教学"理论,都强调向儿童进行道德教育的重要性,都是通过专门的教学组织形式实现。许多德育理论家在目前都指出,"道德教育的形式在现代德育理论中被过分重视,如果道德规则和道德观念没有一套具体的方案,道德问题就不能被真正解决"。① 反对传统的强制性灌输对我们的德育实践有一定启发意义。近年来，人们一直把避免灌输作为道德教育的核心任务。第四，"新德育"理论把德育任务划分为五种不同的任务，并且按照逻辑的顺序连接起来，对我们今天思考学校德育的目标和任务的阶段性和层次性有着积极的意义。

三、行为主义学说（又称刺激—反应（S—R）理论）

早期行为主义于 1913 年出现，由美国心理学家华生创立。其研究方法十分独特，因而备受关注，在 1920 年到 1930 年间发展到一个高峰，并在西方心理学界盛行长达 50 年之久。然而行为主义作为一种心理学派，无法逃脱被淘汰的命运，但其作为一种思想，仍处于一个不断发展的阶段。早期行为主义理论的代表人物有桑代克、华生，新行为主义的代表人物是斯金纳等。②

1. 桑代克的试误说

桑代克是美国著名的心理学家，他受到达尔文的进化论思想的影响，认为人类是从动物进化而来的，因此，动物也可以和人一样去进行学习，只是学习的复杂程度不同。他通过动物实验来对学习进行研究，提出了联结主义的刺激—反应学习理论。他所设计实验中最为成功的实验之一就是著名的"猫开门"的实验，通过这个重要的实验，桑代克得出了一个结论，那就是：猫经过多次的试误来进行学习，这种学习是由刺激情境和正确反应这两者之间所形成的联结构成的。桑代克进而得出：学习是一种刺激—反应的联结；学习是一个试误的过程。

桑代克通过实验得出了上述结论，在当时也是一种全新的观点。他的观点打破了理智与本能、人类与动物的二元论，认为动物

---

① ［美］J. F. 索尔蒂斯主编：《哲学与教育——美国全国教育研究会第 80 期年鉴》英文版，《国外社会科学文摘》1965 年第 4 期。

② 陆小英：《行为主义与德育》，《淮阴师范学院学报》（哲学社会科学版）2000 年第 5 期。

与人类一样均通过试误来学习。这使得传统联想主义的观念之间的联想被刺激—反应之间的直接联结所取代，从而也为联结主义心理学奠定了基础。

2. 华生的刺激—反应说

华生也是美国的心理学家，他主张对心理学要进行完全客观的实验。华生认为学习就是以一种刺激替代另一种刺激建立条件反射的过程。为此他进行了一系列的小白鼠实验，最终提出了著名的频因律和近因律，也因此推翻了桑代克的理论。频因律认为，在其他条件相同的情况下，某种行为练习得越多，习惯形成得就越迅速。在形成习惯的过程中，练习的次数起到了至关重要的作用。然而在其以后的著作中又推翻了自己的学习律，并承认频因律当初纯粹是猜测性的。近因律则指出，当反应频繁发生时，最新近的反应比之前较早的反应更易得到加强。也就是说有效的反应总是最后一个反应，与此同时他认为习惯反应就是距离成功最近的反应，并将反应离成功的远近作为一种原则，用来解释一些反应被淘汰、一些反应被保留的现象。

华生的行为主义心理学是在四种研究方法的基础上建立的：第一，观察法，通过自然的观察或借助仪器的观察了解引起反应的刺激及反应和动作的性质；第二，条件反射法，用以获得条件分泌反射或条件运动反射；第三，口头报告法，对人采用该方法，不报告心理和意识活动，只报告自己机体内部的变化；第四，测验法，华生主张设计和运用不一定需要语言的明显外部表现的行为测验。

此外，华生还认为一个人的行为模式取决于他生长的环境，所以他夸口给他一打健康婴儿，让他完全控制环境培养，他可以使任何一个婴儿变成任何一种人物。[①]

与桑代克一样，华生的工作对教育心理学的研究也有十分深

①　杨娟：《行为主义心理学对学校德育工作的启发》，《经营管理者》2010年第15期。

远的影响，许多研究都是在他们的基础上开展的。但是他们关于学习的理论已经成为历史，即使是当时也没有对教育产生重大的影响。

3. 斯金纳的程序教学法

美国心理学家斯金纳认为，研究学习行为的目的，是要形成一种分析各种环境刺激的功能的方法，以决定和预测有机体的学习行为。为此，斯金纳设计了"斯金纳箱"，"斯金纳箱"的一个特点是，动物可以反复做出"自由操作的反应"。斯金纳认为，行为实验关注有机体行动与环境之间的关系，也就是说，要考察行为变化是怎样被实验操作引起的。斯金纳用"操作性反应"来解释箱子里动物的行为，以区别巴甫洛夫和华生等的观点。他认为，他的实验对象的行为是其自主发出的，称为"操作性反应"。在操作性行为中，有机体是主动地作用于环境。在斯金纳看来，人类所从事的大多数行为都是操作性的。例如，打球、开车、写字等，都是操作性行为。操作条件作用模式认为，如果一个操作性行为在某种情景或刺激下出现后，及时给予一种强化，那么以后在那种情景或刺激下这一操作行为出现的概率会增多。环境和强化合在一起变成了一种刺激，用来控制反应。任何一个作为强化的结果而获得的行为都是操作条件作用所产生的。因此，人们把斯金纳的理论又称之为强化理论。斯金纳认为，反应之后的刺激比反应之前的刺激更加重要，因此，在反应发生之后要及时给予刺激（强化）。斯金纳区别了两种强化类型：正强化（又称积极强化）和负强化（又称消极强化）。当在环境中增加了某种刺激以后，处于该环境中的个体反应率增加了，这种刺激称为正强化。当环境的某种刺激消失后，处于该环境中的个体的反应率会增加，这种刺激称为负强化，负强化是个体想要努力避开的刺激。在斯金纳看来，教育就是要塑造对个人在将来对自己和他人都有利的行为。通过强化来教育个体从事某种反应，采用的方法主要是"逐步逼近法"，也就是向接近最终的目标一步一步地进行强化。换句话说，实验者要对个体出现的各种接近最终行为的反应及时给予强化，不要等到最终期望的反应自然出现以后才给予强化。

在斯金纳的理论中，强化的作用发生了极大的变化。强化只是用来描述反应概率的增加，他的核心是如何安排强化。强化可以用于消退某种行为，停止强化可以使某种反应的概率下降。从消退过程的长短可以看出强化效果持续的时间。上述这些观点在现在的教育中还有极其重要的意义。

行为主义之所以能统领西方心理学界长达50年之久是有原因的，它的许多理论思想十分鲜明，并且可以广泛应用在社会生活当中。将环境决定论，强化理论，程序教学，观察学习等行为主义理论合理有效地与德育工作结合，对德育环境的建设，德育目标的确立，奖惩措施的制定，榜样的树立等，都会带来新的启示。

道德是人之为人的价值所在，它增强了人的价值，实现着人的自我超越。正确的社会引导和恰当的激励方式会更好地促进道德的发展。

从社会学角度看，应该着力于通过道德激励机制来对人的道德认知、情感、行为进行引导，而不是通过外在的"他律性"。当社会对道德行为予以鼓励、激励的方式进行引导时，人的道德荣誉感、幸福感、愉悦感就会得到充分的激发；当道德感不断被满足时，道德行为就会被不断地引导，并最终内化成道德品质。因此，提高大学生的道德素质，首先需要社会对大学生的道德行为进行积极的、正面的激励、鼓励和引导。对此，苏格兰的亚当·斯密曾说过："基于品性对他人幸福的影响，任何人的品性一定是按照对他人有好处或者会出现危害来产生影响的。"正是基于这样的考量，"道德银行"认为，道德积累会使个体获得诸如向善、行善、公平、公正、仁慈、合作、勇敢等有益于他人、社会的内心情感倾向，进而善待他人、帮助他人，回报社会。

为什么这样说呢？因为在社会主义市场经济条件下，人们的生活已被纳入经济体系之中，人们最基本的活动、最基本的关系以及最基本的准则都与经济息息相关。作为协调、完善、整合人际关系、社会关系的道德准则，也必须遵循社会主义经济条件下的公正、合理、平等等准则，只有这样，才能发挥道德调节社会关系的社会功能。人要实现、表现和充实自身的存在性和规定性就离不开外界的对象，必须时刻与外界进行信息以及物质能量交换。因此，在这样的道德实践中，"道德银行"贴近了大学生的思想实际、生活实际，成为了大学道德文化建设的重要组成部分。因为"优秀的高校校园文化是一个潜藏的培养动力，它未必提出显著而明确的要求，但是却以长期而稳定的功效对学校师生的感情、观念、意识和价值观等产生作用，促使学校的师生不断树立高尚的品德和崇高的理想"。

综上所述，"道德银行"这一新的道德实践模式更加注重利用激励机制，关注大学生的内心需求，因为它始终认为，道德与人的基本利益存在着高度的一致性，实现道德教育的基本途径就是利益激励机制的生成及其功能的发挥。事实上，大多数人都愿意做一个有道德的人，但人们都希望善有善报，所以开启潜藏在人们心中的道德资源需要外在激励，比如得到物质或精神利益回报，或者受到舆论的表扬。单就这一点来说，"道德银行"就是一个很好的激励，不仅倡导道德回报，还从制度层面将保障利益回报落到实处。既提高了大多数人的积极性，又可以帮助督促不那么道德的人有所改进。综合看来，提升道德境界、提高道德素质、开展道德教育、营造和谐的德性氛围，都需要依托和谐的社会环境，都需要社会提供一定的外在激励措施认同、赞许、褒扬道德行为，都需要使个体的道德行为具有社会意义。"道德银行"正是通过这样一种外在的功利化的手段来激励社会成员实施美德行为，因而它解决了道德面临的诸多问题。所以，笔者认为，"道德银行"对改善我们当前的道德现状，促进整个社会形成互帮、互助、互爱、互重、幸福、和谐的道德氛围是有意义的。

第五节　理论对现实难点问题的应有诠释

"道德银行"在实践发展过程中引起了很大的争议，存在困境和难点问题，其中很多的是"道德银行"构建的理论困境，理论是实践的先导，解决了"道德银行"构建中的理论困境问题，实践困境就自然容易破解。

一、马克思主义思想道德教育的理论诠释

1. 用道德与经济的辩证关系诠释"道德银行"功利和超功利。"道德银行"运行机制是用"银行的商业化机制"和"市场经济观念"来发展公民道德，这与公民道德建设的理念和原则背道而驰。突出表现在"道德银行"讲究"道德回报"，让道德功利化，彻底颠覆了中国传统美德中"做好事不留名，做好事不图报"的观念。这看似处于矛盾困境的两个方面在马克思主义道德与经济的辩证关系中可以寻求到统一，这就是"道德银行"的功利性和超功利性的辩证统一。

马克思主义强调，道德是人类社会发展到一定阶段的必然产物，特定的经济关系决定了道德的形成、发展、完善，道德依赖一定的舆论、文化、传统、习俗、信念等来维系它的存在，是善与恶对立的社会心理意识、原则、规范以及社会活动等构成的理论体系。在这里有三层意思，一是道德是一定时代的产物，不同时代道德的表现形式是具有时代烙印和特征的。"道德银行"是新时期的产物，是道德实施表现的新形式。二是道德作为上层建筑必须是建立在一定的经济基础之上的，道德与经济是辩证统一的关系，不存在脱离经济的纯粹的道德。这也进一步说明了"道德银行"是"回报"的功利与"美德"的超功利的辩证统一。三是道德也需要一定的有形和无形的东西来引导和规范，"道德银行"正是新时期追求

传统美德的一种外在的载体，其最终的目标是达到道德的完善。

因此，在正确理解道德与经济的关系，明确道德认识与道德实践的辩证统一的关系，并按此规律去创设思想道德教育载体、形式、内容、目标，才会取得思想道德教育的良好成效，"道德银行"作为载体的外在手段作用和达到美德内在要求目标才能有机统一起来。

2. 中国特色社会主义建设理论诠释了"道德银行"的内容与形式、传统与现代、物质与精神的辩证统一。

第一，社会主义精神文明建设理论为"道德银行"构建指明了方向。社会主义精神文明建设是研究社会主义精神文明建设的具体要求，立足于我们党建设中国特色社会主义、全面建设小康社会、实现中华民族伟大复兴的历史背景和发展高度，以当代大学生的思想道德现状为基点，全面阐述了当今大学生思想道德教育方面的指导思想、基本原则、主要任务以及方法途径。反映爱国主义、集体主义和社会主义的思想和精神；反映改革开放和现代化建设的思想和精神；反映民族团结、人民幸福和社会进步的思想和精神；反映用诚实劳动争取美好生活的思想和精神。这四个层次的内容着眼于建设中国特色的社会主义实践和世界科学文化发展的前沿，形成反映社会主义时代精神的先进文化。为"道德银行"的构建指明了方向，体现出鲜明的时代性、现实性和实践性，保证了社会主义意识形态的主导地位和发展方向，成为思想道德教育的重要内容。

第二，社会主义荣辱观为"道德银行"的构建奠定了基础。胡锦涛关于社会主义荣辱观的重要论述概括精辟，内涵深邃，具有很强的民族性、时代性和实践性，体现了中华民族传统美德与时代精神的有机结合，体现了社会主义基本道德规范和社会风尚的本质要求，体现了社会主义价值观的鲜明导向，对推动形成良好社会风气，构建社会主义和谐社会具有重要意义，对"道德银行"构建奠定了理论基础。

第三，社会与人和谐发展理论诠释了"道德银行"物质与精神的辩证统一。社会与人和谐发展理论认为人的发展必须依赖于物质文明和精神文明建设的同步推进。物质文明建设旨在通对改革，解放和发展生产力，为人的发展提供物质基础，精神文明建设旨在满足人的精神需要和提高人的道德水平，二者的相互协调发展为人的全面发展开辟道路。"道德银行"构建的出发点是为了人的精神提升，但是精神的提升离不开物质的建设，因此"道德银行"的构建是物质和精神的辩证统一。

二、现代思想政治教育原理与方法的理论诠释

1. 道德观教育的原理和方法诠释了"道德银行"构建的原理和方法。道德是人自身的一种内在的、自觉的、自律的精神力量，是道德人格的核心"道德教育可以使一定社会或阶级的道德原则转化为人们的内在道德品质，使道德的原则规范成为人们内化于心的个体准则"。[1] 大学生"道德银行"通过道德储蓄和道德支取等一系列的活动使得大学生在这些道德实践活动中加强了道德内化。而对道德内化和个体心理的关注，目的是为了主体的道德内化和道德自我教育，促使社会成员提高道德认识、陶冶道德情感、发展道德能力，形成良好的道德行为习惯，建立完善的道德人格，这也是"道德银行"构建的出发点和归宿。

2. 思政实践教育法的基本理论诠释了"道德银行"是道德实践的场所。思政实践教育法的基本理论认为，道德教育必须建立在人的客观存在的基础上，把个体生命的特点作为选择教育方法的依据。强调道德教育采用了各种各样的方法，其中学习理论是最重要的方法之一，道德教育也是道德主体学习的过程。"道德银行"为大学生的道德学习提供了一个极佳的场所。在道德学习过程中，大学生掌握、理解与时俱进的道德知识，激发积极的道德情感，践行良好的道德行为习惯，这一过程正是道德主体知行合一、实现道德

---

① 　周中之：《伦理学》，人民出版社 2004 年版，第 462 页。

自律与他律的统一的过程。

大学生"道德银行"就是对传统思想道德教育理论和方法的超越，是"道德教育回归生活世界"的一种社会实践方式，是人们对日常道德生活的批判性重构。大学生通过"道德银行"学习道德行为，从而养成道德习惯，是实现道德发展目标的重要途径，也是保障道德发展的必要条件，这也回答了"很多人只是在那些外在的、客观的物质激励或精神奖励的引导下实施所谓的'美德'，而非基于优良的内在品性"这种争论。

3. 思想政治教育的载体理论直接注解了"道德银行"的道德教育载体功能。思想政治教育的载体理论认为，在思想道德教育过程中，教育主客体、目标、内容、方法等因素之间相互联系、相互影响，载体是这些因素相互作用、相互联系的"场所"和平台，因此，"思想政治教育载体的功能具有承载、蕴含、传导和教化等四方面功能"。而"道德银行"是承载和传递思想道德教育内容的物质手段，为教育主客体相互作用、相互影响提供了平台，因而，它是一种双向互动载体。

三、优秀文化传统中思想道德教化的理论诠释

1. "德得相通"理念、"德福一致"思想和"道德回报"观念都强调一个人德行的高低与他所获得的回报是一致的，高尚的道德追求是实现幸福的前提，同时，道德也是幸福的重要内容之一，只有以合乎道德的手段获得的幸福才是真正的幸福。这就诠释了大学生"道德银行"构建中的道德回报美德的"不留名"并不冲突。

2. 古代的教化实施理论是在全国范围内推行思想道德教育，化民成俗的一系列理论，在今天看来，其中有很多合理的因素，为大学生"道德银行"的推广提供了有益的启示。

四、西方社会公民道德教育的理论诠释

1. 科尔伯格的道德认知发展理论按照道德判断结构的性质、

认知的发展和社会性的激励作用将个体道德发展划分为"三水平六阶段"，并探讨了不同阶段的道德原则，特别强调社会生活环境和激励对道德发展的作用。从中可以看出，道德教育要更加现实化、生活化，道德教育的内容、形式与日常生活要密切结合，这样的教育对受教育者才有导向意义；学生通过创建道德实践团体，才会增强自己的参与意识。这对大学生"道德银行"构建道德实践载体、道德行为日常生活化提供了理论支撑。

2. 弗里肯纳的"新德育"模式认为，传统道德教育忽视了儿童的主体性，现代德育理论的成就也仅仅限于对主体的理性尊重，而不是批评和反对道德教学。应该将他们结合起来，坚持道德教学和提倡发展学生的自主性并不互相冲突。这对大学生"道德银行"既是大学生道德教育的有形规范，也是培养大学生道德自主性和主体性的一种很好的解释。

第四章　建构大学生"道德银行"的主体原则

人的全面、和谐、持续的发展是整个时代关注的核心话题，以人为本是思想政治教育的基本理念，也是现代社会的一种精神品质。在大学生"道德银行"建构过程中能否实现这一理念，在很大程度上取决于建构的主体原则。

第一节　道德提升与思想升华并重

在构建"道德银行"的具体实践中要紧紧围绕大学生的道德提升和思想并重这两个方面，这两个方面是大学生"道德银行"建设的"一体两翼"，两者不可偏废。

一、道德提升是建构"道德银行"的出发点

马克思认为，"人类的天性本来就是这样的；人们只有为同时代的人的完美、为他们的幸福工作，才能使自己也达到完美"。① 从历史唯物史观看，人的类本质是积极的、友好的，是道德的、和谐的。梁启超也说，"道德的目的不外下述二者：（一）发展个性。（二）发

---

① 《马克思恩格斯全集》第40卷，人民出版社1982年版，第7页。

展群性。……，所以一方面我们要发展个性，他一方面又要发展群性。能够如此，才算是有了高尚的道德"。① 由此可见，人只有在发展自己的个性和社会的群性的同时，才能获得道德境界的提升。

道德的提升首先在于"尊重个体的肉身存在的事实，尊重个体肉身存在欲望的合理性，尊重基于个体肉身欲望合理性之上的需要之满足作为个体道德价值的正当合理性，与此同时，积极引导个体对肉身欲望的超越，把个体引向更高的价值存在，逐步提升个体的道德水平、道德境界，弥合个体肉身形式与价值形式之间的差异"。② 因此，人作为一种完整性的个体存在，其存在的价值与尊严是道德提升必须面对的基本问题。只有道德熔铸于个体，才会构成健全的人格和德性，道德实践在于促进全人类的全面发展，既要促进人的思想政治素质的提高，也要促进人的心理素质和审美素质的升华。这是"道德银行"的基本出发点。

大学生要为社会创造物质和精神财富，以高度的社会责任感和强烈的使命感积极投身于社会实践，这已成为当代大学生的时代选择。积极参加支贫、支教服务、奥运会等志愿活动，体现了当代大学生追求真挚、高尚的道德情操。在道德实践中，大学生发扬自强不息、艰苦奋斗、助人为乐的精神，自觉抵制不良思想的侵蚀，为树立良好的社会道德风尚和建设社会主义精神文明作出了贡献。大学生到大自然中、敬老院里进行生命道德体验，到社区进行"八荣八耻"的社会主义道德体验，到历史文化遗址进行爱国主义道德体验等都是一种道德的提升；大学生接触真实、生动的道德教材，深入道德现场，道德意志力和践行力会得到提高；通过自我评价与他人评价，大学生对自我、他人和社会的认识能力、判断能力等会得到提升，这有利于提高道德评价的科学性和真实性，对大学生树

---

① 梁启超：《教育应用的道德公准》，《梁启超哲学思想论文选》，北京大学出版社1984年版，第417页。

② 刘铁芳：《生命与教化》，湖南大学出版社2004年版，第86页。

立科学的世界观、人生观、道德观、价值观具有不可代替的作用。在道德实践中感受、感悟人的良知和崇高的人生境界，激发高尚的道德情操。

人生境界的语境是：在不同状态下实践对物质、精神追求的态势。"就大同方面看，人所可能有底境界，可以分为四种：自然境界、功利境界、道德境界、天地境界。"①"道德境界的特征是：在此种境界中底人，其行为是'行义'底。义与利是相反亦是相成底。求自己的利底行为，是为利底行为；求社会的利底行为，是行义底行为。在此种境界中底人，对于人之性已有觉解。他了解人之性是涵蕴有社会底。"②"这四种人生境界之中，自然境界、功利境界的人，是人现在就是的人；道德境界、天地境界的人，是人应该成为的人。前两者是自然的产物，后两者是精神的创造。"③一般来说，个人与社会总是由"自然""功利"境界向"道德""天地"境界转变，完成道德对于生命的引导与提升。

同样，道德境界是自我利益与集体利益的辩证统一④，对人的行为进行道德规范与道德评价的依据是人们的利益及其关系。由于道德包含了利益及关系这一真实而具体的内容，它才使人摆脱了主观的冲动而走向自律的道德境界。道德的非功利性表现为对理想、信仰、道德、理性等追求，这使道德保持了对现实社会的批判性、超越性，对人的生活方式、生命以及精神生活世界的关照。因此，席勒说："尊严是道德所固有的，就它的内容而言，尊严一定要以人对自己本能的支配为前提。"⑤"在社会主义初级阶段和市场经济

---

① 冯友兰：《冯友兰选集》下卷，单纯编，北京大学出版社 2000 年版，第 274 页。
② 冯友兰：《冯友兰选集》下卷，单纯编，北京大学出版社 2000 年版，第 276 页。
③ 冯友兰：《冯友兰选集》下卷，单纯编，北京大学出版社 2000 年版，第 380 页。
④ 陈杰、刘彦朝、李鸿浩：《"道德银行"的理论意义和实践价值再探讨》，《浙江工业大学学报》(社会科学版) 2005 年第 1 期。
⑤ [德] 弗里德利希·席勒：《秀美与尊严》，文化艺术出版社 1961 年版，第 142—146 页。

条件下，'道德储存'最直接的特征是服务，服务既包含着市场行为，也包含着道德追求。"①"道德银行"作为道德教育探索的一种创新模式，是与大学生的身心发展规律和客观实际相符合的，在西方道德文化的相关理念中，它更可以觅音觅友，所以，我们说，"道德银行"为当代大学生道德能力、道德素质的提升提供了崭新的平台。"道德银行"培养了大学生对他人、社会的关心，培养了大学生的责任感和对道德价值的关心以及关于人的价值的关怀，使大学生认识到，自我价值应体现到与社会一致性这一点上来。作为"市场"行为，人们在为他人、社会提供服务的同时也会获得一定的回报；作为道德追求，人们通过参与社会服务活动，感受助人之乐，实现个人的社会价值，提升精神境界。

二、思想升华是建构"道德银行"的逻辑归属

生命是道德的载体，道德是生命的超越。"道德银行"要引导生命个体超越自身本能的物质性的存在，进而发展成为一种道德性的存在，引导生命个体由本能的状态向精神状态的超越。为什么呢？因为"第一，德性的基础即在于保持自我存在的努力，而一个人的幸福即在于他能够保持他自己的存在；第二，追求德性即以德性是自身目的。除德性外，天地间没有更有价值、对我们更有益的东西，足以成为追求德性所欲望达到的目的；第三，道德是本能状态和精神状态的统一，更强调生命的价值和思想状态"。②

大学生道德的发展首先是大学生道德情感、道德思想的培养，关心人、理解人、体谅人等思想品性是道德的基础。正如冯友兰说的："解是了解，我们于上文已有详说。觉是自觉。人作某事，了解某事是怎样一回事，此是了解，此是解；他于作某事时，自觉其是作某事，此是自觉，此是觉。若问：人是怎样一种东西？我们可

① 刘卫琴：《"道德银行"与公民道德建设》，《大连大学学报》2007年第2期。
② [荷兰]斯宾诺莎：《伦理学》，贺麟译，商务印书馆1958年版，第170页。

以说：人是有觉解底东西，或有较高程度底觉解底东西。若问：人生是怎样一回事？我们可以说，人生是有觉解底生活，或有较高程度底觉解底生活。这是人之所以异于禽兽，人生之所以异于别底动物的生活者。"① 因此，"有觉察不仅是人生的最特出显著底性质，亦且是人生的最重要底性质。"② "道德银行"的道德建设从"热爱生命、养成良好的习惯"开始，其出发点是"做好自己"，终极目的是"培养公德、热爱祖国"，树立现代的道德理念、尊重道德的主体地位，积极参与道德实践，最终实现本能与精神的统一，这是它的逻辑归属。

西方哲学家斯宾诺莎认为，德性是人的最人性化的状态和人的本性的实现。德性人格是一个人在任何情境中都能表现出来的内心状态，作为人身上最为持久、最为稳定的东西，表现出人格的统一性和持久性。从道德的角度看，思想人格是指人的德性，是人与其他动物相区别的内在规定性，标志着个人的尊严、品质和价值。因此，人格"尊严就是最能使人高尚起来"，"并高出于众人之上的东西"③，"道德银行"追求这种东西。传统道德中的"先人后己""大公无私""舍己为人"等优秀的道德思想也是"道德银行"的孜孜追求。因为两者塑造了良好的道德风尚标准，成为大学生成长的必备之需。正如苏联著名教育家苏霍姆林斯基指出的："你的道德素养取决于你对大家公共需求的认识有多深，取决于你在自己的活动中为大家的自觉程度有多高。为别人做好事，应当成为个人的道德倾向，成为你的需求、追求和愿望。只有在这种条件下，你才会成为真正自由的人，也就意味着是一个幸福的人。"④ 对此，柏拉图定义为"灵魂的和谐——真正有品德的人的精神状态"。由此

---

① 冯友兰：《冯友兰选集》下卷，单纯编，北京大学出版社 2000 年版，第 248 页。

② 冯友兰：《冯友兰选集》下卷，单纯编，北京大学出版社 2000 年版，第 250 页。

③ 《马克思恩格斯全集》第 40 卷，人民出版社 1972 年版，第 6 页。

④ [苏] 苏霍姆林斯基：《苏霍姆林斯基选集》第 2 卷，蔡汀等译，教育科学出版社 2001 年版，第 368 页。

可见，道德及其思想是人之为人的必要条件，具有高尚道德的人的内心是幸福、快乐的。"道德银行"希望通过互动平台所有大学生都是幸福的人。

班华曾指出："在人的道德品质形成过程中，道德情感是道德认识转化为道德行为的中介和催化剂。"① 因此，高尚的道德情感和思想在人性的丰富和发展中起着基础性的作用。亚当·斯密指出："正是这种多同情别人和少同情自己的感情，正是这种抑制自私和乐善好施的感情，构成尽善尽美的人性。"② 由此可见，道德思想的升华达成了对道德情感教育的共识。"重视人的潜能的开发，重视人的内在心理结构的塑造，重视意志、情感在人的发展中的作用"③，道德才会体现对自然界万物生命存在的关照。"道德银行"对道德的积极主动追求，不仅是人主观能动性的体现，更是人类向善、求知的道德渴望。

马克思认为，人的"需要即他们的本性"④，即人对外部世界的需要，人的需要是人自身的规定性，人之本性是人的生命活动的动力，体现着人的内在本性。大学生"道德银行"鼓励大学生从现实社会出发感受、体验生活，感受人性的光辉，提升思想、道德境界，在很大程度上发展了大学生个体的道德反省能力和自由选择的价值判断能力，满足了大学生的道德思想升华的需求，这是"道德银行"的发展动力和归宿。

三、道德提升与思想升华并重是建构"道德银行"的方向性准则

道德实践作为一种特殊的社会活动，是对人的精神性的满足，特别是对真、善、美的追求的满足。道德教育为实现将外在道德规

---

① 班华：《现代教育论》（第 2 版），安徽人民出版社 2001 年版，第 244 页。
② ［英］亚当·斯密：《道德情操论》，蒋自强等译，商务印书馆 1997 年版，第 25 页。
③ 朱小蔓：《情感教育论纲》，人民出版社 2007 年版，第 14 页。
④ 《马克思恩格斯全集》第 3 卷，人民出版社 1960 年版，第 514 页。

范和要求内化为主体内在的道德"自律"，必须关注人类现实生存的状态，这样才能促进其个体价值的实现。大学生在道德实践中自觉地自省和体悟，身心与自然、社会会达到和谐与合一，通过自我的情感体验实现道德水准的提升和思想境界的提高。"道德银行"的道德实践是为了走向社会做准备，道德塑造的现实决定着大学生以怎样的状态走进"未来社会"。"道德银行"基于大学生的思想、道德、心理、情感等方面的实际状况而设定，它坚持道德提升与思想升华并重的方向性准则，有助于高校德育更紧贴人才培养的多样性、层次性、广泛性、差异性的需求。

在"道德银行"的道德实践中，大学生要涵养道德智慧，觉解人生的"欲望"与"愿望"，"在愿望素养的基础上，形成高尚道德的需求"①，这是需要积累和提高的。现实生活中，人往往不会满足于现实世界，而是追求完善、超越自我，突破自身的有限性，追求生命价值的升华和道德境界的提升，"道德银行"更是希望如此。"人的'超越性'就包含在人的'现实性'的内容之中。"正如恩格斯所说："人们自觉地或不自觉地，归根到底总是从他们阶级地位所依据的实际关系中——从他们进行生产和交换的经济关系中，吸取自己的道德观念。"② 在这种规范性面前，道德行为主体表现出一定的自觉性。这种自觉性就是道德觉悟、意识的表现，自觉性愈强表明道德觉悟愈高。

从生命哲学的高度审视，生命本身的道德性源于生命的价值。"道德银行"具有一定的现实性和超越性，表现出了一种在现实与超越之间的张力，它既对具体微观的、循序渐进的个体道德发展予以了关注，又在道德目标与现实要求之间，给予个体充分的选择空间和发展方向。总之，在多元文化、多元价值的背景下，"道德银

---

① [苏]苏霍姆林斯基：《苏霍姆林斯基选集》（第2卷），蔡汀等译，教育科学出版社2001年版，第368页。

② 《马克思恩格斯全集》第20卷，人民出版社1995年版，第102页。

行"采取实践的方式来应对大学生多重性的道德困惑和冲突,实现了道德建设与社会要求的一致与和谐。

道德旨在保障大多数人的自由、让道德"个体"和"类主体"生活得更加幸福、快乐,规范性和愉悦性就成了道德的内在联系。马尔库塞认为:"人是理性的存在,这种存在需要自由,而幸福是他最高的善。"① 因此,实现个体的幸福、快乐、思想升华是道德建设的目标之一。正如檀传宝教授所说的:"幸福不是物质欲望得到满足的自然性、即时性快感。幸福是人之为人的意义实现所给予主体的精神性愉悦。"② 因此,美好的道德情感、道德智慧、坚定的道德意志、高尚的道德行为、高尚的思想境界成为每个人幸福、快乐的源泉。

"道德银行"对于这种主体的愉悦性有着双重价值。这种主体可以享受道德本身带来的个性化精神性的愉悦和幸福的体验,这种过程体验又使道德实践成为了道德主体的自觉性行为。"道德银行"的道德实践在于建立起这种主体自身相对稳定、持久的道德思想和行为体系,达到因道德而愉悦的物质和精神生活。因此,道德愉悦性和幸福感是"道德银行"的终极特性,它既是当代道德实践的发展趋势,也是大学生道德成长的标志。在"道德银行"中,人"正是在改造对象世界中,人才真正地证明自己是类存在物"。③ "人同自身的关系只有通过他同他人的关系,才能成为对他来说是对象性的、现实的关系。"④ 这一目标即是人全面自由发展的倾向性,"道德银行"的道德构建的过程因此表现为客观与主观、外在与内在、他者与自我的相互作用和主动性与受动性的统一,同时,表现为过程的开放性和内容的开放性的统一。

---

① [美] 马尔库塞:《现代文明与人的困境》,李小兵等译,上海三联书店 1988 年版,第 197 页。
② 檀传宝:《信仰教育与道德教育》,教育科学出版社 1999 年版,第 166 页。
③ 《马克思恩格斯全集》第 42 卷,人民出版社 1979 年版,第 97 页。
④ 《马克思恩格斯全集》第 42 卷,人民出版社 1979 年版,第 99 页。

"大学之道，在明明德，在亲民，在止于至善。"① 大学阶段最重要的是培养与塑造良好的做人道德品性，提升道德和完善自我。"认识自我是人的自我意识的集中表现，并突出地表明人是一种自觉自为的存在物"，当代大学生积极地进行着道德思辨与追问，开始自觉地审视个人行为是否符合时代的道德规范，审视自我与他人和社会的关系是否和谐共赢，思索个人的道德人格特质如何适应社会的需求。因此，大学生主体意识的觉醒是"道德银行"道德建设的内在动力。

从当前看，"道德银行"中的"个人至少能为社会作的第一个贡献就是把自己从一个人变为一个'个人'，去接近一个大写的'人'的标准，去发展人的心智和道德潜能……"② 以唯物史观看，在社会功能上，"道德银行"中的道德实践促进了人们之间的互爱、互助和社会的和谐，这种"幸福是通过德性……而获得的……"③ 这种"道德是人的道德，人性是道德生成的根基。道德必须符合人性，同时道德又在不断提升人性，在帮助人们不断克服人性中的动物性的过程中提升着人性。"④ 总之，"道德银行"中道德高扬了人性的光辉，提升了人格，完善了自我。

第二节　价值导向与实践体验融合

"道德银行"对大学生优秀道德行为具有很强的价值导向功能，引导大学生作出正确的道德行为；同时，"道德银行"为大学

---

① 《礼记·大学》。

② 钱满素：《爱默生和中国：对个人主义的反思》，三联书店 1996 年版，第 235—236 页。

③ [古希腊] 亚里士多德：《尼各马可伦理学》，商务印书馆 2003 年版，第 28 页。

④ 陆春蓉、朱丹丹：《马克思异化理论视角下的道德异化探析》，《学理论》（中）2010 年第 7 期。

生思想政治教育道德的实践体验提供了广阔的平台。

一、价值导向是建构"道德银行"的功能理念

在某种程度上，道德是一种社会价值规范体系，在社会生活中具有重要的价值观导向地位。社会主义荣辱观是当代中国最基本的价值取向和行为准则，是引领良好道德风尚的旗帜。它既是对马克思主义道德观的继承，也是对社会主义道德体系的创新，对当下的社会主义思想道德建设具有十分重要的导向作用。对于道德价值，18 世纪法国唯物主义者霍尔巴赫把它看作是对社会有益的行动，他说："做善事，为旁人的幸福尽力，扶助别人，就是道德。道德只能是为社会的利益、幸福、安全而尽力的行动"。① 德国古典唯心主义创始人康德把道德价值看成是"善良意志"的"绝对命令"，因此他说"美是道德的象征"。② 苏格拉底呼吁雅典公民"真正重要的是，不仅仅只是活着，而是要活的好"。因此可以看出，这些道德价值观对我们今天的道德建设具有重要的理论指导意义。

在理论上，"道德银行"从根本上消除了人们对传统道德观的误解，创新了在社会主义市场经济条件下"我为人人，人人为我"的道德实践的新模式，它完全符合《公民道德建设实施纲要》提出的"每个公民既是道德建设过程的参与者，也是道德建设成果的受益者"的精神要求。"道德银行"在道德回报问题上很现实地反映了市场经济发展对于道德建设发展的影响与要求，即要求在市场经济条件下的道德建设实践中，充分考虑到道德回报问题的重要性。正确地运用道德回报促进市场经济道德建设的发展。大学生道德实践活动以"道德银行"为道德教育新载体，体现了对高校对人的本质的科学认识，对社会的正确理解，对人的全面发

---

① ［俄］普列汉诺夫：《唯物主义史论丛》，三联书店 1961 年版，第 11 页。

② ［德］康德：《判断力批判》上卷，宗白华译，商务印书馆 1964 年版，第 201 页。

展要求的肯定。

"道德银行"的实施，培养了大学生优秀的道德品质，增强了道德体验的强度与效度，正如一位美国学者指出"对于学生们而言，学习好的价值非常重要，因为从这里他们获得了作为人的尊严感和价值感的最基本源泉"。① 在"道德银行"那里，从道德的高度审视自己在生活、学习中的行为习惯已经成为当代大学生的道德自觉。"任何民族文化的任何层面中都渗透着民族文化的精神，也即民族的意识、价值观。"② 在这种生活、学习中，大学生保持谦虚谨慎、积极进取的人生态度，与同学互相帮助，共同提高，培养了自己助人为乐、团结互助、友爱平等、扶贫帮困的精神，收获了珍贵的友情。

"道德银行"还为当代大学生在现实社会中真实地参与社会实践提供了基础。在参加"三下乡""支边支教"、志愿者服务、公益等活动中，"道德银行"中的大学生只有意识到自己行为选择的责任价值、社会价值，才能体认自身行为的道德价值，才会自觉加强道德提升。只有涵养了良好的道德习惯的人，才能"在各种情况下坚定果断地执行他所信奉的准则，并且在其一生中保持稳定的行为趋向"③。"道德银行"促进了这种道德理念的与时俱进，正确地引导了大学生通过情感体验进行道德判断、选择。

二、实践体验是建构"道德银行"的功能要求

马克思认为，"社会生活在本质上是实践的"。④ 他强调现实感性生活的重要性。人的主体性表现为在社会实践中主动性、能动性和创造性的发挥。同样，"没有'人的情感'就从来没有，也不可

① T.Lickona："Education for Character：How Our Schools Can Teach Respect and Responsiliity"，New York：Bantam，1991，p.211.
② 顾明远：《中国教育的文化基础》，山西教育出版社2004年版，第69页。
③ ［英］亚当·斯密：《道德情操论》，蒋自强等译，商务印书馆1997年版，第198页。
④ 《马克思恩格斯选集》第1卷，人民出版社1995年版，第56页。

能有人对于真理的追求"。① 在一定意义上，社会道德建设是一个系统工程，人们的道德实践是一个积极道德构建、道德学习的过程。"道德学习是以体验为核心的知、情、行整合学习。体验的发生需要个体整个身心的投入，不仅仅是某个特定的心理要素，而是全部人格因素。"②"道德银行"让大学生在现实生活中学习道德、践行道德。具体途径，"一是把握'物镜'生活，使学生体验到道德就在身边；二是创设'情境'生活，在情感体验中丰富道德智慧；三是开发'意境'生活，让学生在艺术生活中学会生活"③，可见，道德体验是道德主体成长的必然要求，更是道德学习、道德构建内在规律的反映。

　　道德情感体验对大学生培养高尚的道德情感、发展移情能力和社会角色担当能力具有重要意义。正如鲁洁教授指出的："人对道德价值的学习以情感—体验型为重要的学习方式。"④ 大学生的情感非常丰富，正趋于稳定、成熟，积极的情感体验、适度的情感表达、合理的情感满足对于大学生道德健康发展具有重要意义。大学生希望获得更直观的、更新的形式，渴望参与、实践、体验。因为，"自觉的情感教育尊重人的自然适应性，整个情感教育过程都是人的自然适应性同社会联结的综合。这是我们进行情感教育的基本的理论出发点。"⑤"道德银行"引导大学生通过实践、体验、反省道德自身，促进大学生形成正确的道德价值观，加深对道德理论的认知，增强对道德情感的体验，激发学生的道德动机和实践道德。"这使得以情感为主要表征的体验性思维、体悟性思维，以道德直觉的方式成为了道德认识的基本思维方式。"⑥ 体验生命就是要

---

① 《列宁全集》第 20 卷，人民出版社 1958 年版，第 255 页。
② 王健敏：《道德学习论》，浙江教育出版社 2002 年版，第 10—11 页。
③ 程肇基：《论体验式道德学习与生活资源开发》，《教师教育研究》2006 年第 9 期。
④ 鲁洁、王逢贤：《德育新论》，江苏教育出版社 2000 年版，第 93 页。
⑤ 朱小蔓：《情感教育论纲》，人民出版社 2007 年版，第 145 页。
⑥ 朱小蔓：《情感德育论》，人民教育出版社 2005 年版，第 45 页。

珍视自己、他人甚至一切生命体，培养爱惜生命的道德情感；要善待自己，培养优化生命的道德能力；要帮助他人，培养提升生命的道德境界和道德能力。

大学生在经历过了以上种种情感上的体验，才能对他人和社会的疾苦、幸福、满足、尊重等情感有切身的体验，才能体会到道德的价值与魅力。"当前教育困境的主要根源是在现代性境域下，教育被封闭于科学世界而偏离和遗忘了作为自己现实根基和意义源泉的生活世界。"① 在"道德银行"里，大学生能充分发挥自己的主观能动作用，认真领悟作为道德先验者的教师传授的道德知识，自觉运用公正团体法、情感体验法等道德学习方法，进行道德实践活动，这就像杜威所说："从做中学要比从听中学更是一种较好的方法"②。在这种道德实践中，大学生勇于自省、积极建构主体，力争达到个体受动性与主动性的高度统一。

总之，大学生"道德银行"是在社会主义市场经济条件下道德实践模式的创新，它是大学生主动体验道德情感的方式与平台，它在达到某些实体结果的同时，亦改变着主体的道德意识和心理世界。在"道德银行"那里，个体的道德情感体验可以内化为道德认知，升华为道德情感，可以甄别道德选择，可以加强道德意志，坚定道德信念，践行道德行为。"我们认为，体验作为情感教育理论中的一个重要范畴，既有认识论的意义，即用体验的方式达到认识理解，又有本体论和价值论的意义，即体验是人的生存方式，也是人追求生命意义的方式。"③ "道德银行"正是为大学生提供了这样一个生命自由成长的生活世界，它引导大学生去获取生命的价值、完成人生重要的生命体验。因为，"情感教育的过程从某种意义上来说，就是丰富人的感知觉，使人生活在自然的而不是概念的世界

---

① 潘斌：《论教育回归生活世界》，《高等教育研究》2006年第5期。

② ［美］杜威：《学校与社会：明日之学校》，赵祥麟等译，人民教育出版社1994年版，第286页。

③ 朱小蔓：《情感教育论纲》，人民出版社2007年版，第152页。

中。"① 因此，从人全面发展的角度看，"道德银行"既高度重视精神的生命和道德境界，又高度珍重着自然的生命，力求实现物质生命与精神生命、道德人格的合一。

"道德存在于人的整体、整个生活之中，不会有脱离生活的道德。品德的培养应当遵循一种生活的逻辑，而不是一种纯学科的逻辑。"②"通过交往所产生的联系，表明人在生活世界中的存在，生活世界是形成观念、实现知识转化能力的着眼点，是成长的场所。"③ 这就是说，在一定意义上，大学生的现实性生活是道德教育的出发点。"现实生活世界的存有意义是主体的构造，是经验的，前科学的生活的成果。世界的意义和世界存在的认定是在这种生活中自我形成的。"④ 道德教育只能存在于活生生的现实生活世界之中，并为现实的生活世界服务，它才具有旺盛的生命力，"道德银行"亦是如此。

三、价值导向与实践体验融合是建构"道德银行"的主导性准则

有学者认为，"人是道德的主体，人的主体性是一切道德实践活动的内在依据。"⑤ 人有自由、全面发展的需要，"人以其需要的无限性和广泛性区别于其它一切动物。"⑥ 个人的全面发展对社会的发展进步具有重要意义，马克思说"既然人天生就是社会的生物，那他就只有在社会中才能发展自己的真正的天性，而对于他的天性的

① 朱小蔓:《情感教育论纲》，人民出版社 2007 年版，第 149 页。
② 王如才:《主体体验:创新教育的德育原理》，山东教育出版社 2004 年版，第 34 页。
③ 舒志定:《教育面向生活世界的理论旨趣》，《教育理论与实践》2007 年第 6 期。
④ [法] 胡塞尔:《欧洲科学危机和超验现象学》，上海译文出版社 1988 年版，第 81 页。
⑤ 王建胜等:《"道德银行"理论意义与实践价值之探讨》，《江苏高教》2005 年第 1 期。
⑥ 《马克思恩格斯全集》第 49 卷，人民出版社 1982 年版，第 130 页。

力量的判断，也不应当以单个个人的力量为准绳，而应当以整个社会的力量为准绳"。① 这说明，个人的自由发展、道德自觉，只有在合理的价值导向和实践活动中才能实现。同样的道理，大学生只有在道德实践中，才能正确认识各种道德关系，才能获得的精神能源和健全自己的道德人格。只有在社会实践中，道德才能实现个体与社会的双向互动，即个体道德的社会化和社会道德的个体化；只有在社会实践中，人们才能全面、深刻地认识道德规则，形成尊重、关心他人、善于合作、关心社会等道德品质，并以此调节自己的行为；只有参与到这种关系之中，通过自身的体验、处理各种社会关系，才能获得对社会关系的深刻理解和认识，才能深化情感体验，磨炼自己的道德意志，形成坚定的道德信念、意志和自觉的行为习惯，完成由他律到自律的道德自我的过程。这就是"道德银行"的价值导向与实践原则。

在这样的基础上，"道德银行"使"道德主体在履行了一定的道德义务之后，客观上理应得到相应的权利回报"② 得到了实现。事实上，社会越是重视、尊重、认可、肯定、回报个人的奉献，个人的行为就越具有道德性，其行动就越为自觉自愿。"由此可见，凡受理性指导的人，亦即以理性作指针而寻求自己的利益的人，他们所追求的东西，也即是他们为别人而追求的东西。所以他们都公正、忠诚而高尚。"③ 一个公正、合理、和谐的社会必定追求善有善报、恶有恶报，追求德福统一。因此，"道德银行"里的"道德回报是道德向社会展示自身公正的有效方式"④，是"道德银行"获得社会肯定、认同、尊重的重要根基，是高校培育大学生社会道德的坚实基础。

"绝对遵循德性而行，在我们看来，不是别的，即是在寻求自己的利益的基础上，以理性为指导，而行动、生活、保持自我的存

① 《马克思恩格斯全集》第 2 卷，人民出版社 1957 年版，第 167 页。
② 葛晨虹：《建立道德奉献与道德回报机制》，《道德与文明》2001 年第 3 期。
③ [荷兰] 斯宾诺莎：《伦理学》，贺麟译，商务印书馆 1958 年版，第 171 页。
④ 罗明星：《道德回报的伦理质疑》，《江汉论坛》2009 年第 10 期。

在。"① 从本质意义上说,"道德是个人利益冲突的产物"②,利益是道德的基础,道德本质上是一种利益关系的协调机制;道德问题实质上就是利益的冲突,解决道德问题的关键就是利益的分配与选择。同时,道德是一种追求生命个体与群体社会内在和谐的价值体系,在时代呼唤大学生创新道德思维能力的培养时,道德教育思维创新能力的培养亦成为了一个崭新的时代命题。

道德实践在这种本质上是一种教育价值选择、教育价值追求、教育价值实践活动。在这一活动中,人们体验自然、生命、生活、社会等主客观存在。在掌握道德概念、提高道德判断能力和增强道德情感过程中,逐步形成理性的道德认识、丰富的道德情感和坚定的道德意志。大学生生活于这样一种复杂的社会中,这种社会道德氛围会对大学生的道德养成有着潜移默化的作用。美国著名的哲学家、教育家杜威主张,"学校不能脱离社会,学校生活即社会生活,故学校的道德教育亦应社会化,道德性与社会性一致,始能促进学生之道德生长"③,因此,当今大学生的道德实践不能与社会脱节,必须延展至社会,否则大学生的道德就会成为一种形式的、脆弱的道德。

针对这样一种实际,"道德银行"倡导一种"多予少取""无私奉献"的道德理念,它的实施使大学生在道德困惑时,能够开拓双赢思路,创新道德思维。因为"道德学习是以社会规范为载体的价值学习,是主客体关系经验的习得,是社会规范的认知经验、行为经验、与相一致的情感经验的整合学习过程"。④ 在这种情形下,"道德银行"的德育模式既考虑了大学生的工具需求,又考虑了大学生的价值需求,贴近了现实生活、指导着生活实践,而最重要的是,它契合了社会道德伦理发展的必然趋势。

---

① ［荷兰］斯宾诺莎:《伦理学》,贺麟译,商务印书馆1958年版,第173页。

② ［美］弗兰克·梯利:《伦理学概论》,何意译,中国人民大学出版社1987年版,第176页。

③ 李园会:《杜威的教育思想研究》,文史哲出版社1977年版,第99页。

④ 王健敏:《道德学习论》,浙江教育出版社2002年版,第13页。

第三节 引导激励与规范养成并举

思想政治教育通常综合运用激励和约束两种方法。相应地，"道德银行"也要注重激励机制和规范机制的建设，对大学生的道德教育做到引导激励和规范养成并举，将大学生道德自律和他律有机结合起来。

一、引导激励是建构"道德银行"的行为理念

人是一种实在的、感性的存在物，在具有了某种所谓人的存在状况和规定性之后，就会思考如何超越自身。"人是这样一种存在物，他不会停留在某种已有的存在状况，也不会满足于某种已有的规定性，他总是力求创造自己的新的存在状况，力求生产自己的新的规定性；他为了自己更好地存在，总是追求着自由的、全面的发展。"同理，道德是人之为人的价值所在，它增强了人的价值，实现着人的自我超越。正确的社会引导和恰当的激励方式会更好地促进道德的发展。

从社会学角度看，应该着力于通过道德激励机制来对人的道德认知、情感、行为进行引导，而不是通过外在的"他律性"。当社会对道德行为予以鼓励、激励的方式进行引导时，人的道德荣誉感、幸福感、愉悦感就会得到充分的激发；当道德感不断被满足时，道德行为就会被不断地引导，并最终内化成道德品质。因此，提高大学生的道德素质，首先需要社会对大学生的道德行为进行积极的、正面的激励、鼓励和引导。对此，亚当·斯密指出："每个人的品质，就它可能对别人的幸福发生影响而言，必定是根据其对别人有害或有益的倾向来发生这种影响的。"① 正是基于这样的考量，"道德银行"认为，道德积累会使个体获得诸如向善、行善、

---

① [英] 亚当·斯密：《道德情操论》，蒋自强等译，商务印书馆1997年版，第281页。

公平、公正、仁慈、合作、勇敢等有益于他人、社会的内心情感倾向，进而善待他人、帮助他人，回报社会。

为什么这样说呢？因为在社会主义市场经济条件下，人们的生活已被纳入经济体系之中，人们最基本的活动是经济活动，最基本的生活是经济生活，最基本的关系是经济利益的关系，最基本的准则是追求利益的公平、公正、合理。作为协调、完善、整合人际关系、社会关系的道德准则，也必须遵循社会主义经济条件下的公正、合理、平等等准则，只有这样，才能发挥道德调节社会关系的社会功能。"人必须依赖外部世界的对象来表现、实现和充实自我的存在与规定性。这就是说，人为了表现、实现和充实自己的存在与规定性，必须同外部世界的对象进行物质的、能量的、信息的变换。"因此，在这样的道德实践中，"道德银行"贴近了大学生的思想实际、生活实际，成为了大学道德文化建设的重要组成部分。因为"优秀的高校校园文化是一种潜在的教育力量，它不一定有明显的具体要求，却以深刻而持久的潜在作用，影响着校园人的思想、情感或内心世界，使其形成牢固的道德观念、崇高的思想品质和积极向上的人格精神"。①

综上所述，"道德银行"这一新的道德实践模式更加注重利用激励机制，关注大学生的内心需求，因为它始终认为，道德与人的基本利益存在着高度的一致性，实现道德教育的基本途径就是利益激励机制的生成及其功能的发挥。"其实，人们心中潜藏着巨大的道德资源，做一个有道德的人是大多数人的心愿。而启动人们心中道德资源的途径之一，就是使人获得足够的外在激励力，即个体的德行会带来一定的社会价值，受到社会舆论的赞扬，得到物质利益或精神利益的回报，即善行会得到善报。'道德银行'就是这样一种途径，一方面既认同、倡导道德回报的新理念，另一方面又从制度层面保障道德回报切实落到实处；既保护了道德践行者的积

---

① 许庆华：《高校校园文化的解读对思想政治教育的启示》，《前沿》2004 年第 9 期。

极性，又可以鼓励不那么道德的人为了将来能够为自己获得道德帮助而提供道德资源。"① 而不论怎样，提高道德素质、提升道德境界、开展道德教育、营造和谐的德行氛围，都需要依托和谐的社会环境，都需要社会提供一定的外在激励措施认同、赞许、褒扬道德行为，都需要使个体的道德行为具有社会意义。"道德银行"正是通过这样一种外在的功利化的手段来激励社会成员实施美德行为，因而它解决了道德面临的诸多问题。所以，笔者认为，"道德银行"对改善我们当前的道德现状，促进整个社会形成互帮、互助、互爱、互重，幸福、和谐的道德氛围是有意义的。

二、规范养成是建构"道德银行"的行为目的

马克思主义追求的人的全面发展，是"全体社会成员"的普遍发展，这是使人成为"现实的个人""联合起来的个人""具有尽可能广泛需要的人"和"高度文明的人"的理论依据。苏格拉底（Socrates BC.469—BC.399）曾说："认识你自己""美德即知识""美德须由教育而来"。即是说，一个人要有高尚的道德，必须要懂得行为的准则和规范。这种准则与"这种目的当然是属于主体的、自我的，因而是与人相关的，但却不是感觉的、感性的，而是理性的、理智的"，对人类而言，只有规范的自我与规范的行为，才是真正的"目的"。因此，"道德银行"的基点就是引导生命个体对自我规范的认识。目前而言，这种认识就是要达到以大学生道德主体自我建构的实现为目标为前提。在当前大学生道德建设中，大学生有了很大的道德主动权、选择权和发展权，他们正是从自身和社会的实际情况出发，规范着道德自我。如何规范呢？途径之一就是未来学校要改变教育目标，使受教育的人变成可以教育他自己的人，把别人教育自己变成自己教育自己。对此，卢梭认为，道德规范来自对自己和对他人的关系。马克思、恩格斯在 1845—1846 年所作的《德意志意识

① 王琴：《对"道德银行"的伦理思考》，《理论月刊》2005 年第 4 期。

形态》中提到个人只有在集体中，其才能才可获得全面的发展，换句话说，只有在集体中个人才能实现规范的养成，才能实现自由。①

马克思进一步指出："道德的基础是人类精神的自律，而宗教的基础则是人类精神的他律。""道德本质是内在需要与外在规范的辩证统一。"② 所以，有学者认为，"人的主体性在道德学习中的体现，构成了道德学习的主体性，这包括道德的选择性、内在超越性、自由意志性和自我约束性。"③ 这种道德的行为目的具有主体性、自律性，"道德银行"正是以大学生道德行为为主体来规范个体道德，并希望通过这个主体对道德规范的接受、建构、学习，促进大学生道德情感的生成、道德能力的培养、道德情感的提高。在这样一种建构目的上，"道德银行"走近了康德，康德认为："道德教育是那种把人塑造成生活中的自由行动者的教育。这是一种导向人格性的教育，是自由行动者的教育"。可见，规范养成的道德教育也强调道德主体的自觉自主塑造与规范，因为道德是道德主体的自主、自愿、自律的选择。在这样的道德生活中，大学生必须具备自我批评的精神和勇气，通过自省，达到自我认识、自我调节、自我完善。这正像刘少奇所说的那样："一个人要求得进步，就必须下苦功夫，郑重其事地去进行自我修养。"刘少奇为什么这么说呢？因为道德是由人的内在性因素所决定的，道德实践不是为了道德而进行的他律性活动，它是自我的道德判断、道德选择与道德约束。

道德"最终应当是关注个体的生活质量和生活幸福"。社会是人的根本属性。人的全面发展和自身价值的实现，必须是在社会实践当中的实现。"在我国，道德不仅仅指它的外在表现形式——行为规则，还包括道德的本质内容即涵盖生态、社会与人类的多元化多维度的内在规范。道德教育的深层次内涵在于引导人类领悟多姿

---

① 《马克思恩格斯全集》第3卷，人民出版社1960年版，第84页。
② 《马克思恩格斯全集》第1卷，人民出版社1956年版，第15页。
③ 冯建军：《人的道德主体性与主体道德教育》，《南京师范大学学报》（社会科学版）2002年第2期。

多彩且纷繁复杂的具有多元化多样化多维度的生存活动，而非带领人类领悟简易且外在的行为方式。"

基于此，冯友兰说，"每一人皆属于其所构成之社会。一社会内之人，必依照其所属于之社会所依照之理所规定之基本规律以行动，其所属于之社会方能成立，方能存在。一社会中之分子之行动，其合乎此规律者，是道德底；反乎此者，是不道德底；与此规律不发生关系者，是非道德底。"① 这是什么意思呢？按笔者的理解，这就是说，就本性而言，个体道德是一种内在的善、自身的善，其最终目的是自我约束和自律，是使个体行为成为发自内心的自觉自为的行为的善。这是每个人完善个体品德的自身需要，体现出人之为人，异于禽兽的东西。

在这种道德实践中，人的主动性趋于成熟，越来越少受到他人的约束，而是倾向于自觉遵守各种行为规范，具体而言：第一，在认知道德和树立道德理想这两个方面形成自我约束；第二，自己要求自己，主动遵守各种行为规范，逐步形成自我约束的习惯；第三，有很强的自制力，根据道德规范来评判自我行为，管理和控制各种活动。② 从社会控制而言，这种道德属于内在控制，侧重于主体的内化力量与软约束力。这种道德自律有利于主体培养自我能力，弥补法律的不足，让人们从自己的内心出发，体会到"善"的作用，并通过这种载体影响其他人追求道德的"善"行，减少非规范行为，并使人们行为"有度"；这种自律的道德环境会使人真实地获得在社会中的自我尊重与对他人的尊重。

三、引导激励与规范养成并举是建构"道德银行"的行为性准则

马克思认为，人类社会发展中能动的个人的动力源泉是人的

① 冯友兰：《冯友兰选集》下卷，单纯编，北京大学出版社2000年版，第67页。
② 魏贤超：《现代德育原理》，浙江大学出版社1993年版，第64页。

需要。人的"行动的一切动力，都一定要通过他的头脑，一定要转变为他的愿望的动机，才能使他行动起来"，这意味着人的行为的"愿望动机"是普遍存在的。"道德银行"实施的道德教育，目的在于引导人性趋于完美，以激励机制引导道德主体在现存的各种现实规定性中实现自我超越、追求新的世界，使人得到全面和谐的发展，是激励与养成的并举并重。

道德是生命之中最美丽的花朵，道德的目的是为了让人们更幸福地生活。马克思这样论述最幸福的人，"那些为最大多数人带来幸福的人，经验赞扬他们为最幸福的人"。所以，道德个体的幸福只有在积极地、主动地创造着大多数人最大快乐时才能实现。因为，外在限制是"他律的""消退的""拒斥的"；自我塑造是"自律的""激发的"。大学生"道德银行"在实践中实现了这种道德主体的他律与自律的合一，使个体行为更加具有道德和社会上的功能，它能够促使人们在精神层面上不断满足自我需求和实现各种希冀，并使身心充满愉悦、幸福洋溢，在精神上实现一种满足感。高校学生"道德银行"的构建目的正是要通过满足这种意义的需要，激活人的行为动机，挖掘人的潜能，从而使人的行为赋有道德意义。

同时，还必须指出的是，在这样的建构中，道德建设还存在行为的实效性问题，其原因在于个体之间的区别。因为每一个学习者都是一个个体，一个有着自己独特历史的具体的人。每个人都有自己的个性，随着年龄增长，这种个性会被许多因素影响，这些因素可以是社会的、经济的、文化的和职业的，也可能是生物的、生理的和地理的，对于每一个人来说，这些都有所不同。"'道德银行'倡导个人奉献社会、他人，社会、他人回报个人的新道德理念"①，正是在这种情况下，"道德银行"的这种新道德理念符合了

① 王建胜等：《"道德银行"理论意义与实践价值之探讨》，《江苏高教》2005年第1期。

时代要求和当代大学生道德建设的实际情况，实现了道德实践与市场经济的有机结合，提高了道德个体融入社会群体践行道德的积极性、主动性、主体性。在积极参加这种社会实践活动中（如社区援助、志愿者服务、扶贫支教、义务服务等），"道德银行"实现了激励与养成的并举并重，大学生会得到"德"的熏陶，自律在个体行为中的作用会趋于最大化，思想境界会得到提升，在外在激励和内在自律中会达到完美结合。一句话，大学生会自觉规范自我，完善自我，超越自我。

"道德银行"通过这种激励机制还提高了大学生道德实践的内在动机水平，使大学生自觉体认道德学习的内在价值，并积极主动地进行发展性、创造性的道德实践，实现自我道德教育。这样一来，良好的集体道德氛围会激发每个成员的集体责任感、义务感、荣誉感，促进大学生的道德结构的完善。所以，有人明确指出，道德建设"必须全面注意道德的功能，完善抑恶机制。不仅要在舆论上进行褒贬，还要和利益挂钩，使'守德者受益，缺德者受损'，做到赏罚分明，从而鼓励和促进全社会自觉进行道德修养，努力提高道德水平，形成积极向上的良好道德环境"。

"道德银行"正好与之不谋而合。

思想政治教育是非常讲究方式与方法的，例如，就方法论来说，就有典型教育、激励教育、感染教育、比较教育、转化教育等等。这样一些教育都存在着一种趋利避害的选择与引导。因此，在思想道德建设中，如果不讲利，那是根本不存在的。所以"道德银行"在道德建设中关注与体现适当的利益，并没有使道德本身受损或背离道德本质。从一定意义上讲，言利于明利是"道德银行"一种非常适度的思想政治教育的调控方法。它输入、发出与处理的都是与这个时代根本适应的道德信息。"人的思想是看不见的，而人的行为是可以看见的。"① 市场经济条件下理直气壮地体现这个时代

---

① 刘新庚：《现代思想政治教育方法论》，人民出版社 2008 年版，第 319 页。

的特色，不是要使人的道德利益化、商品化，而是这个时代的道德建设与诉求，只有在这样一种社会大前提之下才能被社会所意识、感知，才能诱发人的针对意识与潜意识，尽管有些人内心感到失望与愤怒，但这就是芸芸众生的道德状况，谁要在这样一个现实社会中试图建立一个圣人圣贤世界，谁就是新版的堂·吉诃德。

第五章 建构大学生"道德银行"的基本思路

在明确大学生"道德银行"的构建意义与主体原则的基础上，还需要深入探讨建构的基本思路。本章特从"道德银行"建构的基础、目标、关键和保障等方面，阐述建构的清晰思路。

第一节 建构基础：厘清理论依据 确立基本原则

构建大学生"道德银行"一方面要厘清理论之间的关系，找出其中的共性和规律，从而更加明晰"道德银行"在理论建构上的依托与归属。另一方面要求在理论的指导下，对"道德银行"的运行规则进行分层厘定，确立了基本原则。

一、厘清理论依据是建构大学生"道德银行"的基本前提

任何一种建构都是原有基础上的突破。因此寻找研究相关问题的理论依据，可使这种建构确立自己的观点，并保证在正确理论的指导下开展。

这种理论必须是针对建构本身，从理论上论证建构的合理性、必要性。罗曼·罗兰认为，没有伟大的人格，就没有伟大的人，甚

至没有伟大的艺术品，伟大的行为者。泰戈尔说，爱是一个流浪者，他能使他的花朵在道旁的泥土里蓬勃发展，却不容易叫他们在会客室的水瓶里尽情开放。在这里，人格就是人的基本前提，泥土就是花朵开放的基本前提。以此类推，大凡任何一种社会属性或者行为都需要都会有理论支撑与基本前提。

大学生"道德银行"有充分的理论支撑。这使它得以植根于丰润的养分之中。但是，各种理论在大学生"道德银行"中的地位与支撑作用是不尽相同的。我们需要对这些理论依据进行厘清。因为在厘清之前，我们或许对大学生"道德银行"无法分辨得很清楚。厘清之后，就划分出了一定界限，大学生"道德银行"的性质就会清楚地呈现在我们面前。

为解剖这个问题，笔者愿意回到有关大学生"道德银行"争论的原点加以讨论，并从这里开始本问题的梳理。

笔者以为，反对大学生"道德银行"者的理论错误在于没有厘清自己的理论思路，不愿意了解与正视隐含在大学生"道德银行"中的理论与思想内涵。从对象上看，他们反对大学生"道德银行"运行的原则、目的，反对道德与功利扯上一种关系；从手段上看，他们采用怀疑一切的怀疑主义态度；而从逻辑上看，上述两种反对，无论是哪一种都缺乏足够的理论支撑。

无论是反对或是支持什么，都需有一种理论依据。它包括什么样的理论、如何诠释其理论及其相互关系等，这是显而易见的。

大学生"道德银行"蕴涵着丰富的思想内涵。此前，笔者已经作了较为充分的讨论，因此，在这里要厘清的并不是具体的理论与思想，而是理论与理论之间的相互关系，而厘清的目的在于找到共性。通过对一般规律的认识，更加明晰"道德银行"在理论建构上的依托与归属，因为这种归属与依托就是建构大学生"道德银行"的基本前提。

首先，大学生"道德银行"用功利模式进行道德教育，这是几十年以来人们思想解放的具体体现。没有这种思想解放，"道德银行"是不可能践行于世的。

道德尽管在伦理学史上表现为道义论与功利论的相互辩驳。但在历史唯物主义与辩证唯物主义看来，离开功利的道德是不可想象的与不存在的。大德有大利，中德有中利，小德有小利。因为讲功利，就回溯到了道德的起源、基本原则与终极标准等根本问题上。道德功利并不排斥道义与律令的价值，但是这种道义与律令也不是天生的而是后天形成的。所谓"恻隐之心""善恶之心""辞让之心""是非之心"，都是后天进行了大量的社会实践之后心生是非，心生辞让，心生善恶，心生恻隐的结果。由心生而产生一种行为就是一种功利选择。因为在这种选择之下，他的行为选择要么符合社会利益，要么符合个体利益，要么使二者有机统一，而他无论进行哪一种选择都使道德打上了功利的烙印。

也正是在这一点上，中外的伦理学家们的认识是一致的，相通的。道德离不开功利是他们规律性的认识。任何时代任何社会任何群体都不可能离开它、否定它乃至抛弃它。因为一旦抛弃，必将使社会变成一种物质与精神严重脱离的"乌托邦"与"世外桃源"。这是一方面。另一方面，实事求是地讲，当前经济的转轨转型，使旧的道德规范失去了赖以生存的经济基础。旧的道德规范几乎丧失了调控能力。社会在一定程度之内已经产生道德异化，盲目而混乱，困惑而无度。表现在高校就是道德教育及其方式的滞后，要变革就必须走出已经僵化的思想误区。

经济转型促使了人的思想解放，人们打破了"两个凡是"的禁锢，突破了凡事都要问姓"资"还是姓"社"的思维束缚，打破了姓"公"还是姓"私"的所有制崇拜。在思想领域坚持实事求是、与时俱进。客观现实使人们认识到道德是分层的。社会主义不是不讲功利，不是不要功利，而讲、要的是谁的功利。社会主义功利是大众利益与革命道义的统一。是对历史上功利论与道义论的积极超越。在党的领导下实现中华民族的共同富裕与幸福是现实的主线与主题，这就决定了在这种状况下的社会道德、学生道德、个体道德，必须与之相适应。马克思在《德意志意识形态》一书中指出："功利至少有一个优点，即表明了社会的一切现存关系同经济基础之间的联系。与以往的道德理论相比，功利主义不再用神的意志，普遍的宇宙精神来解释道德，也不再从抽象的人的需要和欲望来解释道德，而是把道德的经济内容纳入到它的视野之中，注意从人与人之间的经济关系入手去探讨道德同社会关系之间的联系，就这一方面而言，它比以往的道德理论要深刻的多。"① 马克思还说："思想一旦离开利益，就一定会使自己出丑。"②

　　大学生"道德银行"正是这种思想观念解放的结果。而怀疑主义者正是在这一点上走入了理论的死胡同。他们从对当前社会道德的反思而产生了对一切人重建与重塑道德忠诚度的怀疑。因此之故，他们把"道德银行"拒之门外。从对时代道德状况的疑虑进而怀疑"道德银行"的忠诚。这种"先验哲学"式理论早就受到了马克思的揭露与批判。因为一方面他们的道德标准脱离凡尘，另一方面他们把现实生活与社会实践先验地定义为带有私欲性的活动，从而使得他们的所谓道德永远无法与现实链接。依据这种怀疑论的致思方式，伦理道德是不可能存在的，道德重建是不可能实现的。这样，大学生"道德银行"便成了他们开枪射击的第一个也是目前唯一的一个靶子，当然这是行不通的。他们对"道德银行"的挑剔除了在个别枝节问题上具有合理性以外，几乎一无是处。因为大学生"道德银行"是理论升华的结果，是对现实道德进行理论诠释与改造的制度回应，具有双重的合理性与前提性。

　　其次，从实践的观点处理道德问题体现了伦理学最本质的理论基础——实践是理论的指路明灯。

　　现代化道德的形成是原有道德价值秩序的分裂与重组。道德出现了"现实"与"理想"之分。能否抓住"现实"这只"老

① 《马克思恩格斯全集》第3卷，人民出版社1960年版，第484页。
② 《马克思恩格斯全集》第2卷，人民出版社1957年版，第103页。

鼠"成了人们天然的试金石。经济是道德的基础,实践使两者走向和谐。

在洛克看来,没有一项道德原则是可能得到普遍认可的。不是天赋的、实践的原则同样也可能得不到普遍的认可。在笔者看来,大学生"道德银行"之所以被质疑,是因为它的实践理论受到了怀疑。这种怀疑实际上犯了洛克所指的一种观念错误。反对者的道德观念"原型"还停留在过去。这种观念并没有随着原有道德的分裂而出现重构,没有产生出一种新的道德知识与理论,而是"始终如一地用一个名词来表示那个精确的集合体"。①

而实际上,大学生"道德银行"推行从实践处理道德问题具有突破性意义。它构建了大学生道德建设的一个最重要前提:实践是道德建设的指路明灯。

大学生道德建设不是要解决一般问题,而是要进行道德重建,解决大学生最关心、最现实、最直接的问题。而要完成这一历史使命,只有靠实践。通过实践发现问题,解决问题;通过实践建立机制、创新机制。一句话,实践是建构大学生道德与"道德银行"的主要途径与基本前提。大学生"道德银行"则从人文环境上保证了这种实践在良性的状态下运行。从科技角度上看,环境是指影响全部有机体发展与生存的所有外部条件的总和。环境总是与主体相对,主体不同,环境的大小、内容也不同;从大学生道德建设上看,大学生"道德银行"为其提供的是一个具有相应机制保障的人文环境,它通过长期有计划有目的的体制保障大学生道德建设能够长期有效地发展,并激发学生在实践过程中进行道德环境的二次改造。通过激励机制、组织结构、思想道德氛围等刺激大学生的思想解放与个性彰显,达到使大学生道德环境在全国道德建设中具有示范性、典型性的功效,以此推动全社会的道德建设。反对者正是在这一点上走进了思维的死胡同。

---

① [英]洛克:《人类理解论》,商务印书馆1999年版,第54页。

二、确立基本原则是建构大学生"道德银行"的行动指南

基本原则是一个事物或制度普遍运用的基本价值准则。例如在法律体系中就要体现公民在法律面前一律平等、权利和义务统一、个人利益与集体国家利益相结合的准则等。

大学生"道德银行"旨在摆脱旧的理论困惑，在马克思主义道德义利观的指导之下建构适应于社会主义市场经济体系的大学生道德。这种建构既要求理论先导，也要求对运行规则分层厘定。因为道德建设是一个复杂的系统，由道德规范、道德主体、道德实践活动等因素构成。按照系统论原则，各个因素在结构、位置、序列等方面必须层次分明，否则便会影响系统的运转与整体功能的发挥。因此只有确立了基本原则，大学生"道德银行"的运转才是切实可行的。

从长沙理工大学城南学院积累的经验看，其基本原则有四：

首先，大学生是道德建设的主体。

以往的灌输式道德教育，教育工作者是主体，大学生是客体、是对象。大学生接受道德教育是被动的、强迫的、没有选择的。这种教育是种异常僵化的教育形式，它无视学生的兴趣与需要，脱离社会现实，窒息着学生的自主性与创造性。它的理论错误在于：教育者本人可能存在道德局限却又居高临下，先验上把受教育者看成是道德上落后的个体，并以这样一个错误的立论为前提向受教育者灌输所谓"先进的道德"，并认定其所灌输的道德正确无疑，强迫个体无条件接受。在这里，且不说客观现实会把其所授的道德理论一个个击破，而且灌输式教育蔑视受教育者的主体性本身就是不道德的。

马克思主义认为，人在道德上的发展与完善，其道德主体性的发挥是最为重要的。人是有思想的动物而不是一个装存物件的容器。所有的道德设定，必须以道德主体的确立为首要前提。科尔伯格认为，德育是学生进行道德认知冲突的自我抉择。罗杰斯提出"以人为中心"的学校德育，教师不具有权威性。

这样一来，如何打破传统，寻找到一种新的需要就是当前高校德育工作面临的困境与选择。因为需要是以往实践的结果又是未来实践的起点。实践促使新的需要的形成，新的需要又促使实践的进步。18世纪法国的爱尔维修曾说过："如果我生活在一个孤岛上，孑然一身，我的生活就没有什么罪恶和道德，我在那里既不能表现道德，也不能表现罪恶。"因此，可以说，大学生"道德银行"既是对以往灌输式德育的否定，也是新的现实需要产生的结果。它突出强调了学生的主体性，体现了对学生主体的尊重。"一切人，作为人来说，都有某种共同点，在这些公共点所及的范围内，他们是平等的。"① 诚如康德所说，"每个人都有权要求他的同胞尊重自己，同样他也应当尊重其他每一个人。人性本身就是一种尊严，由于每个人都不能被他人当做纯粹的工具使用，而必须同时当做目的看待。人的尊严就在于此。正是这样，人才能使自己超越世上能被当做纯粹工具使用的其他动物。同时也超越了任何无生命的事物。"②

其次，公开、公平、公正原则。

大学生道德建设是一项长期的重大的历史任务，需要一代又一代人的努力；同时，它又是一项紧迫的现实的任务，需要同代所有人同时的努力与实践；大学生道德建设又关系到江山社稷，必须认真对待，一丝不苟。这种道德建设不仅要求抛弃以往的旧的范式，还要求新的道德教育范式与之相适应。换句话讲，就是新的范式必须取得学生的信任与支持，只有当学生认为它是合理并愿意为它服务时，这个范式才是有效的、可行的。否则便会陷入"认同危机"与"合法性危机"的困境。

大学生"道德银行"用公开、公平、公正的原则取得了学生的认可与服从。它所提供的道德建设平台具有高度的透明度。程度公开，标准一致，机会均等，结果公示，一视同仁。

---

① 《马克思恩格斯全集》第20卷，人民出版社1995年版，第113页。
② ［德］康德：《道德的形而上学》，牛津大学出版社1996年版，第209页。

这种"三公"原则,体现了德育方式的人性化。在这里需要指出,公平不等于平均,公正不等于只看客观忽略主观,公开不等于可以随意侵犯学生的隐私权。同时,"三公"原则也把教育者置于学校与学生的监督之下,意味着教育者本人首先要净化心灵,提升道德,只有这样,教育者本人才是大学生"道德银行"这项制度的可以信赖的维护者与执行人。

最后,德福一致原则。

任何道德价值原则都是建立在人学本体上的。在现实生活中,德福一致具有普遍的道德合理性。

学界普遍认为,任何道德都具有回报性。道德回报是道德践行中的普遍现象。亚当·斯密认为,无论是奖赏还是惩罚都是一种回报,只是方式不同。中国古代"善有善报、恶有恶报"的朴素道德思想间接回答了道德的道德性问题。高建生、易钢等认为,道德回报意识是必要的,是社会公正伦理秩序的基本要求,"德福一致"是人们的内心渴望。

大学生"道德银行"坚持"德福一致"原则,为此而建立起一个评价—保障—反馈为一体的道德保障机制,从而有效地解决了道德践行中道德需求与供给不对称、道德供给动力不足的问题,坚持与实现了"德福一致",起到了激励美德的生成与成长,借以激励大学生向善、行善与完善的作用。

第二节　建构目标：开发主体功能注重价值拓展

构建大学生"道德银行"的主要任务是开发"道德银行"的主体功能,建构大学生"道德银行"的现实目标要注重"道德银行"价值的拓展。这两方面构成了大学生"道德银行"的构建目标。

一、开发"道德银行"的主体功能是其建构的主要任务

功能（function）从词义上讲就是一种作用。大学生"道德银行"的主体是大学生，所以，其主体功能就是针对大学生主体的特点而体现的功能。所谓开发其功能也就是在大学生道德践行中进行相关的活动。

大学生是一个具有较高素质的群体，通过道德培育使其形成与社会发展相适应的稳定健康的人格是"道德银行"的基本目标。"使受教育者树立起一定的世界观、价值观和人生观，形成某种理想和信念。"①

大学生道德教育又是一个复杂的心理活动。从主体的接受心理来说，有需要、认知、接受、外化等过程。大学生主体又是无数个体的集合，因此在接受过程中又会表现出鲜明的个人特色，所以开发大学生的主体功能首先要注意到大学生群体的特殊性：他们与人沟通流于表面，没有深度，相互之间缺少真诚的关心与信任，渴望得到他人认可，渴望成功却不太愿意付出，人与人之间的关系多建立在物质上，有理想但缺乏实践与社会经验。

所以，"道德银行"主体功能的开发首先要把握大学生的这种特性，尽量清除在实施主体功能时的环境障碍。因为大学生是一个接受主体，当"道德银行"把相关信息反馈到他们思想中时，一般会出现接受与排斥两种情况。排斥就是一种环境障碍，意味着"道德银行"的道德践行信息与观念不能转化为个体的客观需要，反而使接受主体在内心与内省中产生一种冲突与选择的困惑，限制了他们对道德新观念、新方法的接受。

需要是人的本性，这是"道德银行"发挥主体功能时必定要注意的基本前提。需要是多层次的，是固定的又是可变的。"任何人如果不同时为了自己的某种需要和为了这种需要的器官而做事，

---

① 胡凯:《思想政治教育过程的心理规律初探》,《思想理论教育导刊》2005 年第 3 期。

他就什么也不能做。"① "历史为繁茂杂芜的意识形态所掩盖的一个简单事实：人们必须首先解决吃、喝、住、穿，然后才能从事政治、科学、艺术、宗教等。"②

大学生也有他们的现实需要。1967年，马斯洛发表《自我实现及其超越》与《超越性动机论：价值生活的生物学根基》，建构了他的关于人的需要层次理论。他认为人有生理、安全、归属与爱、尊重、自我实现五种需要。前两种是基本需要，尊重是自身价值的认可，自我实现是自身能力与潜能的发挥与超越。个体需要之间有高低之分，但缺一不可，一旦缺失其一就会形成成长性障碍。

灌输式道德教育恰恰在尊重学生与关爱学生两大需要属性上出现了严重问题，从而使学生产生逆反。因此从学生的现实需要出发，根据学生的现实需要确立"道德银行"的运行理念与机制是"道德银行"发挥主体功能能否有成效的关键。因为有前车之鉴，所以"道德银行"较好地解决了这个问题。

在把握特性、清除障碍、满足需要之后，大学生"道德银行"还必须使接受主体在观念上产生一种认知与认同。布鲁纳认为，认知在教育中有重要作用。它不是对外界信息的简单接受，而是对信息的主动选择与理解。在受教育过程中，接受主体总是试图把新接触的人与物和某些类别联系并赋予它们意义，根据自己的主观选择把它们连成一定的结构。外部的强制很容易造成个体的内心叛逆。"当一个人相信自己是在自由的从事一项习惯的行为时，如果他的自由被取消或受到取消的威胁时，就会产生心理抗拒现象。"③因此，要求大学生认知"道德银行"，"道德银行"就必须改变灌输式道德教育的认知元素结构，通过这种改变符合大学生客观环境的

---

① 《马克思恩格斯全集》第3卷，人民出版社1960年版，第342页。

② 《马克思著作选编》，中共中央出版社1994年版，第153页。

③ 郭毅然：《费斯汀格认知不协调理论及其对德育的启示》，《中国德育》2008年第4期。

需要，符合大学生道德实践的认知水平与认知能力，取得大学生的心理认同。

建构了上述这些有利条件，大学生"道德银行"就能比较顺利地发挥它的主体功能。笔者认为，这种主体功能主要表现在引导、链接、整合三个方面。

引导（guide），中文的解释是带着人向某个目标行动，英文的解释式"使跟随"的意思。

与以往的强迫式灌输不同，大学生"道德银行"主要是通过倡行良风美德引导大学生的道德实践，促使大学生的道德实践向良风美德、善行义举方向靠拢与迈进。

德育工作有它的自身规律，它要针对青年学生的思想道德实际分类进行引导。大学生个体是有差异的，道德水平与道德认识也是不一样的，这就需要统筹协调、注意整体，在引导方式上进行一种理念创新。"道德银行"通过参与、践行的方式，充分利用与开发每个学生的积极性，满足学生个体道德行动中对追求荣誉与利益回报统一的愿望。引导学生向善、向美、向真，借此营造一个道德追求的氛围。它所注重的是道德的日积月累，看重的是永不停息的道德实践。在日积月累的道德实践中促使学生个体道德意识与道德习性的养成。

德性的生成是一个长期的过程，很显然，靠灌输式解决不了问题。"道德银行"所引导的践行理念则使这种生成成为可能。人的道德生成是一个从平庸走向崇高，从表及里，由浅入深，由低到高的过程。"道德银行"把抽象枯燥的道德信条转化为人人皆可参与的"道德实验田"，引导学生在试验田中进行实践，其着眼点就在于学生道德习性的养成。毛泽东曾说，一个人做点好事并不难，难的是一辈子做好事不做坏事。

毛泽东所讲的难实际上暗含了道德习性生成的长期性与艰巨性，暗含着道德习性的养成需要不断地实践而不是说教，暗含着人们在向善行善的过程中可能会出现反复。比如说，"道德银行"

在引导学生向善的过程中，部分学生中的道德实践就有可能出现伪善。这种伪善历来遭到道学家们的强烈批评。黑格尔认为，"所谓伪善包括两方面的规定性：一方面，它的内容或本质是恶或恶的行为；另一方面，它的表现形式是虚伪的。"①而实际上，这种情况正是"道德银行"需要面对和解决的问题，学生的伪善只要没有造成危害就需要对学生加以引导，而不是一棍子将这类学生打死，从"伪善"中筛选出真善，将"伪善"进一步引导，变为真善。

伪善的出现并不奇怪。伪善的解决需要实践。"道德银行"引导学生向善，目的就是要使学生从自然性向社会性转变。将良风美德准则、规范化为自己的内心信条、价值观念，将外在的东西化为内在的要求，成为自己的需要。

链接是"道德银行"的第二个主体功能。在辞源学上，链接的意义是非常广的。在网络上，有所谓的友情链接、交换链接、URL 的超级链接等。"道德银行"的链接主要是指它与学生之间的一种联动关系。

在"道德银行"里，链接是引导的进一步发展。它不仅仅把学生的道德学习引导到了"道德银行"的运行机制之中，而且还把学生的道德学习与实践链接成了一个系统，一个相对稳定的网络。在这样一个"网络"世界里，不断传输着良风美德、德福一致，我为人人、人人为我，互助互利的信息。在这个"网络"世界里，个体价值受到尊重，主体意识逐步提升，学生不再"谈利色变"；在这样一个"网络"世界里，人们向善向美，但又能认识到道德是分层的，人的道德习性的生成是长期的，甚至是有反复的。正当的个人利益不再被当作挑剔的对象，追求道德崇高不再等于否定道德理性，认识到这种道德理性就在于社会与个体利益之间的相互和谐与合理；在这个"网络"世界里，学生不再是"道德容器"，道德建设

---

① ［德］黑格尔：《法哲学原理》，北京出版社 2007 年版，第 70 页。

不再是"空中楼阁",它不断培育着"一个个理性而独特的道德生命"①;在这样一个"网络"世界里,可能会产生伪善,但这种伪善最终会被实践所改变,因此,它不可能成为这个"网络"世界中的黑客,崩塌这个网络系统或使这个网络系统的运行准则失范。

整合是"道德银行"的第三个主体功能。

整合(integration),从原意上讲,就是把一些零散的东西通过某种方式而彼此衔接,从而实现信息系统的资源共享和协同工作,将零散的要素组合在一起,并最终形成有价值效率的一个整体。在"道德银行"里,整合具有多重含义。从程度上讲,它是引导、链接之后的结果;从接受主体上讲,它是大学生道德实践的概括与总结,是四年大学道德建设的最终完成;从学校道德建设层面上讲,它是高校道德建设坚持以人为本、实践是检验真理的唯一标准,深化认识,创新思维,实事求是,坚持正确导向,及时调整工作机制的情况下,教师与学生观念的一种对接与融合。

这种整合内含在"道德银行"中,具备了明确的指向性。"道德银行"提倡什么,反对什么,整合什么已经明确无误地展示在人们面前。在这种整合之中,理想与需要,个体与群体,奉献与回报都是保证整合正常运转与顺利完成的润滑剂。"马克思列宁主义的基本原则,就是要使群众认识自己的利益,并且团结起来,为自己的利益而奋斗。"②

整合最终要达到建构或重新建构社会主义市场经济条件下当代大学生的道德观念与新的道德规范体系的目的,使制度不断适应现实客观的需要,不断从学生主体出发,不断从实践出发,达到一种制度主体与学生主体的和谐统一。通过整合,使学生多层次、全方位参与道德实践,健全与完善他们的道德人格。"个人的全面性不是想象的或设想的全面性,而是他现实关系和观念关系的

---

① 鲁洁:《通识教育与人格陶冶》,《教育研究》1997年第4期。

② 《毛泽东选集》第四卷,人民出版社1951年版,第1318页。

全面性。"①"社会关系实际上决定着一个人能够发展到什么程度。"②通过这种整合实践，塑造一种如何建构当代大学生道德规范的全新哲学理论。道德说到底是一种文化，文化是对人塑造的产物，又是对自然塑造的产物，只有环境社会塑造人和人塑造环境与社会，在这样的衍生中才有实践的人，在这样的实践中才有人的衍生，才有人的实践。"道德银行"的整合体现了这种双向的对应关系、互塑关系。学生的活动、行为、劳动等都是整合的"经过"，学生的语言、符号、器具等都是整合的"记录"。这些"经过"与"记录"都是"道德银行"所倡导的道德规范内化以后积淀所成的根据和准备下一次外化而存在的前提。它把一次次整合建构在一个良性循环的哲学理念之中。一切从具体开始，又从抽象开始。从无意识开始又从超意识开始。从形而上开始，又从形而下开始。在整合的作用之下，学生主体与"道德银行"主体实现了"同构""同志""同规""同律"，实现了同步和谐的协调运转。

二、注重"道德银行"价值的拓展是其建构的现实目标

价值是人类关于自我的本质性发现，是创新与创造的要素本体。在不同的领域有不同的形态。如社会价值、个人价值、法律价值等。它包含着人的意识与生命的双重发展，人与外在自然的统一。它的核心本质是人。人既是价值的根本对象也是价值追求的结果。价值又是一个抽象的概念，看不见，摸不着，但却时时处处起作用，指导人的思想，支配人的行动。价值有它客观存在的形式也有其主观的反映形式。价值具有多样性与可变性。

"道德银行"不是天生的，是社会发展到一定阶段的产物，是传统道德与道德教育方式在现代化面前遇到了困境后人们为适应新形势而探索的一条重建道德方式。它把道德的功利本质置于道德建

---

① 《马克思恩格斯全集》第 40 卷，人民出版社 1980 年版，第 36 页。
② 《马克思恩格斯全集》第 3 卷，人民出版社 1995 年版，第 295 页。

构的主要位置，就像密尔所说，"自然把人类置于两个至上的主人'苦'与'乐'的统治之下，只有他们两个才能指出我们应该做些什么，以及决定我们将怎么做"。① 功利主义原则指的就是当我们对任何一种行为给予赞成或不赞成的时候，我们是看该行为能够增多还是减少当事者的幸福。从这个意义上讲，"道德银行"的价值之一，就是为大学生建构道德实践中追求合理正当的利益提供了阳光的平台与制度的认可，它承认人是有着自然的欲望与情感的现实存在，从现实寻找道德的起源与价值。利益是道德的深层根源，道德必定是有功利性的。

但是，讲道德功利不是目的，不是"道德银行"核心价值之所在，更不是它追求价值拓展的目标与全部。我们知道，道德功利是有一定前提与限制的。个人利益的最大化或最小化都会与社会产生矛盾与冲突。道德功利具有相对性。"假定一个人类社会的调节原则只是个人选择原则的扩大是没有道理的。"② 道德建设显然不能仅仅以功利作为评价行为善恶的依据，道德不是跟着人们功利的屁股亦步亦趋而是具有相对独立性的。道德是个体的也是社会的。道德的辩证法在于两者互相依存而又互相矛盾，两者的利益常常相悖又常常相通。

"道德银行"所追求的就是在互相矛盾中找到一种能为建构大学生道德提供帮助的有效的切入点，使学生在这种矛盾的道德环境中认识自我，改造自我，实践自我，完善自我。

要实现这样一种价值拓展，"道德银行"首先必须要明确自己的道德责任。道德责任是指道德主体在道义上对其选择行为的善恶及价值所应承担的责任。它的实质在于：行为必须合乎我的意志自由，并对其所选择的行为负责。"道德银行"的责任在于它必须建立一套合乎当代大学生特点又与社会主义市场经济相适应的并能为

---

① [英] 约翰·密尔：《功用主义》，商务印书馆1957年版，第210—211页。
② [美] 罗尔斯：《正义论》，中国社会科学出版社1998年版，第19页。

大学生接受甚至是喜闻乐见的规则与规范，引导、链接、整合大学生的道德实践。为此，它必须了解与掌握大学生道德信仰的生成规律。"人的概念的每一差异，都应把他看作是客观矛盾的反映。客观矛盾反映主观的思想，组成概念的矛盾运动，推动了思想的发展。不断地解决了人们的思想问题。"① 懂得在当前条件下个人与社会的辩证关系，只有这样才能承担得起相应的道德责任。

道德责任不是价值的拓展，但是是价值拓展的前提。"道德银行"是为学生服务的，学生在大学只有四年，四年之后就要走入社会。四年之内在"道德银行"的引导、链接与整合之下，大学生建构了什么样的道德。四年之后走入社会，这种道德是否能适应社会主义现代化建设的需要才是"道德银行"真正关心的问题。换句话讲，"道德银行"所倡导的价值理念必须接受学生与社会的双重检验，必须符合学生与社会的双重实际。

而从长沙理工大学城南学院几年的实践来看，学生在校期间基本完成了现代化道德的转型与建构，走入社会后能够融入社会的道德规范体系，而这一切都是在"道德银行"的整合下实施与完成的。由此就产生了"道德银行"的第二个价值：在道德教育模式建构中真正建构人与提升人，解决人的现代化。

人的现代化是全方位的，它包括人的心理、思想、态度与行为。大学教育，一方面使人知识化、专业化，更重要的是使人现代化。人的现代化是一个比经济、政治、军事现代化更难解决与实现的世界性难题（至少在发展中国家是如此），但它又是现代化的根本。什么是人的现代化呢？笔者认为，其中主要的一条就是道德的现代化。

道德是传统的，又是可变的。传统道德中有美的也有丑的。例如，"存天理，灭人欲"就已经遭到了世人的唾弃，没有人欲，哪有天理。因此，道德只能是一定时期的道德。它在传承传统的同

---

① 《毛泽东选集》第一卷，人民出版社1973年版，第294页。

时也必须走向现代。中国今天的社会不再是以自然经济为基础，以宗法关系为纽带的道德社会。市场经济已经将它所编织的道德网络撕扯得支离破碎。传统道德已经面临着现代化的转型扬弃，这就需要社会以制度的形式明确新的社会道德规范，协助个体确立正确的伦理道德观，明确什么是应当做的，什么是不应当做的。

大学生"道德银行"为大学生道德的重构、整合与创新，为大学生道德的现代化提供了平台，它结合时代与学生的特性，明确了新的道德规范体系，使大学生现代化的道德重建从无序走向有序，从"个人伦理"走向"制度伦理"。它认识到，传统道德教育的根本错误就在于割裂道德与利益之间的联系，把道德的根源与目的设定为一个超凡脱俗、无限崇高的绝对观念，并以此作为道德的起点与终点。作为评判万事万物的唯一标准，从而不可避免地陷入了唯心主义与不可知论。这正像马克思批评康德时指出的那样："康德只谈'善良意志'，哪怕这个善良意志毫无效果他也心安理得，他把这个善良意志的实现以及它与个人的需要和欲望之间的协调都推到了彼岸世界。"①

行为受观念的支配，一定行为所产生的价值也是这种行为观念的价值。行为价值产生直接的社会效果，观念价值则会带来持久的文化影响。

观念是实践形成的各种认识的集合体。物物斯安，观念相续。它既反映了客观事物的不同属性，又加上了人们的主观化的理解。在柏拉图的哲学中，观念是指永恒不变的真实存在，是人脑对客观事物模型化的结果。

道德观念是协调、维系社会各种关系的内在法度，是人们调节各种关系的思想准备。"道德银行"承认大学生道德实践中追求正当利益的合理性，为大学生道德的现代化提供有序的制度的保障。由此而形成了它的道德文化价值观，实现了它的第三个价值拓

---

① 《马克思恩格斯全集》第 2 卷，人民出版社 1957 年版，第 634 页。

展：通过理论与实践的制度链接，实现当代高校道德教育的价值观转型。

主体多元化与利益复杂化导致了当今社会道德关系的深刻变化，"道德银行"要反映这些变化就必须改变原有的道德教育观念，道德评价观念，把施教的重点放在人的主体本位上，构建一种主动的、开放的、动态的道德教育模式，既关照现实，反映经济利益多元化时期的社会道德关系的新变化，又超越现实，面向未来，提升道德品质。"道德行为不是简单地源于对强加的社会准则的依附。"[①]"坚守道德原则，能使人们尽可能生活的和平、幸福、充满创造性和富有意义。"[②]

"道德银行"通过道德学习目标的设定与大学生实践的链接实现了这种价值观转型。它摒弃了传统模式所有的脱离现实的理念，避免了道德教育陷入"人学空场"的尴尬，展现与拓展了它与以往不同的价值魅力。它把学生的道德建构建立在现实的生活之中。把握人性，尊重人性。它主张学生道德的生成与发展来源于实践，依赖于社会。学生道德价值的获取从实践中来，实践使个体融入社会。它追求一个立足于社会的道德理想与道德崇高。崇高的道德与理想不是一个语言符号与知识气泡，而是一个生活智慧，需要个人在实践与社会中认识与获取。

第三节　建构关键：搭建组织框架
揭示主要方法

构建大学生"道德银行"关键是要处理好组织结构和技术方

---

① ［美］弗兰克纳：《善的求索——道德哲学导论》，辽宁人民出版社 1987 年版，第 247 页。

② ［美］J. P. 蒂洛：《伦理学理论与实践》，北京大学出版社 1985 年版，第 30 页。

法这两个方面。构建大学生"道德银行"的结构关键是搭建"道德银行"的组织框架，构建大学生"道德银行"的技术构建是揭示"道德银行"的组建方法。

一、搭建"道德银行"的组织框架是其建构的结构关键

组织（structure organization）从管理学的角度看，组织是指为了实现既定目标，按一定规定和程度而设置的多层次岗位及其相应人员隶属关系的权责角色结构。一般来说，这个组织是一个有机的整体，有明确的目标和不同层次的分工合作。而所有这些程序与结构都是为了它所设定的特殊目的服务的，是实现目标与目的的工具。

摒弃旧的道德教育模式，注重从实践中培养学生的道德习性，这就需要把个体的、零散的、无序的大学生道德活动组织起来，使大学生的道德实践与道德生成有序而又系统。因此，搭建一个适合大学生特点与需要的组织框架就成了建构"道德银行"的结构关键。通常情况下，人们为追求一定的目标总会建构相应的组织形式。这种组织形式有助于组织目标的实现。在这个组织设计时，会紧紧围绕目标与计划进行。

大学生道德生成与实践需要做到互动而又有序，这就需要组织与管理，这就是搭建相关组织框架的学理基础；这种框架的搭建又不是随意的、主观的，搭建必须符合大学生的特点与需要，这是进行相关组织设计的学理依据；大学生道德生成与实践的引导与管理又是一种文化管理，不同于一般的企业管理、行政管理。因此搭建又应注重从文化而不是从企业与行政的角度进行组织设计。

笔者认为，能否遵循上述原则是搭建关键中的关键。因为建构组织最忌讳的就是脱离实际。引导大学生的道德实践需要一个什么样的组织模式？这个疑问的背后有一个广泛的文化前提——学生是复杂的，学生已经成为了一个复杂的系统。传统的那些基于控制的、简单化原则的、陈旧的管理思想与方法在这个复杂的系统面前

都失去了它们的能量,学生事实上已经背叛了传统教育,这就使德育遇到了真正的挑战,同时也考验着德育工作者的智商与情商。施教者不能像过去那样简单地赞成或反对什么,也不能简单与随意地组织什么。特别是进行文化管理组织的设计,他必须有充分的社会调查与广博的知识,必须从社会、心理、文化、生理、政治、经济等多个方面研究学生的行为规律,"一个真正优秀的组织,不是组织所有最优秀的人才,而是让平凡的人做不平凡的事"。

一个好的组织结构,能够使结构之内的各个要素实现良性互动。怎样才能算是一个好的"道德银行"的组织框架呢?笔者以为,它必须要满足两个条件:第一,必须要有良好的环境。外部环境主要是指人文环境与"道德银行"制度的和谐统一,这是一个关键性问题。因为它涉及组织框架的正确性与有效性,就像一辆汽车,因为冰封就有可能不能在道路上行走,"泰坦尼克号"再好,遇到了冰山,也会沉入海底,化为乌有。制度与组织必定是在一定环境与社会状况下产生的。组织的运行与操作是组织内部的科学性、合理性问题。组织的成效与否是一个与外部环境适应性的问题,这是一个问题的两个方面,缺一不可。其次,必须保持良好的统一性与协调性。一个组织框架涉及它的工作原则、管理权责与程序设计等诸多方面。这就好比一个房子的结构就是房子的框架,各个部分是不同的房间,岗位就是各房间所摆的椅子,工作程序分析与设计就是判断坐在椅子上的人应该做哪些事,应该做什么回报以及坐在这把椅子上的人应具备哪样的条件等一样,这个房子看上去是复杂的但又是规范的,它依照规则和程序引导行为以及行为的程度。它有它的授权方式、责任分派与确定。从静态上看,这个组织应具备良好的统一性与协调性。它能和谐地反映人、职位、任务以及彼此之间的特定的关系;从动态上看,它通过组织结构的建立与运行,将各个要素,各个环节,从时空上科学地组织起来,使每个部分都能接受引导、链接与整合,良性互动,从而产生新的整体职能。

二、揭示"道德银行"的组建方法是其建构的技术关键

从形式上看，"道德银行"是"道德"与"银行"的合二为一，以银行运行的模式来引导、链接、整合大学生的道德实践。它是一个群众性的组织，利用银行这个组织提升大学生的道德品质，促进学生良风美德的生成与发展。因为在现代社会，"任何人想要呈现自己的德性修养，他都必须是在组织化的状态中，才可以有一个空间的"。①

很明显，从方法上看，"道德银行"采用了银行的组建方法。经济学上的银行是指通过存款、贷款、汇兑、储蓄等任务，承担信用中介的金融机构。银行一词来源于意大利语 banca，意思是板凳，英语转化为 bank，意思是存放钱的柜子。早期的银行家被称为"坐长板凳的人"。在中国，银行起源于唐朝，北宋时期，"银行"一词单独出现。大学生道德实践为什么会采取银行模式？为什么能采取银行模式？指出与阐明两者之间的关联性，揭举事实，公之于众。这既是一个理论梳理，同时也是"道德银行"建构的技术关键。

在有的学者看来，"道德"与"银行"是两个风马牛不相及的事物，永远不能相提并论。"道德行为产生的能量已经作用于社会，银行的利息则铁定归于自家腰包，将'道德'与'银行'捏在一起，颇具滑稽色彩。"②罗明星甚至认为，道德回报这个提法本身就不能成立，他的观点是："道德回报成立的前提是，道德回报必须在道德义务与道德权利之间建立因果关系，并给予对等性确认，但道德诚然又不可能拥有这样的前提。困难在于，道德回报往往不是同一质态的即时性价值回报，而是利益上的时空置换"。③"道德回报在主体这里不是回报，而是违背主体意志的善意报复。"④"道

① 任剑涛：《道德理想、组织力量与志愿行动——简论志愿者的动力机制》，《开放时代》2001 年第 5 期。

② 王乾荣：《既计功利，何谈道德?》，《源流》2007 年第 1 期。

③ 罗明星：《道德回报的伦理质疑》，《江汉论坛》2009 年第 10 期。

④ 罗明星：《道德回报的伦理质疑》，《江汉论坛》2009 年第 10 期。

德是否值得回报？这个问题也直接构成对道德回报的合理性质疑。"①"弘扬道德的道德回报，还潜隐着对道德本身的否定，在客观上构成对道德的伤害。"②

将道德建设置于银行的机制之中，是"道德银行"组建的基本思路与方法。这种思路与方法是建立在道德回报理论基础之上的。笔者认为，尽管在道德评价上历来有功利论与道义论两派的长期争论，但像罗明星这样彻底地否定道德回报的并不多见，必须承认，罗明星对问题的阐述很有思辨性，但他对道德回报彻头彻尾地否定，源于他狭隘的怀疑主义、机械主义与似是而非的诡辩。他的所有的论点都经不起理论的推敲与事实的反驳。在中国古代，道德回报可以说是到了登峰造极的地步。道德楷模生前加官晋爵，荣华富贵，死后树碑立传，流芳百世。在现代史上，这样的例子也可以说比比皆是。随举其一，即可将他的理论支点击得粉碎。他的问题在于，他把道德置于一个不可知、不可测的神秘境地，所有有关道德的认识与实践除了内省以外，都不可能产生任何作用。不论是物质的还是精神的，一旦回报于道德，回报于主体，回报于行为，要么就是一种伤害，要么就是一种报复，要么就不对称，因而变得毫无意义，这看似精巧圆滑，实际歪曲了道德的本性，因而也是错误的。

从源头上讲，将"道德"与"银行"合并，并不是人们的主观臆造，而是社会实践的结果。因此，从实践的角度看，二者都是可以合二为一的。道德并没有因为在银行的模式中运行而沾满了铜臭气味，银行也没有因为"经营"道德使道德变味；相反，银行使道德更加规范、互动与有序。

在人们的实践中，为什么要将道德建设置于银行的运行模式之中呢？换句话讲，为什么要采取这样一种道德建设的方法呢？笔

---

① 罗明星：《道德回报的伦理质疑》，《江汉论坛》2009 年第 10 期。

② 罗明星：《道德回报的伦理质疑》，《江汉论坛》2009 年第 10 期。

者认为，原因有二：

第一，商业经济淡化了人们的情感与道德，人们需要用现存最直接最有效的方式，燃起对道德的情感与期待。

商品经济使许多人成为了唯利动物，追求本能与冲动的满足，道德价值观扭曲，人文精神失落，理想失落，道德失落。物质丰富，精神彷徨。在市场经济中，哪里是属于自己的精神家园便成为人们关注的焦点。

可是，人们要找回心灵的残缺不能梦想在桃花源里，梦想在乌托邦中，而只能在社会中寻找，寻找那些散落在现实世界中的道德珍珠。存在决定意识，人们发现，商品经济之后，社会道德正在转型，正在变革，要推进与重建道德，必须正视这样一种现实，进行文化认同。"道德银行"正好把脉了这个社会之病：商品淡化了人的情感但不是全部，道德陷入迷惘但不是堕落，人们的心底里普遍还留存着对真、善、美的渴望与向往；商品使人告别了过去，竞争意识、回报意识、获利意识已经浸入他们的血液中。君子爱财，取之有道。世界上没有无缘无故的爱，也没有无缘无故的恨。人们希望在现实的世界里获利而又不失良心，有回报而又得到崇高的善、美。正是因为在这一点上准确把脉了这个社会之病，"道德银行"才用银行这个最有效、最直接的方式重新点燃了人们对道德的情感与期待。

第二，在一个道德缺失的环境之下，怎样才能找到重新建构的方法，道德建构的方向在哪里？"道德银行"给予了技术的回答。

社会转型时期，社会道德在跟着转型的时候也出现了一些问题，就中国目前的实际来看，这样的例子还是很多的。比如说医德问题、官德问题、假冒伪劣问题、诚信问题等都是道德缺失问题。受社会转型影响，大学生的价值取向也跟着发生了巨大的变化，开始由泛政治化与理想化向务实与功利方向转变。而面对这种转变，传统的道德教育模式可以说是无能为力。因为传统德育造成了"人学空场"。"传统德育'人学空场'的背后实际包含着众多的理论问题，其中最突出的有人与社会的关系、人与道德的关系、把握人与把握物方式之间的区别，这三者之间存在着递进的内在逻辑。对这些问题的错误理解和把握是传统德育'人学空场'的理论成因。"①

在这样一种情况下，谁都知道，老办法对待新问题是不行的，新问题的解决不能用老办法而要用新办法。但是新方法在哪里呢？有的学者虽然进行了有关思考，但在理念上仍然是空洞的与无实际意义的。例如有的学者提出的相关对策是，加强马克思主义理论教育，注重校园文化教育，开展道德教育，重视心理健康教育。② 这样一种空而无物的对策实际上会把道德教育再次引向"人学空场"。笔者认为，这种空场理论的关键在于没有找对方法，由此笔者想到这样一个例子，说的是民间有这样一种奇人，能在铅笔尖上竖起鸡蛋，而一般的人却做不到。这是为什么呢？关键还是方法对头，找到解决问题的核心，"道德银行"就有这样类似的作用，它解决了当前道德建设中的两大技术性难题：道德需求与供给信息不畅的问题与道德供给力不足的动力问题。由于这两大问题的解决，使道德建设具有了可操作性，解决了在道德重建或建构过程中如何做、怎么做的问题。它的意义在于，使道德建构回归到理性，回归到现实，回归到人文主体，回归到一种制度与秩序之中。它不再是枯燥无味、令人生厌的说教，也不是貌似全面、实则空洞无物的与传统灌输理论毫无差别的新版"人学空场"理论，它给转型时期如何进行道德的建构给出了一个合理解释与具体而又明确的回答。

① 魏传光：《传统德育"人学空场"问题的理论层面分析》，《现代教育科学》2004年第4期。
② 杨长春：《大学生价值取向功利化倾向的理论分析》，《江汉大学学报》2006年第6期。

第四节 建构保障：完善运行机制
实施绩效评估

构建大学生"道德银行"要建立相应的保障机制，首先是要建立和完善"道德银行"的运行机制，这是"道德银行"建构的保障性环节，其次要进行"道德银行"的绩效评估，这是"道德银行"建构的保障性手段。

一、完善"道德银行"运行机制是其建构的保障性环节

运行机制（operation mechanism）指的是社会有规律的运动中，影响运动的各种因素的结构、功能及其相互关系，以及这些因素产生影响、发挥功能的作用过程和作用原理及其运行方式，是决定行为内在因素及相互关系的总称。一个机制是否协调、灵活与高效取决于各种因素能否实现良性的联系与作用。

"道德银行"的运行机制是使通过善行义举的登记、记账、点评、回报等配套措施，使奉献与回报相对平衡，"使道德回报的可能性与规定性对接"①，找到无私奉献与等价交换的结合点，破解公民道德建设中先进性与广泛性相统一的难题。

"道德银行"是一种制度，如同其他所有制度一样，"道德银行"也有自身的优劣之处，不可能一劳永逸，需要不断地进行机制创新与完善。

这种创新与完善首先源于它的理论与实践的双重困境，如前所述，"道德银行"实质上是在用功利化的手段推进美德实施，视美德为交易对象。通过外在的利益诱导促使"储户"的美德行为，

---

① 李承宗、谢翠蓉：《"道德银行"的经济学分析》，《财经理论与实践》2004年第9期。

这就易使人产生这种美德是否为真的美德的怀疑，并进而产生对"道德银行"模式美德的质疑；在实践中，由于个体的道德水平参差不齐，某些道德主体，在功利的引诱之下，容易实施无善性却又有善行的行为，形成伪善。

在上述两大问题中，如何使美德与功利走向协调（意即功利化的手段最大限度地不影响美德建设的推进）是"道德银行"要不断思考，运行机制要创新与完善的首要问题。

有人认为，"凡美德不带功利色彩，是很难行的通的"。[①]"道德与功利抱在一起不要紧，相反，道德如果没有功利的支撑，最终会沦落。"[②] 在马克斯特拉瑟看来，美德与功利并不矛盾："where anyone offers an ethics of virtue, she must provide some method by which to determine which characteristics/dispositions are indeed virtues or else face the question...those attributes which are most likely to promote some good eg., utily or the respecting of persons."[③] 由此笔者认为，"道德银行"所要做的首个完善机制工作，便是清除一部分人对用功利手段运行美德建设所形成的误解。美德是一种内省，是道德精神的提升与转变，现代伦理生活以功利与多元为中心，这就决定了道德建设不可能使美德一步到位，确定美德建设规则比美德更重要。我们不否认美德是道德中的核心，但这个核心必须在新环境下重新集合，而"道德银行"模式使人们看到了美德重新集合的希望。

美德背后总是有功利的支撑，并不等于美德与功利不相矛盾。这种矛盾是个体与社会互动的结果，"道德银行"建构的目的不是使美德功利化；相反，它的最终目的是去功利化，这就出现了手段与目的的不一致性，纯洁的内容披上了功利的外衣。因此如何在

---

① Loowu：《美德与功利》，http：//www.sina.com/index/5701302741763210.pdf。

② Loowu：《美德与功利》，http：//www.sina.com/index/5701302741763210.pdf。

③ Loowu：《美德与功利》，http：//www.sina.com/index/5701302741763210.pdf。

"道德银行"的运行中创新与完善机制，使手段与目的不相矛盾，便是"道德银行"创新与完善机制的一个长期而又重要的内容。

手段是可变的又是相对的，是一定的技巧，本身无所谓好坏。但代入一定的价值判断以后，不同的人就会有不同的价值观，对"手段"就会作出好坏之分。一定的手段能够解决一定的问题，手段正确，离成功就越近，反之则相反，没有手段的行动一定是事倍功半的，手段从实践中来。

很显然，"道德银行"的手段是从实践中得来的。尽管它一出生就和美德产生了矛盾，但这并不是它的罪过，而是社会的选择。社会道德面临的困境选择了它作为打开困境的第一把钥匙，因此历史注定它出来以后就会在争议中前进。它从一个侧面说明了现阶段美德建设使用这个手段的合理性与逻辑性。

完善与规范运行机制，防止道德走向功利，不仅是必要的，而且是可能的。这种可能性就体现在"道德银行"运行机制的价值定位上。虽然美德离不开功利的支撑，但"道德银行"的主旨也是能用功利交换的形式，唤醒人们对美德的记忆、向往与行动。美德是无价的，因此所以发生在"道德银行"内的德行交换都只能是一种符号，虽然有功利的效用，但不具有量化交换，对等互置的意义。美德是一种内化与社会倡导，是道德的至高境界，要达到这个境界绝非一日之功，要积跬步才能致以千里，跨越台阶才能登上高楼，"道德银行"就是这个登高致远的手段。"道德银行"讲功利，但落脚点是在人们的道德互助与回报，因此它形式上是功利的，处置上却是淡化的，从运行机制的最终归属看，它不是唯利的。因而防止道德走向功利化也是可能的。

实际上，完善"道德银行"的运行机制关键在于如何防止伪善上。伪善是个人的品行行为与机制无关。无论古今，无论中外，伪善都有它的市场，都会存在。从人之初性善还是性恶的千年之争可以看出，每个人身上都存在着善与恶的内在基因与较量。当善大于恶时，人性就会表现为善；当恶强于善时，人性就会表现为恶。

有的时候，善恶只在一念之间。

伪善是一种更高层次的恶，可以在任何环境下生存，带有很强的欺骗性。"人徒知名之为善，不知伪善者不为善也。"① 在一个高度民主与自由的社会，仍然会有伪善。

当前的社会，更是为伪善提供了生存的环境。例如说，贪官整天讲冠冕堂皇的话，实际上他们的真实生活与想法不是如此。"道德银行"就是这样一种权力制约。它依靠一种保障的措施，使得很多哪怕内心不那么高尚的人也不能不做高尚的事，由于环境的改变，这种伪善之人必须一直伪善下去，一旦作恶，马上就被人抓住，久而久之，这个伪善就是一种习惯，就会变成真善。"道德银行"承认与允许伪善的存在，因为伪善本质上虽然是恶，但伪善是人类人性的自然体现。社会中的每一个人都不是圣人，都有人性的弱点与不完善，每个人都有权力不完善。但是社会却没有权力要求别人去做圣人，社会的最高权力是要求每个人的行为受到制约。

让伪善与恶接受美德的改造正是"道德银行"的企求之一。为此，它在完善运行机制上更有回旋余地与活动空间，比如说，它会对伪善的出现有充分的思想准备，会进行严肃认真的甄别工作。什么是真善，什么是伪善，加以区别，并不是要对伪善加以惩罚，这样会以恶对恶，违背了"道德银行"的本意。甄别的全部意义在于伪善向真善的转变。"道德银行"的好处在于，它可以依靠一种制度制约，使得很多哪怕内心不那么高尚的人也不能做不高尚的事，而只能做高尚的事。

学生中的伪善源于社会，学生恶的标准也会因环境与时代的不同而有所变化。伪善有两种情况，一种是认识过程中出现的情况；另一种是刻意的，为了恶而善。一般来说，学生的伪善属于前者，可是在很多情况下，我们不能对善的真伪加以区分：我们假定一个人在校期间一直行善积善，直到走入社会若干年后大家才知道

① 《中论考伪》。

他是一个性恶之人，在此之前，我们都预先设定他为好人，直到对他进行重新评估之后，他的性恶才展现在我们面前，而此前我们对此一无所知（因为人性是无法预先制定的，只能通过行为与其所做的事情体现），可是我们已经对他在校的道德品行进行了评估与认定，这种认定当时必定是正确的，但是到了后来又必定是错误的。在这里，我们的问题是，这个人在校期间的表现是真善还是伪善呢？同样，我们还可以假定，一个人，他天性是善的，可是在校期间并没有表现出来，甚至在道德上出现了很多毛病，可是走入社会后，他却大彻大悟，这样一来，这个人在校期间的道德表现又该如何进行认定呢？

多数同学做善事都是为了得到认同感、存在感、成就感，关心别人最终是为了他人会关心自己，这算是伪善吗？如果从宗教的角度看，这算伪善，因为宗教的善，追问到人的心迹，存心善，才是善。有目的的善与善的本质相冲突，但是如果我们一定要把它们放在对立状态之中，要把它们分得一清二楚，那我们便什么也做不了。

"道德银行"不是要把人人都培养成完美无缺的圣人，它总是要求学生本着向善的目的做行善之事，只要是善的，便会被得到认可，得到回报。应该说，这样的目标不算高，但也很贴近现实。到目前为止，好像还没有一个人人都是圣人的"世外桃源"社会，也还没有一种理论与制度能把人人都培养成圣人。既然如此，"道德银行"便是做了它应该做的事情而已。

二、实施"道德银行"绩效评估是其建构的保障性手段

绩效评估（performance appraisd）是一种考验办法，它是管理中一项重要的基础性工作，旨在通过科学的方法、原理来评定和测量工作行为与工作效果。

"道德银行"需要绩效评估。这与它的管理理念相一致。"道德银行"主要是为了解决道德建设中信息不畅、主客体沟通不够，道

德供给力不足三大难题。在建设过程中,这三大问题是否得到了解决? 解决到了什么程度? 还存在哪些不足与问题等都需要进行评估,以便考察"道德银行"运行的整体效果和作为进一步完善与调整运行机制的依据。

不同于企业管理,"道德银行"评估的不是员工而是学生。它的绩效诊断主要针对于运行机制与设定目标的实现程度。通过绩效评估,保障"道德银行"得以平稳、健康运行。这就像一部汽车,每到年尾,都需要年检一样,没有绩效评估,"道德银行"已开展的和将要开展的工作都会处于一种模糊的混乱状态。那么,如何对"道德银行"进行绩效评估呢? 笔者认为,主要有两点:

第一,"道德银行"运行机制是否畅通

运行机制的畅通与否关系到"道德银行"的工作效率。机制的畅通首先要做到各要素之间无障碍,发现问题,及时解决。其次要做到信息流畅,相关信息不畅就会反应迟钝,弱化与屏蔽相关信息,都会使运行机制产生新的障碍。最后是评估、考核机制运行中是否有错位、缺位现象。错位与缺位都会使机制运行失去正常与应有的状态,都应该加以及时纠正。

第二,建构目标是否达到

"道德银行"的建构目标是培养社会主义市场经济条件下能够从事社会主义事业建设的拥有社会主义核心价值观的当代大学生。大学生在校,四年一个轮次,从入校的那一天起,就在接受社会主义核心价值观的教育。"道德银行"把这种教育分解于学生的实践之中,落实到每一个具体的个体之上,日复一日,月复一月,年复一年。效果如何,目标实现了多少,都需要进行实事求是的评估与考核。

对上述两项指标进行了量化考核与绩效评估,就会对"道德银行"的状况做到心中有数,就会知道该做什么,不该做什么,该怎么做,不该怎么做,该做到什么程度,不该做到什么程度。从而从技术手段上保障"道德银行"的顺利建构与运行。

　　道德建设在社会主义主流文化的影响之下实际上朝着思想与政治两个方向同时前进，特别是对个体而言更是如此，每一个个体的道德的进步都是在社会主义政治影响下的进步；每一个个体的政治觉悟、立场方向的确定与提高都是在社会主义道德价值观影响下的确定与提高。因此，在笔者看来，"道德银行"所倡导的内省与整合，一方面走出了传统僵化的思想误区，是新时期思想解放产生的结果，另一方面，这样一种新的教育手段又具有强烈的时代政治特色。要真正实现社会主义现代化建设的宏伟目标，还需要付出艰苦的努力，以往那种所谓的教条式的政治和口号式政治终究是不可取的，但绝不能因此来否定政治，也不能因此淡化、削弱思想政治教育中的政治性，"道德银行"恰好在这点上把握好了分寸，它厘清了理论依据，确立了相对规范的基本原则，特别注重开发主体的基本功能，注意其价值的拓展，实现长远目标与现实目标的有机统一，在这样一个过程中，它实际注意处理与解决了思想政治教育的育人与学习、明理与利益、学习与手段等的关系问题。这正像刘新庚先生所指出的那样，"掌握思想政治教育方法不能光靠读书本知识，必须要在实践中反复运用，取得行之有效的实际经验"。①"通过'死'的管理条文，规章制度和'硬'的管理手段，实现'活'的教育思想和'软'的思想教育效果。"②

---

① 刘新庚：《现代思想政治教育方法论》，人民出版社 2008 年版，第 23 页。

② 刘新庚：《现代思想政治教育方法论》，人民出版社 2008 年版，第 25 页。

第六章　建构大学生"道德银行" 的主要方法

大学生"道德银行"是新时期一种全新的思想政治教育载体，正确的建构方法对于大学生"道德银行"思想政治教育的实效性具有重要的意义。本章将从主体方式、基本途径、主要手段三方面揭示建构大学生"道德银行"的主要方法。

第一节　主体方式：虚实结合·层级统筹

"道德银行"是将抽象的道德和实体的"银行"结合起来的一种特殊的银行，同时"道德银行"也有"总银行"和"分银行"，实行层级统筹。这两个方面构成了"道德银行"的主体方式。

一、虚实结合是建构"道德银行"框架的基本组合方式

英文与"虚"相近的词很多，如 empty、weak、hollow、abstract、shapeless 等，这或许能帮助我们展开本节的讨论。实（excess）则与虚相对，一般地讲，虚实结合就是把抽象的概念与具体的事物结合起来。

在"道德银行"里实际上有多重的虚实结合。首先，最显著

也是最重要的一个就是道德与银行的结合。这种结合构成了它的基本组合方式。道德是抽象的（abstract、shapeless），银行是具体的与有结构的。有关"道德银行"的学术争论，虽然实质不是针对它的组织方式，但所有的争论皆是从这个虚实结合的组合方式开始，这就使得笔者在本节对这种组合方式的描述不可避免地再次加入这种论争的行列，只是本节笔者所侧重的是求证这种组合方式的逻辑性与合理性。

社会是人的关系的总和，也是制度及其关系的总和，制度保证了社会的和谐，制度的实质与目的是要求人们在追求利益的过程中有章可循，违章或者无章都是一种混乱。制度是分领域的、相对的与可变的。同时又是交叉的、互相联系的，一定阶段与一定状况下制度是绝对的。旧制度孕育着新制度，旧社会产生新社会，而在"新"与"旧"之间，又往往会产生不新不旧、半新半旧、或新或旧的中间地带。

从哲学的角度看，这种新旧交叉，实际上就是一种转型，在质变之前的所有量变基本上都是这种"新""旧"因素的彼此矛盾与摒弃。

制度由人创造，但这种创造并不是人的主观故意，而是产生这种制度的基本因素变化的结果，是量变与质变关系的产物。这就是制度生成或发展的逻辑。制度是一种利益协调器。人是利益的动物。"河水不会自源头倒流，人们不会逆着利益的浪头走。"① 利益可以是物，也可以是非物，利益有数不清的表现形态，制度就是这种利益的表达工具，它用规则表达利益彼此之间的关系，表达利益实现的路途与实现程度。

"道德银行"的产生体现了这种制度生成与发展的历史逻辑。因为说到底，"道德银行"是一种利益表达与协调器。马克思说过：

---

① 北京大学哲学系哲学史教研室：《十八世纪法国哲学》，商务印书馆 1979 年版，第 573 页。

"人们奋斗所争取的一切,都同他们的利益有关。"①"这种利益是如此强大有力,以至顺利地征服了马拉的笔,恐怖党的断头台,拿破仑的剑以及教会的十字架和波旁王朝的纯血统。"②"道德银行"所表达的就是市场化背景下人们对道德重构方式上的追求,这就像人类表达爱情一样,爱是唯一的,但方式上可以千变万化。"道德银行"追求的美德仍然是至高至尊的人类美德,选用"存取"的银行方式,丝毫不会影响这种追求的严肃性与崇高性。

选择一种什么方式与制度来运行道德建设具有一定的客观属性,在宗教性国家,偶像膜拜是有效的,灌输也是有效的。市场经济使我们走出了对历史的宗教性记忆。市场又是一个溶解剂,它稀化了人们的浪漫与信仰,甚至使相当部分人走向困惑,在失去记忆与走向困惑的时候,道德重构之路该如何迈步?重拾记忆肯定是不行的,灌输就是这种重拾记忆的老套路,在这种模式之下,人们记忆的只能是那些远远脱离现实的玄学教条,乏味而令人生畏。可悲的是,在"道德银行"出现之前,这种旧模式还始终与市场为伴,尽管它无时无刻不受到嘲弄与抛弃,但还是被人强行搬上舞台,展示着它的守旧与低效,实质上这是对社会主义市场经济下道德建构的极端不负责任。

"道德银行"的批评者并不否认前者的不适应,但并没有予以理论上的分析与摒弃,因为他们就是从那种模式教育中走出来的,很多人影响太深而不愿正面回应。但是,一见到"道德银行"这种新的模式,却迫不及待不假思索地予以反对,但这种反对,笔者认为并没有找到新的理论支撑点。李磊认为,"'道德银行'难以培养学生的品德,会成为助长学生功利主义的'催化剂'"。③魏荣华认为,道德没有银行,"如果说,道德有银行,那么银行就是心灵"。④

---

① 《马克思恩格斯全集》第1卷,人民出版社1956年版,第82页。
② 《马克思恩格斯全集》第2卷,人民出版社1957年版,第103页。
③ 侯虹霞:《"道德银行"利弊谈》,《山西教育》2008年第3期。
④ 侯虹霞:《"道德银行"利弊谈》,《山西教育》2008年第3期。

吴学安、马国川则从"染上功利色彩，混入道德假币，'存款'不能抵冲过错三个方面求证'道德银行'是'拉郎而已'"。①

在本节已有的陈述中，笔者已经提到，"道德银行"的出现是符合历史逻辑的，制度的推陈出新反映了社会的诉求而从来不以人的意志为转移。"道德银行"的出现既是有逻辑的，也是合乎情理的。它的合理性在于反映了全球化背景下文化交融的多样性与不确定性。在文化多元与不确定因素的作用之下，制度的产生与变化也跟着产生了多元与不确定。哲学家可以确定研究几个基本概念，有关这几个概念的内涵之争可以无休无止；历史学家可以确定研究几个人物，关于这几个人物的是非之争也可以有始无终；在这种争论中，讨论概念与人物是否该存在已经变得没有丝毫意义。因为一个事物，一个制度哪怕在世界上只存在一秒钟，哲学家与历史学家以及其他社会科学家都会研究这个事物，这个制度存在于一秒钟的合理性，或者只存在于一秒钟的合理性。如果走向反向研究，必然会走进理论的死胡同。黑格尔讲，存在的就是合理的。"道德银行"既然存在着，就有存在着的因素支撑。

在文化多元的作用之下，没有一条法律或者习惯、信仰、习俗可以规定道德与"银行"不可以组合，也没有一条法律或者习惯、信仰、习俗规定了两者一旦组合就一定会产生不好的作用，"银行"就必定会对道德造成伤害，因为制度的好坏永远都具有相对性，相对于甲可能是好的，相对于乙可能是不好不坏的恶，相对于丙可能就是不好的、坏的。

相对于传统灌输式道德教育模式，"道德银行"可以说是一个好的、极具现实合理性的道德建设新制度，它摆脱了教条主义日复一日的灌输与强加，使道德建设生动而又具体。它的组合方式突破了人们的常规以至于使部分人责备不止，喋喋不休，其实这种责备

---

① 吴学安、马国川：《道德真能"存储"和"支取"吗?》，《素质教育大参考》2000 年第 3 期。

之人也生活在凡尘，与我们一样也有七情六欲，但是却用圣人道德理念要求芸芸众生，这既是不现实的，从古到今也找不出一例离开功利的道德案例。大学生就是普通百姓，有道德之心，也有功利之心，这种道德可能是建筑于功利之中的道德，这种功利亦可能是建筑于道德之中的功利，功、道并存或者德、利兼有，都是人性最自然最本质的流露。"道德银行"就是要对这种德、利进行调节，从这种调节与建设中寻找出一个健康向上向善的主流发展方向，而并不是要求把所有的学生都培养成能够内心自省、不计名利的道德圣人。生活中没有完人也就没有道德圣人。因此在"道德银行"中出现"假币"也是常人所为，是非常正常的现象。出现"假币"并不能证明这个制度不好，相反倒说明了这个制度的吸引力，它使得那些有伪善之心的人也怀揣着一个改造之心，加入这个道德改造与提升的行列。"道德银行"不能保证无假，但是却可以做到促使人向善，可以实现芸芸众生互助互利的道德需求，所以"银行"对道德造成的只是这种局面。因此，我们只能说"道德银行"并没有对道德进行伤害，而只是伤害了某些人的道德思想。"道德银行"追求市场经济条件下道德建设的公正、公平与严肃、崇高，但是这种框架却进入不了某些人的思维意识，笔者认为，这并不能证明"道德银行"存在的不合理性，不能证明"道德银行"建构新的道德建设模式的不适应性。

二、层级统筹是建构"道德银行"体系的基本结构方式

层级是一个管理学概念，是指从最高的直接主管到最低的基层人员之间所形成的层次。统筹从表层来看，是同一规划的意思，从深层来看，包括了预测、计划、实施、指挥、掌控五个步骤。统筹是一门学问，比如想泡壶茶喝，就有多种方法，哪种方法最好，就需要统筹。走路要两条腿，吃饭要一口一口吃，但临时迷而乱的情况也是常常发生的。

长沙理工大学城南学院的"道德银行"是分层管理的，它有总行与分行两个序列，分行以系为单位，总行与分行之中内设行长与储蓄员二名。总行开展"道德币"支取业务，分行提供"道德币"储存与借贷服务，并协助总行开展"道德币"的支取业务。这种目标管理将有关的道德元素分解成目标、准则与具体方案等层次，然后进行定量与定性的决策分析与评估。

道德建设需要这种层级结构的服务方式。层级体现了事物发展的阶段性，层级的连接是事物发展连续性的反映。作为总行，城南学院统筹了"道德银行"的全局与道德建设信息反馈的全过程，也是最终完成定量与定性分析评估的决策人，它的意义在于引领事物的发展方向，审时度势及时调整建构策略，制定与修正具体方案与准则，完善与创新"道德银行"机制，总结经验教训，从更高的层面审视"道德银行"的建构目标是否达到，运行机制是否实现，"道德银行"的功能是否得到充分的发挥，以发展求实的眼光观察学生的道德实践，谨慎进行去粗取精，去伪存真的甄别工作等。

需要说明，在这里，总行绝不是道德的评判者，而只是一个学生道德实践的观察者与见证者。但是，学生道德建构的最终定量与定性评估又大多是在这里完成的。这从表面上看就构成了一种矛盾，好像无法解释，但实际上这是不矛盾的。因为"道德银行"能够决策与统筹的是它的服务结构方式，而不是学生的道德评判。每一次的善行义举，社会已经在其完成之时作出评判，以后所产生的影响只是这种评判的放大或缩小。学生将"善行义举"存放于"道德银行"，"道德银行"并没有将其放大或缩小，而只是一种存取。存取以"币"的形式操作。既然是"币"就会有大小多少之分，有衡量价值之分，而"道德银行"并没有对之定性与评判。这是第一个问题，由第一个问题产生联想，有人就会问，道德可以用"币"来计价与衡量吗？

这是一个十分重要而又尖锐的问题。虽然笔者在以前已有所交代，但为着讨论的必要，于此还需作进一步的梳理。

有这样一个来自新华网的案例：据新华网浙江频道记者许群报

道，自 2004 年以来，浙江嘉兴元培双语实验学校，为了最大限度调动学生的积极性，实行"学分人民币"制。"学分币"有 1 元、2 元、5 元、10 元、20 元、30 元、50 元共 7 种币额，每一种币值使用一种颜色，"学分币"上印有元培学校的名称与校标。"学分币"的使用范围很广，几乎涉及学生生活的方方面面，实行以后老师学生普遍认可。对此，笔者的问题是，为什么在理论上"走不通"的激励模式，在现实中却能够表现得十分有生命力呢？这个题目本身就具有深刻的理论意义：

道德是分层的，有高低之分，虽然至今还没有一个学者可以确定道德的层级，但道德底线与崇高道德却是公认的两个层级。高低就是分层，就有价值定位的含义，例如我们通常所说的"学雷锋标兵""学雷锋先进个人"等就有不同的价值定位，它最终回报到个体，也会表现为物质与精神的不同。以往我们强调精神奖励为主，物质奖励为辅，但历史的事实证明，"标兵""模范"等所得到的物质回报远远超过了精神回报，所以在现实生活中，纯道德是不存在的，它一定会有物质的支撑，有价值的定位。

既然道德背后隐含着不同价值，那么，从社会学角度将道德"币化"也是可行的。"币化"道德绝不是将道德明码标价出卖，而是借助于这一形式，将道德实行层级分层，以便于在一个系统之内进行有针对性，实效性的道德建构。因此，这种"币化"完全不同于经济学上的明码标价。社会学意义上的"币化"厘清了学生与学生，"道德银行"与学生的种种相互关系，使"道德银行"的层级建构与管理简便高效，总行更能运筹帷幄，统揽全局。

各系"道德银行"分行是第二层级单位，直接与学生的道德实践相连接。分行设行长一名，储蓄员两名，提供道德币储蓄与借贷服务，其操作分为存储与借贷两个流程：

存储流程是，各分行受理存储材料——认证资料真实性，按标准填写存储单、业务受理单，并收起道德存折——规定时间内到道德总行办理存储业务——下发回执单、存折。

借贷流程是，各分行受理借贷申请——审核借贷资格、借贷原因——将材料提交"道德银行"总行批准——"道德银行"总行放款。

从以上两个流程可以看出，作为第二层级的各"道德银行"分行无权发放道德贷款与办理存储业务，它替总行做一些前期的基础性工作。虽然职权有限，却是很重要的。如认证材料的真实性，对贷款做信息的收集与反馈等。

分行属总行的领导，但这种领导除了业务上的上下关系没有其他任何牵连。除总行行长由相应老师担任以外，其他人员均由学生选聘上岗，定期轮换。

层级理论认为，层级关系的形成要遵循一定的规定，通过分层可以限制子系统间的依赖关系，使系统以更松散的方式耦合，从而更易于维护。"道德银行"属于二级层级结构，总行是目标层，分行是方案的对象层。组成这样一种模型以后，就可以对"道德银行"进行比较与是否一致性的检验，判断模型的效率与不足。这种模式借鉴了20世纪70年代美国运筹学家托马斯·塞蒂（T. L. Saaty）提出的层次分析理论，简单明了，能够将不确定的道德实践信息以合乎逻辑的方式加以观察与收集。

同时，"道德银行"有关总行、分行的层级准则与运行都是在阳光下操作进行的，公开、公正、公平是总行、分行的基本立足点与出发点。

以往道德教育中的评优评先大都由领导或某几个人说了算，由这些人的喜好说了算，暗箱操作，难以服众。"道德银行"坚持公开、公正、公平。"三公"不能只在嘴上、纸上、墙上，更应在制度上、行动上。基本的规则制定以后，所有的信息都予以公示，所有的过程都公开。可以说，能否坚持"三公"是"道德银行"的生命。做到实处了，就有生命力。否则则相反，各种相关规则的严肃性与公允性也会大打折扣，道德实践与建构也会难以为继。因此，"三公"既是公之于学生的，也是每一个"道德银行"工作人员的良心守候与道德底线,是维系"道德银行"体系的根本。

三、虚实结合、层级统筹是"道德银行"管理的有效方式

科尔伯格认为,"道德教育乃是一种唤起而不是教导,是提问,指点迷津,而不是给予答案。道德教育是引导人们向上发展,而不是把原来心里没有的东西注入心中"。①"道德银行"正是基于大学生的认知水平与思维方式为唤起他们的道德意识而采取的一种虚实结合、层级统筹的方式。

从已有的实践情况看,这种方式是有效的。它明确了道德建构的方式,使道德建设驶入了一个良性的、健康有序的快车道。

道德建设不能脱离这样一个平台,道德建构的方式可能是多种多样的,人与人之间会有不同,社区与社区之间会有不同,民族与民族之间会有不同。但是在高校,作为道德建设的方式,虽然"道德银行"没有普遍地展开,成为一种主流方式,但"道德银行"仍然有它自身的优势,是高校道德教育与道德建设的有效平台。

与传统相比,"道德银行"回归到了人,以人为主体,以学生为主体,道德的养成与获得是一种实践与体认,而不是一种灌输与教导,"人类的特性恰恰就是自由的自赏的活动"。②

与现行的其他道德教育方式相比,"道德银行"把满足需要作为建构道德的一项重要内容与举措,名正言顺地纳入它的建设体系之中。

人的需要是多种多样的,需要是人的行为的原始动力。"以他们的需要来解释他们的行为"③,是马克思主义一以贯之的观点。道德奉献与回报就是一种需要互动,在现实的世界之中,需要这样一种互动,在大学生群体里,也需要这样一种彼此的关爱。

---

① [美]里德:《追随科尔伯格——自由与民主同体的实践》,黑龙江人民出版社2003年版,第190—191页。
② 《马克思恩格斯全集》第4卷,人民出版社1972年版,第243页。
③ 《马克思恩格斯选集》第3卷,人民出版社1972年版,第515页。

因此立足虚实结合的"道德银行",可以使学生获得更多的实践机会与内心体会,可以让学生更加自觉与主动地参与到道德实践之中,通过奉献获取爱心回报。说一千道一万不如行动一次实践一遍。

层级统筹管理的实施则使大学生这种道德互动正常有序,阳光透明。管理就是制定、执行、检查和改进。通过层级统筹,"道德银行"制定了相关的规范、标准并有详细科学与严格的制度督促与保证各层级分行按计划实施,在执行计划的过程中,又会依据制度总结,发现并及时纠正问题。这样一种管理方式,反映了"道德银行"的一般特征。大学生认同的正是"道德银行"的这一般模式、这一般制度。因此对制度与模式的管理实际上也就是对大学生的管理。因为制度一旦失去了号召力、影响力,失去了标杆的作用(这个制度尽管还存在),就无异于死亡。

层级统筹管理使学生的道德实践受到一致性的检验。学生的道德实践是千差万别的,但是在规则与标准面前是有同一性、一致性可寻的。规则同一,标准一致避免了在操作过程中厚此薄彼、不实事求是情况的发生。因此,在"道德银行"的建构过程中,立足平台与实施管理必须同步进行。没有"道德银行"平台的管理会使管理失去依托,陷入盲目与混乱。没有层级运筹管理的保证与支撑,"道德银行"也会变得低效而无益,也会使"道德银行"失去信誉而陷入被动。因此,在"道德银行"体系中,它的组合方式与结构方式具有同等的重要性,二者不可偏废。

第二节　基本途径:网络运行·道德实践

在当今的网络时代,网络自然成了道德教育的重要阵地。"道德银行"也要以网络运行为载体,引导和推进大学生的道德实践。"网络践德"已成为道德实践的一个重要层面,网络交流与互动已经是一种道德实践活动。

一、网络运行是建构"道德银行"载体的技术路径

网络（network）原指由具有无结构性质的节点与相互作用关系构成的体系。

网络促进了全人类社会的进步，已经走进千家万户，成为与人们生活息息相关的"千里眼""顺风耳"与"传声筒"。交互性强是网络的最大优势。网络用户绝大部分集中在经济发达地区，年龄一般在 18—50 岁之间，相当一部分受过大学以上教育。

从某种意义上讲，"道德银行"是网络时代催生的产物。因此，"道德银行"需要网络。

"道德银行"需要网络的宣传，以便扩大它的影响。

传统媒体是二维的，而网络宣传是多维的，它能将文字、图像、声音等组合在一起，传递更多的感官信息。"道德银行"需要这种宣传以便使社会与大学生对之有更加详细的了解，加深认识，以便使"道德银行"被社会与大学生更多地认识与接受。

"道德银行"需要网络的交互性与纵深性，缩短与大学生的距离。

知识经济使大学生离不开网络，信息爆炸使大学生成为网络最真诚的追捧者。大学教育已进入网络时代，"大学生主导着网络文化的潮流"。[①]

兴趣是最好的老师，"道德银行"在方式上应投学生之所好，用学生喜闻乐见的形式树立起高校道德教育的新形象。

这个形象应该与学生没有距离。没有距离表达的是一种关系，也意味着一种认可与效率。表面上看它改变的是形象，实质上改变

---

① 张宗浩：《对高校开展大学生网络行为规范教育的思考》，2011 年 6 月 10 日，见 http://wenku.baidu.com/link? url=EQyQc4KFP5Ejg-upyC2aTZ4TFGRsT21htTK-UZr2RfDzF4svSfyu9Tw6JhskoYpp521z_FSVyhOSHC_qEBIn784-PRqCIDY-M7rS30smBES。

的是观念，是对客观规律的尊重。"道德银行"如果不使用网络，就等于失掉了实践主体，就是没有真正从内心走近学生。"道德银行"在运行中就会起不到一个前呼后应的效果。学生不呼应，再好的制度也是白搭，因而使用网络不仅是手段也是态度与效率的选择。毛泽东曾说过，政策与策略是党的生命。换句话讲，在"道德银行"的体系里，技术手段与"道德银行"本身也同等重要。

既然网络有如此的重要性，那么运用好网络就是"道德银行"必备的工作。互联网具有无地域性、高技术性、虚拟性、开放性与瞬时性的特点。较之传统媒体，它的传播功能是巨大的。2000年9月，国务院通过了《互联网电子公告服务管理规定》《互联网文化管理暂行规定》等管理规章。同年12月，最高人民法院作出了若干的法律解释，因此，"道德银行"的网络宣传与传播必须首先符合国家的法律法规。对所传播的信息与作品严格地把好政治关、科学关、文字关，同时保留修改、删节与控制权，对已在网络传播的相关信息，负责审查与监督。在此前提之下，"道德银行"应注意传播信息的生动性，利用电子通讯技术，将相关信息以文字、图像、图形、数字、声音等多种形式加以传送。这之中，做好网络课件是基础中的基础，网络课件直接关系"道德银行"的形象，因此应以严谨、科学的态度对待，开好头，起好步，做好开局。通过课件吸引学生，引导学生，实现与学生的平等交流与互动。因为网络互动可以使学生懂得与人交流，并经常较为自如地进行交互讨论。流畅的网上运作可以扩大学生道德学习的环境，扩展他们的道德视野，开展自我评估。可以使学生从不联系实际考虑问题到能结合自己的实际考虑问题，学以致用，锻炼他们的综合能力，可以促使一些不习惯上网学习的学生，及时了解学生道德学习互动的学习动态，可以看到学生当面不可能讲的真话、真情、真事，得到道德建设最重要的信息反馈。据此，"道德银行"可以进行相关评估、搜集信息，及时跟进。

二、道德实践是建构"道德银行"目标的实现途径

道德是一种意识。一个人的为人如何,是他道德观作用的结果,道德存在的目的就是要维持基本的社会秩序与保证社会的正常发展。在《道德经》里,老子说,道德就是"道生之,德畜之,物形之,势成之"。荀子在《劝学篇》说道:"故学至乎礼而止矣,夫是之谓道德之极。"也有人说,道就是明白事理,德就是付出。亚当·斯密认为这种道德之心之性是与生俱来的。"无论人们会认为某个人怎么自私,这个人的天赋中总是明显地存在着这样一些本性,这些本性使他关心别人的命运,把别人的幸福看成是自己的事情,虽然他除了看到别人幸福而感到高兴以外一无所得。"① 但是我们认为,道德不是天生的,而是后天形成的。人们的道德观念是在后天的宣传教育与社会舆论长期影响之下而逐渐形成的。道德是人们追求至善的良师,是催人奋进的引路人,是社会矛盾的调节器,也是最为公正的社会法官。它调节人与人,人与自然的关系,阶级的不同,时代的不同,信仰的不同,环境的不同,甚至性别的不同,都会导致道德观的不同。换句话讲,道德从信仰中来,从阶级中来,从环境中来。在中国的道德体系中,有"四维八德",也有普通之德和上德。人人都欲"得",老子却浇了一盆冷水,"惨其惨于欲'得'"。"上德之德"就是"上得不得"。

可是在现实生活中,老子的道德观是做不到的。因为我们要活下来,就得去"得",所以人的一生一直在践行着"得"与"不得",老子的"得"观行不通。

道德是可变的,而且是必定被改变的。例如,以我们今天的眼光看,"在我国的封建社会中,不仅封建统治者,剥削阶级是不道德的,而且民众中的受封建礼教支配的行为同样是不道德的"。②

---

① 亚当·斯密:《道德情操论》,蒋自强等译,商务印书馆1997年版,第5页。
② 中思:《就有关道德讨论会致光明日报社》,2006年6月26日,见http://blog.sina.com.cn/s/blog_49da223d010004f0.html。

大家都认为，目前我国的社会道德确实出现了问题，需要重新审视与建构，但如何重新建构，却是仁智互见，而依据目前的情况看，许多的重建方法，都回到了以前的老路，出现了一种理念上的致命错误，"我们的社会在实现普遍道德，倡导道德观念时，试图逾越基础道德直达上层道德；我们在制定道德时，往往把人的为己、利己和为他、为社会视为了不道德与道德的界限"①，这种错误正是传统灌输式道德教育思维理念的反映。可怕的是，它仍然很有市场。

传统方式的错误还在于使道德主体失位、错位。道德生成本来是人一辈子的事情。可是传统灌输却偏偏要求毕其功于一役，年年讲，月月讲，天天讲。"道德规范服从于所谓的政治要求，道德观念服从于政治信念。"②"它以一种历史上罕见的实验给我们以昭示：政治理念淹没了道德，在对政治浪漫的理念和一大堆自以为是的道德信仰的疯话的崇拜的背后出现的将是一种残酷的美丽——理想是美丽的，可吸纳理想的途径是残酷的，它导致的历史后果很可能是悲剧性的。"③

道德是一种观念，这种观念由道德行为体现。孔子说，听其言而观其行，墨子认为，士虽有学而行为本，表达的就是这样一种思想，"务言而缓行，虽辩必不听"。

道德行为就是道德实践。道德实践要求实践者在各种日常生活活动中，遵守与践行道德规范，以形成一定道德品质和习惯。从哲学上讲，道德实践（moral practice）是人类改造自然和社会的全部活动中的一部分，包括道德行为、道德评价、道德教育、道德修

---

① 中思：《就有关道德讨论会致光明日报社》，2006 年 6 月 26 日，见 http://blog.sina.com.cn/s/blog_49da223d010004f0.html。

② 彭未名：《道德教育：从泛政治化到本体价值的复归》，《江汉论坛》2002 年第9 期。

③ 彭未名：《道德教育：从泛政治化到本体价值的复归》，《江汉论坛》2002 年第9 期。

养等。这些元素构成一定的道德认识付诸行动，从而构成了道德实践。

布鲁纳认为，"亲自发现的实践，可使人按照一种促使信息更迅速地解决问题的方式去获得信息"。[1] 拉美特利在《心灵自然史》《论幸福》等著述中反复表达道德要适应人的天性，宗教道德或宗教式道德拥有的只是道德知识而与人性无关，违背了客观规律的自然属性。

"道德银行"强调实践是学生道德实现的现实途径与主要方式，在实质上，它包含相互联系的三个层面：一是在"道德银行"体系下"道德银行"利益与学生个体利益是根本一致的；二是学生个体对"道德银行"的奉献重于对"道德银行"的索取，在个人利益与"道德银行"利益发生矛盾时，个人利益会规范于"道德银行"利益；三是保证与促进"道德银行"利益与学生个人利益的双重实现。

从理论上讲，这一原则无疑是正确的，而在实践过程中，却容易发生主体行为与理论相背离的情况，这就更加需要在实践中去检验与完善，因为"道德银行"的道德理论与道德观念的合理性与现实性更多地只能从抽象的论证中去体会，而当前市场经济则要求建立广泛合理的道德利益关系，个人成为真实的道德主体。所以，"道德银行"的命运很大程度上取决于它所代表学生的道德利益的真实实现程度。"道德银行"只有真正成为代表学生道德利益的集合体，才能真正为学生所接受，也只有如此，才有理由要求学生个体履行对"道德银行"的义务，同样，学生才会面对真实，才会自觉自愿履行义务。

因此应该看到，理论的合理不等于现实的合理与可行。"道德银行"体系的内涵应与学生的实践取得一致，在实践中，又会

---

[1] 孙鼎国、王杰主编：《西方思想3000年》（下），九州图书出版社1998年版，第1397页。

遇到种种新情况与新问题，可能会使"道德银行"体系的原则在实践中没有得到真正贯彻，甚至被扭曲。这也需要实践加以解决。例如引导机制缺乏，可能会使道德实践化为乌有。在市场经济条件下，弘扬社会主义核心价值，不仅要宣传，而且要建立一种引导机制，运用利益鼓励等手段进行道德导向，通过利益关系的改变与调控进行价值引导，使奉献与利益形成正比关系，道德主体的道德实践得到真实的肯定而不是相反，以起到扬善的作用。"道德银行"如果不建立这种机制或者实施不力、不妥、不公，都会使"道德银行"徒有虚名。再如，在"道德银行"的道德实践中，公正调节机制的缺乏，也会使"道德银行"根基不稳。公正与正义，是道德个体的权利与利益分配的尺度，是实施"道德银行"原则的主要条件，"道德银行"要维护个体的正当权益而反对一切形式的不公不正的行为，起跑线上人人平等、权利平等、机会平等，反对一切形式的作假与特权。如果"道德银行"不能保证学生平等地享有权利，它与学生之间就会缺乏真实的责任与义务。学生也难以体认"道德银行"的合理性。在这种状况下，学生的道德实践可能就是被迫的、虚假的与不情愿的，这就提示我们，"道德银行"必须建立公正的道德调控机制，才能真正与学生实现良性互动。最后，道德实践中主体行为扭曲，也会使"道德银行"受到考验，这也需要实践加以解决。在"道德银行"中，学生踊跃参与实践，表达的是一种对"道德银行"的信赖。只有信赖才会有付出与奉献。学生个体是"道德银行"实践的主体。转型时期，会使个别人的道德观与道德行为发生扭曲，产生个体之间、个体与"道德银行"之间的不协调，这就会间接损害"道德银行"的形象，这就提示我们，必须在实践中及时发现，妥善解决并形成相应的处理机制，以保证"道德银行"价值取向的实现。

道德由实践生成，并不是"道德银行"的首创，但在"道德银行"这里却赋予了新的意义。一般意义上的道德实践只是向受教育者说明有关道德规范的意义，讲清行为要求与行为方式，如何排除困难提高实践效果，并在此基础上检查督促，肯定成绩，找出差距，表扬先进，激励后进，给予道德实践以恰当的评价。陈延斌把之解析为学习道德。[①] 但这种道德建设由于没有驱动机制而很难持久长效。而"道德银行"通过"奉献—回报"驱动机制使这种道德实践有了机制的保障，从而赋予了实践一种新的意义。"来自现实的道德滑坡的危机感，使人不得不质疑道德实践效益低下的问题，其根本原因在人们只重视如何说的空虚的方面，而忽视如何做的实践因子。由于没有如何做因子的驱动，道德也必然因缺乏把理论变为人的实际能力而呈现空虚的倾向。"[②]

道德的背后一定有利益的留守与驱动，虽然中国古代有"舍利取义""贵义贱利""君子喻于义，小人喻于利"之说，但是这种"利"总是如影随形的。心正而身修，这个"身修"就是由于心正而获得的"利"，家齐国治天下平，这个"天下平"就是由于家齐国治之后而获得的"利"。如同道德一样，"利"也有大小高低之分。从根本上讲，道德与利益并不相冲突，不能进行分割。空谈道德不谈利益的人在现实生活中要么就是一个纯理论家在进行学术探讨，要么就是一个伪道德学家，就像中世纪末的修道院主持一样，看上去十分的可敬。

"道德银行"从正面回答了这个问题并把它当成是道德实践的润滑剂，道德不能"唯利是图"，但道德实践需要它的驱动。按照马斯洛的需求层次理论，人们总是优先满足低层次需要以后才产生高层次需求。衣食足而知荣辱。世界上大部分的人活着首先是为了自己，在这个世界上有数不清生存的理由，而追求完善自我，也许就是最重要的理由，一个崇高道德的人，本身就是一种满足自己，先天下之忧而忧，后天下之乐而乐，而达到内心的愉悦也是实现了

---

① 陈延斌:《大众化教育背景下的大学生道德建设论略》,《思想理论教育导刊》2010 年第 3 期。

② 许建良:《道德需要驱动力机制》,《伦理学研究》2010 年第 2 期。

自身利益，满足了自身愉悦利益的需求。"道德银行"的实践价值也就在这里。

三、网络运行是激发大学生道德实践的重要特色

人类已经步入信息时代，网络已进入我们的生活，跟上时代的步伐，是"道德银行"的现实需要，"道德银行"要有从外界迅速获取有效信息的能力，在这样一个取之不尽用之不竭的网络世界中耕耘劳动，占有一席之地；同时，在网络上宣传与进行道德观念和道德实践，不仅拓展了道德建构的领域，也可以持久激发学生的道德实践行为。笔者称之为"网络践德"。

"网络践德"不仅是一种需要，而且也是可行的。网络虽然是一个虚拟的世界，但在那里却可以见到人们真实的思想与情感的交流，尤其是高校的 BBS 成为了高校不可或缺的"网络精神晚餐"之后 [BBS（Bulletin Board System）意为"电子公告板"，最早是用来公布股市价格的，在国内一般称作网络论坛] 更是如此。"网络践德"可使"道德银行"进入学生的网络世界，成为校园 BBS 的一分子，教育工作者与学生可以平等地在网络世界里就彼此关心的问题相互交流，敞开心扉，可以发现、检验在道德实践中不断出现的新问题、新情况，起到一个显示器的作用；一些"道德银行"作用发挥不够或者不充分的地方通过"网络实践"可以提高制度效率与效能，起到一个助推器的作用；在道德实践中，如果发生"伪善"，网民可以对之穷追不舍，帮助"道德银行"发现、正视问题，起到加压器的作用。

但任何事物都是一分为二的，"网络践德"也是一样，"道德银行"在网络践德的同时，也要引导学生建立正确的网络伦理道德。网络是开放的、自由的，但在"道德银行"的网络世界里，不应该成为大学生极端个人主义、利己主义、功利主义的集散地；不能使学生在道德践行中迷失自我，在网络与现实中出现双重人格或多重人格；要防止网络世界中的造谣生事，攻击谩骂，恶意中伤，提高

大学生的网络道德意识。

"道德银行"强调道德建设的实践性。马克思曾经在《德意志意识形态》这本书中说:"思想的产生最初是直接与人们的物质活动,与人们的物质交往,与现实生活的语言交织在一起的,观念、思想、人们的精神交往,在这里还是人们物质关系的产物。"① 物质关系变成精神关系靠的是实践。知源于行,行先知后。早在两千多年以前,古希腊人就提出了"美德可以被教会吗"这样一个严肃的命题。笔者认为,美德是不能被教会的。因为教会的只能是一种"知识"而不可能是"德行"。美德是一种行为,它需要通过实践,认识,再实践,再认识这样一种循环往复以至无穷的形式进行。只知不行,那是口头的虚伪的道德。

在今天,"网络践德"已成为道德实践的一个重要层面,网络交流与互动已经是一种道德实践活动。如何运用网络激发学生道德实践的激情就成为了"道德银行"的一个新课题。从技术的层面来说,"道德银行"要建立相关网站进行关系与信息的推广,聚集人气,做好宣传,提高网站的帖子率、信息率。紧接着,要进行网络与口碑推广,利用常用的通信工具,如 QQ、MSN、UC 等采用多种形式发给学生与聊天群。另外,把网站发布到搜索引擎与进行网摘宣传也是一个不错的办法;从管理层面上讲,"道德银行"要建立起自己的网站,并对网站进行科学规范管理,要有自己的论坛管理员、超级版主与版主。

网络社会存在着一种人际交往,并且这种模式还在发生深刻的变化,它"使得世界性普遍交往成为可能"。② 它产生了一种地图上没有的共同体——"电子共同体"。"作为地球人,世界公民的基础感觉正在不自觉的形成。"③ 网络扩大了人的活动范围,在网络世

---

① 《马克思恩格斯全集》第 3 卷,人民出版社 1995 年版,第 29 页。

② 鲁洁:《道德教育的当代论域》,人民出版社 2005 年版,第 230 页。

③ 尾关同:《共同的理想》,中央编译出版社 1996 年版,第 89 页。

界里，人们可以重新衡量与发展自我。因此，教育不能只是技术与工具层面上来回应网络社会，道德教育首先必须面对网络社会中蕴涵的对人发展方式的重大变革来展开更加深度的思考。道德教育如何面对这种走向，如何面对人类所拓展的又一生命空间，如何在网络社会主体之中完成自己的历史使命，如何使道德实践走进网络、又使道德实践走出网络，都是十分重要的问题。同时，"道德银行"网络一经形成，就必须使自己的道德实践教育工具化，组合资源以学生喜闻乐见的形式进行传播。在一个虚拟的世界中使自己的符号具有真实性，防止符号异化，确立道德实践在道德教育中的主体地位。因为符号一旦被异化，人就"会把虚拟的一切照搬到现实生活中"。① 被符号异化的人会丧失最基本的事实与道德判断力，虚拟与现实错位，失却真实的自我。

在网络社会里，人被符号所代替，所有的人躲在了符号的背后，受符号的控制甚至奴役。因此，"道德银行"的道德实践是双重的，它既体现在现实生活中，也走进了网络社会。防止符号异化是它面对的一个新的社会任务与实践。它必须有意识地在学生面前展现一个丰富而真实的世界，积极引导学生参与到其中，采用实践来让他们感受真实的事物及其相互的关系，处处意识到人的真实存在，道德实践的真实存在，分辨符号世界与真实世界，把握网络世界道德与现实世界道德本质上的一致性、网络道德建构与现实社会建构的同一性、网络道德自律与现实生活中的道德自律的同理性，道德实践对于符号与人同样具有重要的意义。人不能因为隐身在符号背后就可以为所欲为，就不需要道德与道德实践。恰恰相反，在网络世界里，符号的自律具有更重要的道德价值。一个在网络社会里遵守行为规范的人自然会在现实生活中有良好的美德表现。否则，网络社会就会"丧失意义就造成一种茫然困惑的局面"。②

---

① 鲁洁:《道德教育的当代论域》，人民出版社 2005 年版，第 240 页。

② [美] 丹尼尔·贝尔:《资本主义文化矛盾》，三联书店 1989 年版，第 197 页。

"道德银行"还希望它的道德价值观在网络社会的道德建构中内化,用它的价值观满足学生对于自身角色的期盼,希望躲在符号背后的学生自爱、自制、自省、自律。在网络上能做什么,做到什么程度,在网络上选择什么,追求什么,不同的符号会有不同的选择,但"道德银行"可以通过提升知名度,扩大影响,以品牌吸引大学生的注意,使他们走出自己的网络世界,参加到道德实践的行列。

尽管在网络社会中,"没有形成统一的道德标准,网络个体往往从各自的观点出发来解释自己行为的合法性"①,从而造成了所谓的"道德真空",但"道德银行"进入网络社会的目的之一就是为了培养大学生的网络道德意识与道德责任观念。因为,这种意识与观念的建立也是极其重要的实践内容。如果这样的目的初步实现,"道德银行"网上践德便迈出了可喜的一步,就会促成学生在虚拟世界与现实世界人格的双重一致,就意味着广大的学生成为了"道德银行"的网民,"道德银行"在现实生活中的道德实践便会更加具有生命力。

第三节　主要手段:思想教育·道德评价

大学生"道德银行"成立的目的就是对大学生进行思想教育,离开了思想教育,"道德银行"就失去了存在的意义,在构建"道德银行"理念时要以思想道德为基本手段。道德评价是"道德银行"维系和发展的手段。

一、思想教育是建构"道德银行"理念的基本手段

马克思在《政治经济学批判》中认为:"人双重地存在着,主

---

① 李俊文:《网络时代的伦理问题及其应对》,《思想教育研究》2008 年第 7 期。

观上作为他自身而存在着，客观上又存在于自己生存的这些自然无机条件之中。"这也就是说，人一旦存在，就有双重性，就需要发展，其中最重要的是"表现为一种自我发展内在动因的发展"。人需要与客观世界保持并发展关系，需要在观察与学习的过程之中进行主题的反思与内省，需要心智结构的建构与改造，而这几种发展的需要都不是先天的、固定不变的，从这个意义上讲，人都需要受教育，教育使人的属性从他身上萌发、形成、伸张与提升。按照瑞士教育学家裴斯泰洛齐的观点，教育的目的就在于发展人的一切天赋力量与能力，"如果人的各种力量的发展只是依赖识本性的力量，没有其他帮助，那么，使人从动物、感性特征中解放出来的过程是很缓慢的"。①

思想道德教育是使人从自然属性逐渐走向社会属性的重要途径。夸美纽斯认为道德应当通过学校这个"人类的锻炼所"来培养，德行应尽早进行，"应该在邪恶尚未占住心灵之前，早早就教"②，对于事物的精确判断是德行的基础。洛克认为，"在一个人或者绅士的各种品性中，德行是第一位的，是不可或缺的"。苏联教育家苏霍姆林斯基强调在道德习惯的形成过程中，自觉性、自尊心和责任感起着重要的作用。道德习惯的形成要经历三个阶段：正面教育、自我道德评价、道德成熟。

应该说，重视思想道德教育是人类的共同思维而不仅仅是中国人的专利。在泰国，就注重培养个人的感恩与爱的意识；英国侧重平常做人道理的教育，主张道德教育是一个社会化的过程，强调人应该以一种自律的方式融入社会与环境。"道德是被感染的，而不是被教导的"，"没有情感，道德就会变成枯燥无味的空话，只能培养伪君子"。在加拿大，帮助别人被认为是最好的教育，教育是

---

① 曹孚：《外国教育史》，人民出版社 1983 年版，第 159 页。
② 夸美纽斯：《大教学论》，2011 年 6 月 1 日，见 http：//blog.sina.com.cn/s/blog 7a624a430100y2nw.html。

什么呢？斯宾塞一语击的："教育——这首先是活生生的，寻根究底的探索者的思考。"

中国传统道德教育的弊端之一在于将思想教育崇高化、标杆化。希望受教育者永远按照它指引的方向前进。这种教育有三个预设前提：受教育者的道德意识都是有问题的，只是程度不同而已，这是其一；其二，所有受教育者应该、必须向标杆人物看齐，即使做不到也要做。做不做，是态度问题，好不好，是水平问题，重要的是要有态度，不管你是假做还是真做，只要做了就好；其三，权力意识得到了实现与发挥了作用，行政手段干预走入了人的思想领域。

问题是，这种模式恰恰违背了马克思关于人的两重性理论的基本轨迹。它不确认教育的对象是能动的、主体性的存在，不从这种本质属性中寻找教育的方法与根据，不从教育对象自身寻找教育目的的真正动因，而是预设一个看似大家都可接受的一个大前提，并以此无差别地看待每一个受教育对象，完全忽略了教育的本质属性在于引导、完备人性的建构与发展。

在商品社会，标杆性人物会随着荣誉、地位的变迁，随着其道德背后功利的叠加迷失它最初的道德效应。标杆性道德人物是可学的，但又是不可仿的，其中的原因在于他的唯一性，它与百姓普通的生活格格不入或者说高高在上，因此不具有普遍推广价值。"出自造物主的东西都是好的，而一到了人的手里，就会变坏了。"① 人们可以受感动，但它不能成为普遍的准则。道德法则"只依从你同时认为能成为普遍规律的准则去行动"。②

因为不能成为普遍的准则，所以它很难走入百姓的日常生活，尤其是在商品社会更是如此。百姓生活讲求的是基本的生存与生活品质问题，因此要求的是与之相对应的道德规范与准则。人不能成

---

① ［法］卢梭：《爱弥儿》，人民教育出版社 2001 年版，第 1 页。
② ［德］康德：《康德文集》，改革出版社 1997 年版，第 84 页。

为标准的化身，人是活生生的、变化的和有缺陷的，标准是相对的，受一定客观条件限制的，条件一旦发生变化，标准能否成为标准就会有存疑，就会有差异，有不同，这是二者不能合二为一的原因之一。再者，将规范、标准人物化究其实质是一种偶像崇拜。这种偶像崇拜起源于原始社会的图腾崇拜，而在中国则出现泛神化的趋势。泛神化思维是中国的土特产品，是农耕经济与自然经济的产物，这种思维伴随着中国自然经济走过了几千年的历史，只要稍微回顾一下历史就会知道，这种思维在中国农民战争史上特别管用，它曾经是号召中国农民起义的最有力的思想武器。但是在今天市场经济条件下，人的神化外衣逐渐被剥去，传统的思维方式正在发生革命性变化，这种变化也最集中地反映到了大学生身上。当代大学生受着市场经济、西方文化与传统文化的三重影响，因此，将标准人物化的这种传统方式在学生中能否有效就成为一个实际存在着的大问题。学生受当今经济文化环境的影响，作为思想教育的对象化存在，其教育方式必然与时俱进，必须同时考虑三种因素的作用。单纯从这三种因素中抽取一种方式与办法都是不行的，尤其是以传统的崇拜式偶像化教育，其效果可能是适得其反。同样的道理，单纯以市场经济的理念或西方文化观指导思想教育也是不行的。思想教育的全部基础是生活，它必须符合与适应者生活着的与之相关的社会群体。首先是适应然后才能产生影响，必须要懂得与研究相关社会群体的生活与心理因素，研究揭示存在于这个社会群体之间的普遍联系，研究这个群体的思维活动规律，这个群体的动机、需要与行为。

思想教育的全部目的是生活而不是崇拜，是为了把人培养成德、智、体、美全面发展的人，它是实实在在的实践活动而不是抽象化的概念与崇拜，因而思想教育的方式必须大众化、平民化、常态化，只有这样才会有生命力。因为一旦躲在符号的背后，符号就代替了人，在网络世界里尚可以理解，在现实生活中，符号一旦发生分裂，偶像就会崩塌，由此带来的价值观念危机将无法估量。

思想教育的唯一方法也是生活。生活有不同的追求价值，思想教育的目的不是在于统一这种追求与价值，而是使各种不同的追求符合社会道德规范。"思想政治教育最终是要通过人的素质尤其是思想道德素质的提高和潜能的发挥来促进生产力的发展，推动社会的进步。"① 每个人都有自己的思维逻辑与方式，思想教育不是要把别人的成功转变成每个人的生活压力，而是让每个人为着他们的理想而健康生活。生活是为什么呢？这就需要每一个人在实践中解答，思想教育要做的就是要授人以渔。

因此，高校思想教育的基础、目的与方法都应该是生活，是千姿百态的大学生生活。大学生思想教育应从培养有理想、有文化、有道德、有纪律的社会主义接班人出发，把大学生培养成一个个性格完善的和谐之人而不是专家。爱因斯坦说："学校的目标始终应当是：青年人在离开学校时，是作为一个和谐的人而不是作为一个专家。"

"道德银行"思想教育的基点正是在这里。

二、道德评价是建构"道德银行"机制的主要手段

人生活在社会里，总是与社会关系密不可分，而只要他生活在社会关系之中，社会就会依据一定社会与阶级的道德规范与标准对之进行善恶、荣辱、正当或不正当等道德价值的评论与判定。

道德评价在现实生活中是普遍存在的。人们总是自觉不自觉地对他人或自己的行为进行道德评价。这种评价依据一定的客观标准，而这个客观标准又会随着社会经济关系的变化而变化。因而它是绝对的又是相对的。片面地夸大道德评价标准的绝对性，把它看成是永恒不变的；或者片面夸大道德评价标准的相对性，把它看成是主观随意的，都是不行的。

① 张耀灿等：《现代思想政治教育学》，人民出版社2001年版，第113页。

发挥道德评价在"道德银行"机制中的作用具有相当的重要性。正像有的学者所指出的那样,"思想政治教育是立足于广大人民群众,为广大人民群众服务的,其评估的结果必须是广大人民的公认评价,而不是少数人的私下结论"。① 道德评价既是"道德银行"体系中的一个组成部分,又是为大学生的道德实践服务的。学生是道德活动的主体,"主体性是一切道德活动的原动力"。② 因而,在"道德银行"的体系中,作为一个基本的手段,道德评价必须始终围绕学生与实践这两个核心。这两个核心的确立,意味着解决了在"道德银行"体系中道德评价的对象问题。"如果做不到这一点,我们就不能适当、合理地进行道德评判。"因而了解大学生主体的特性是开展道德评价的第一步。哲学上的主体性是指实践与认识活动中的实践者、认识者或行为者本身。不同的学者对主体性有不同的认识。有的认为,"主体性就是人性","主体性就是主观性";有的认为,"主体性就是主体在实践活动中的为我关系"。③ 王坤庆认为,人的主体性就是"那种永远不满足于既在的生存境遇而去不断创新的生命价值,以活动一个更新的精神自我的行为和意识特征"。④

德育中的主体性是哲学主体性的延伸。大学生道德主体是一般主体的特殊表现,包括大学生个体、群体与类道德三个层次的主体,其中个体道德主体是基本。"道德银行"的道德评价范围必须严格限定在这样一个范围,否则,就会误置道德评价的立场,并进而产生诸多不必要的道德争议与冲突。

一般来说,道德评价有自我与社会两种道德评价形式。"道德

---

① 刘新庚:《现代思想政治教育方法论》,人民出版社 2008 年版,第 356 页。

② 肖雪慧:《人的主体性是一切道德活动的原动力》,《光明日报》1986 年 2 月 3 日。

③ 王利娜:《道德主体性视域里的王阳明良知学说》,硕士学位论文,兰州大学哲学社会学院,2009 年,第 9—11 页。

④ 王坤庆:《精神与教育——一种教育哲学视角的当代教育反思与建构》,上海教育出版社 2002 年版,第 195 页。

银行"中的道德评价首先是学生个人的，然后才是"道德银行"体系层面的。两者所评价的都是发生在"道德银行"实践中具有道德意义的行为，尽管这种行为广泛而多样，但两者所评价的是大学生生活与实践中那些具有道德意义，有利或有害于他人或社会的行为。同一般的道德评价一样，两者的道德评价以舆论、习惯、信念等方式实现。一方面，它使"道德银行"的道德原则与规范内化为学生的内心信念，形成一定的道德意识与品质；另一方面，又使学生的道德意识和品质外化为一定的道德行为，形成一定的道德习惯，实现道德从须有到应有的转化。通过这种良性互动，使这种道德评价与"道德银行"的观念在学生主体中产生广泛而持久的影响，并用以调节学生与"道德银行"之间的关系。

这种调节一旦产生作用，就说明"道德银行"的道德观念发生了作用，这是十分重要的。因为道德原则与规范在未深入学生的内心世界，被学生认可以前，都属于他律。要实现道德规范从他律到自律的转化，必须通过道德评价。在"道德银行"体系里，作为基本的手段，道德评价的过程，就是向学生推行、宣传道德规范的过程，也是学生接受道德要求的过程。

要做到调节产生作用，"道德银行"体系里的道德评价标准上必须坚持实践与效果的有机统一，英国学者穆勒认为，"动机虽则与行为者的品格关系很大，但与这个行为者的道德性无关"。不同的社会，不同的时代，不同的阶级历来有不同的道德评价标准。欧洲中世纪鼓吹人的道德修养途径唯一正确的就是信仰神，先有信仰，后有道德，古希腊苏格拉底提出了知识就是美德的命题。"道德银行"体系里的道德评价在坚持马克思主义道德观的前提下，侧重道德评价的实践性与效果性，因为实践性与效果性是社会主义市场经济发展的要求。一定社会与阶级的道德与规范总是依附于一定社会的生产力发展水平，生产力水平直接体现着社会发展的整体利益水平。道德评价标准是生产力标准的反映，因而在社会主义市场经济条件下，大学生的道德评价标准只能接受实践与效果的检验。

在"道德银行"体系里,这种检验如何实现呢?一般来说,它可以通过行为监督、价值导向、精神聚合、传统习惯、内心信念等多种途径。

在这五种途径中,前四种是属于他律性质的,他律性道德评价是"道德银行"道德评价的主要手段,这是为什么呢?总的来说,这是由"道德银行"的创新性所决定了的。

"道德银行"自问世以来,在社会产生广泛影响的同时,在高校也赢得了学生的认可。笔者认为,其中的原因在于它及时跟进了时代的发展,跟进了生产力发展水平的现状。这种变化在手段上是颠覆性的。必须承认,高校传统的思想道德教育体系因为跟不上时代的发展而陷入了困境,大学生的道德主体性淡化,道德积极性不强,道德激励性较弱,道德实效性偏低,严重影响了正常有序地开展思想教育工作,但是,"道德银行"的出现,实现了道德教育主体性与道德环境群体性的内在统一,解决了主体性缺失的问题,实现了大学生的能动性与大学生群体道德实践积极性的内在统一,非常有效地解决了高校道德教育缺乏积极性的问题。这两种实现与解决,是对传统道德教育在手段上的一种颠覆,同时也是道德评价标准的改变。在"道德银行"里,这种标准是以"道德币"的储蓄与提取的方式反复地进行。从表象上看,"道德币"是道德践行行为的一种换算,实质上它说明了"道德银行"的价值导向与精神聚合。这种导向与聚合是"道德银行"的基础,具有明显的他律特性。"道德银行"追求通过这种价值导向影响学生主体的内心信念,通过内心信念的增强培养学生主体的道德习惯。因此我们说,以"道德币"为表现形式的他律性道德评价是"道德银行"机制的主要手段。

三、注重思想道德教育 实施多方联动评价

如何开展大学生的思想道德教育,这是在理论与实践中都亟待解决的一个重大问题。胡锦涛明确指出:"科学发展观,第一要

义是发展，核心是以人为本。"① 同样的道理，思想教育也要发展，这种发展的前提与核心是以学生为本，联动多方道德评价。

思想教育不同于一般的学习。道德不是知识的简单灌输，不是"美德袋"式的填充。道德的教育与学习对于师生来讲，都是一个积极主动的建构过程。

对教育工作者而言，注重思想教育首先要清醒地认识到，目前的思想教育与改革开放前或改革开放之初已经有了很大的不同，我国的经济体制已经发生重大变化，如何在这样一个背景之下培植大学生的思想观念、思维方式、情感投向等都需要重新加以研究与解决，而不能简单地居高临下式地训导与灌输。因为，"人的内部所没有的东西，从外部是不可能添加进去的；凡从外部进入内部的东西，只不过是一个偶然的支点。内在的东西始终完全依靠自身所独有的富足的源流发展起来"。② 除此以外，对教育工作者而言，还必须了解大学生道德与道德学习的现状。人的一切正确思想都来源于客观实际，来源于社会实践。注重思想教育不能停留在口头上，同时，在行动过程中，方式与方法也是十分重要的。毛泽东说："我们不但要提出任务，而且要解决完成任务的方法问题。我们的任务是过河，但是没有桥或船就不能过。不能解决桥或船的问题，过河就是一句空话，不能解决方法问题，任务也只是瞎说。"③

思想教育要解决的是学生道德建构问题。找到解决这个问题的方法可以说是关键，也是困扰高校思想政治工作的一大难题。笔者认为，就目前而言，困境不是在于没有理论、教材与典型，而是在于学生有没有进行选择与认同，教育工作者必须走进学生的生活，了解大学生的主体性心理，研究与认清大学生的认知机理、选择机理与接受机理，只有在掌握与了解大学生道德反映机理的基础

① 胡锦涛：《高举中国特色社会主义伟大旗帜　为夺取全面建设小康社会新胜利而奋斗》，人民出版社 2007 年版。
② 姚小平：《人文研究和语言研究》，外语教学与研究出版社 1995 年版，第 18 页。
③ 《毛泽东著作选读》上册，人民出版社 1986 年版，第 6 页。

之上，思想教育的他律与引导才可能产生作用，只有依据学生的认知原理，才能唤起学生的道德意识。为此，必须充分尊重大学生的认知结构特点，充分调动大学生的主动参与，完善大学生的认知结构，把握输入的道德内容符合大学生道德认识水平，并在此基础之上，推进认同进程，培养道德情感，增强大学生对教师的心理认同、理论认同、情感认同、价值认同，使学生与教师之间产生良性的心理、情感与价值观上的联动互映。大学生通过参与道德实践活动，"可使每个个体实现某种需要、愿望（主要是精神方面的），从中体验到满足、快乐、幸福，获得精神上的享受。"①

这也就是说，必须尊重学生的主体性，只有这样，才有可能解决新时期大学生的道德建构问题，这是一方面。另一方面，尊重学生的主体性并不是要否定教师的主导作用，如何发挥主导作用呢？"道德银行"的做法是，走进学生群体进行调查研究，这样一个过程就是发挥主导作用的过程，这就是毛泽东所说的，从群众中来，到群众中去。

主导不是训诫与说教，而是一种疏通与引导。人的道德行为的产生是来自自身需要的"内驱力"与来自周围环境的"诱发力"两种力量交互作用的结果。训诫与说教直接抹杀了"人本"的存在，否定了来自人本自身的"内驱力"，其效果当然是可想而知的。有鉴于此，长沙理工大学城南学院"道德银行"从成立的那一天起就力戒走入传统的训诫、说教模式，而是注重引导与疏通大学生从价值多元向主流价值靠拢（这种方式在英国道德哲学家麦金泰尔看来是"脱域"）。

这样一种改变不仅是一种思想教育方式的改变，而且也是道德评价方式上的改变。恩格斯在《反杜林论》中指出："一切以往的道德论归根到底都是当时的社会经济状况的产物。"② 换言之，当

---

① 鲁洁、王逢贤主编：《德育新论》，江苏教育出版社 2002 年版，第 276 页。
② 《马克思恩格斯选集》第 3 卷，人民出版社 1995 年版，第 134 页。

代大学生的道德观就是当今社会经济状况的产物。全球化直接催生了大学生道德多元化，催生了道德的相对主义，同时也带来了道德价值评价标准的多元性。道德与其评价标准多元化并不意味着道德的混乱与堕落，相反，具有积极的意义，"因为在道德范畴内差异和多样性本身就是一种道德的道德性"。①"新发生的新生活新社会必然要求一种适应他的新道德出来。新道德的发生就是社会的本能的变化，断断不能遏抑的。"②

道德多元与标准多元也带动了"道德银行"道德评价方式向多样性转变。现代道德精神的核心是尊重人性与他人。因此在进行道德评价时，就需要评价者进行换位思考，不能离开人性进行评价，也不能离开被评价者所处的环境与条件。大学生道德非对称性也促使道德评价多元化。因为道德接受具有选择性，不是道德教育的照单全收。"不可能像传递一种科学知识那样原封不动地传授给对方。"③道德的开放性结构，增加了道德的不确定性，这也促使道德评价走向多元化。"人生的困惑与奋争，理想的冲突与搏斗，社会的动荡与变革，历史的迂回与前进，价值的扬弃与重建，既造成了'生活'意义的色彩斑斓，也造就了'生活'意义的扑朔迷离。"④ 身处这样的时代，大学生道德的不确定性特征凸显。除上述以外，我们在以道德的名义进行评价时，评价的往往是某个人的具体行为，但这个行为并不能确定这个人的道德性。因为在这里可见的是道德行为，而道德的品质却远非你看到的那么简单。这也导致了道德评价的多元性。

因此，在"道德银行"里，多方评价是践行"道德银行"理

---

① 刘莉：《当代中国大学生道德学习研究》，博士学位论文，东北师范大学马克思主义学院，2009 年，第 49 页。

② 李大钊：《物质变动与道德变动》，《李大钊文集》，人民出版社 1984 年版，第 151 页。

③ 鲁洁、王逢贤：《德育社会学》，江苏教育出版社 2000 年版，第 253 页。

④ 孙正聿：《哲学通论》，复旦大学出版社 2007 年版，第 192 页。

念的实践基础，是使"道德银行"原则与规范发生作用的标杆，是使原则与规范转化为道德行为与道德品质的重要环节。为此，它在评价对象上，必须以具有道德意义的行为作为评价对象，必须以善恶标准作为评判的最一般标准。

而要做好多方道德评价也不是一件容易的事情。它的困境在于道德评价主体与道德价值主体既可能同一，也可能不同一；多方道德评价手段在认知上既可能同一，也可能不同一。这就说明，每一种道德评价方式都有它自己的特殊视角，它与所评价的对象既有联系又有区别。在一种评价活动中所出现的结论，在另一种评价活动中就有可能将结论推翻或者颠覆。这就需要我们把道德价值主体与道德评价者客体严格区分，这是一方面。另一方面，道德评价是对行为的道德价值判断，并不是直接生成道德价值。道德价值发生于道德主体与客体之间，存在于两者的特殊关系之中。因此，道德价值的存在就不能维系于评价主体端，道德评价所要做的只是揭示价值规律，尽管每一种评价方式都有自己的特殊视角，但所有的视角都必须根据已确立的道德价值体系去进行肯定或否定。因此，所有的评价方式又都具有很强的规范性与客观性。

尽管做好多方道德评价不是一件容易的事情，但大学生道德的多元化、不对称与不确定性已经说明了多样化手段的合理性。冯友兰说："一社会内之人，必依照其所属于社会所依照之理所规定之基本规律的行动，其所属于之社会方能成立，方能存在。一社会之分子之行动其合乎此规律者是道德底，反乎此者，是不道德底，与规律不发生关系者，是非道德底。"[1] 冯定说："人对于道德，也就是对于善恶的见解，好像人对于人生的见解一样，各时代不同，各人群之间彼此不同。所以从整个人类历史看，各时代有各时代的道德，各人群也有各人群的道德。"[2] "善恶观念从一个民族到另一个

---

[1] 冯友兰：《三松堂全集》第4卷，河南人民出版社1986年版，第114页。

[2] 冯定：《新人群的道德观》，《冯定文集》，人民出版社1987年版，第217页。

民族，从一个时代到另一个时代变得这样厉害，以致他们常常是互相直接矛盾的。"①尼采说，上帝死了，因此我们必须重估一切价值。笔者认为，时代变了，大学生的道德观变了，道德评价的手段与尺度也必须跟着发生变化，而正是这一点，是"道德银行"道德评价根据的内在构成。

笔者认为，"道德银行"的这种评价手段、尺度具有典型的现代思想政治教育方法的特性。与传统的思想政治教育方法比较而言，它的现代化环境与以往有很大的不同，以往的传统教育是建筑于计划经济与小农经济之上的，是建筑在封闭与半封闭的社会基础之上的，而"道德银行"真实地面对了信息全球化的社会环境。因为，"道德银行"的方法是"依附于活动的动态因素"。②具有人本性、双向性，它以现代社会的新知识与高科技为手段，针对现代大学生思想状况，有针对性、有的放矢地采用制度化保障大学生的道德实践，提升道德水准的方法与手段，对大学生的道德实践实行"软""硬"约束，防微杜渐。要求大学生通过实践，将社会发展所要求的思想品德水平提升内化为个体的思想品德水平。通过实践，对大学生产生持久的渗透式的"综合影响"，从而使大学生获得持久的渐次式发展。所以，从这种意义上讲，"道德银行"具有"工具科学"的性质。它以其简明规范，层次鲜明的方法得到了社会主义主流文化在大学生中的贯彻执行。

---

① 《马克思恩格斯全集》第 20 卷，人民出版社 1971 年版，第 101 页。
② 刘新庚：《现代思想政治教育方法论》，人民出版社 2008 年版，第 2 页。

第七章　大学生"道德银行"的组织框架

大学生"道德银行"目的的实现依靠"道德银行"这个组织。"道德银行"管理运行是否顺畅，组织结构的合理性是基础，因此，必须清楚地界定每级组织的内涵和权责定位。大学生"道德银行"的组织框架主要包括以下三个部分：决策机关、指挥机关、执行机构。

第一节　决策机关：学校"道德银行"指导委员会

"决策"一词最早出现于我国先秦时期论政典籍《韩非子》中，是指某种策略、计谋。现代运用决策概念，则是从管理学理论中引进的，是在 20 世纪 30 年代随着管理科学的兴起而形成的。管理科学侧重研究企业组织中的管理问题，因此，现代决策概念最初应用于企业管理中，实际上是一个管理决策概念，它不是指私人决策，不包括个人处理生活上的一些小事而作出决定的活动，仅指现代社会组织在管理中形成的决策。

关于"决策"概念，众说纷纭，莫衷一是。有的认为，决策就是作决定；有的认为，决策就是管理，管理就是决策；还有的人认为，决策就是领导"拍板"；也有的人认为，决策是指人类社会中与确定行动目标等有关的一种重要活动。以上各种表述，是从不同的角度对决策的解释，但都比较难准确地反映决策活动的一般特点，虽都有一定的道理，但却不太全面。综合起来，我们认为所谓决策是指个人或组织确定目标，择定行动方案并付诸实施的过程。这里要把握两方面的含义：其一，从动态上理解，决策是个动词，是一个分析问题、制订选择方案、解决问题的过程，它包括许多环节，绝非一瞬间的活动。有人把决策狭义地理解为方案的最后选定活动，即拍板定案。这样理解是不全面、不完整的。其二，从静态上理解，决策是个名词，指的是作出的决定，即英文 decision 的意思。

决策活动自古有之，它是管理活动的重要组成部分，有了管理，就有了决策。

根据以上解释，笔者认为所谓决策机关，就是承担决策任务、行使决策权力的机关，而"决策"一词在现代汉语词典里的解释是"为达到某一目的，对若干可行方案进行分析、比较、判断、从中选择较优方案的过程，是在权衡各种矛盾、各种因素相互影响后作出的选择"①，从这个意义上讲，决策过程就是管理过程。根据这一解释，我们可以知道大学生"道德银行"的决策机关所承载的主要任务就是要通过对"道德银行"所有相关事务的整体规划、全面统筹以确保整个"道德银行"正常有序的运行，负责整个"道德银行"的运行操作，所以，这个机构的设置是最根本、最重要的。

一、"道德银行"指导委员会的内涵

"道德银行"指导委员会是大学生"道德银行"的决策机关，担负着统筹全局、行使决策权力的任务，对于"道德银行"的正常

① 中国社会科学院语言研究所词典编辑室编：《现代汉语词典》，商务印书馆2002年版，第688页。

有序运转起着至关重要的作用。因此，弄清"道德银行"指导委员会的内涵并进而弄清楚其职责和内容对于我们研究大学生"道德银行"来说有积极的意义。

"指导"一词在《现代汉语词典》里的解释是"指示教导；指点引导"①，而"委员会"一词在《现代汉语词典》里的解释是"机关、团体、学校等为了完成一定的任务而设立的专门组织（如：招生委员会，伙食委员会，管理委员会等）"②，把这两个词语的意思合在一起我们可以知道，"指导委员会"的意思就是机关、团体或学校为了完成对某一项具体任务或项目进行指示引导而设立的专门组织，由此我们就可以明确学校"道德银行"指导委员会的内涵是，在"道德银行"的组建、运行过程中，大学生"道德银行"指导委员会站在全局的高度，规划"道德银行"的整体走向和性质，促使大学生"道德银行"平稳有序运营，达到使学生在道德实践活动中养成良好的行为习惯和诚信品质的目的，引导大学生把行为与习惯有效地结合起来，把道德转化为大学生的自主行为，变他律为自律，最终提高当代大学生的道德水平。在这里，需要指出，校级"道德银行"指导委员会的指导仅仅是工作意义上的，并不是要在道德践行与如何实施等若干问题上对学生指手画脚与强迫命令，就是说，它只是一种客观把握，没有强迫、没有命令式的意义。因为如果是强迫与命令，道德践行又会走附属与听命于长官意志的老路，而没有丝毫的创新价值。

学校"道德银行"指导委员会直属于学校团委，是专门负责思想道德教育工作的机构之一，在学校团委的领导下开展工作，它指导"道德银行"总行和分行工作的开展运行，负责两者之间的协调联系。

---

① 中国社会科学院语言研究所词典编辑室编：《现代汉语词典》，商务印书馆2002年版，第1619页。

② 中国社会科学院语言研究所词典编辑室编：《现代汉语词典》，商务印书馆2002年版，第1312页。

二、指导委员会的主要职责

所谓"职责"就是指职务和责任，也就是在学校"道德银行"指导委员会这一职务上所应承担的责任，上一节我们明确了学校"道德银行"指导委员会的内涵，那么在这里，我们便可以知道它的主要职责应该有以下几条：

1. 贯彻执行学校和团委关于"道德银行"工作的决议、指示，及时汇报和反映情况，做好大学生的思想道德教育工作。"道德银行"的正常运转需要在学校和团委的正确引导下进行，需要有一个核心的指导思想为其引路，"道德银行"的各方面工作也需要得到学校和团委的支持才能顺利开展，因此作为"道德银行"的决策机关，学校"道德银行"指导委员会的首要职责就是要及时汇报和反映在"道德银行"运作过程中出现的问题与情况，以期"道德银行"的各方面工作能正常进行。

2. 制定有关"道德银行"各机构监管的规章制度和相应的办法。俗话说，"无规矩不成方圆"，人类生存与活动的前提与基础是建立在规矩之上的，人们都要遵守规矩，社会和个人才能更好地发展与进步。作为机构也是如此，只有制定了相关的制度和规章，并使之成为人们共同的行为准则，才能保证这个机构正常地经营与运行。所以学校"道德银行"指导委员会的职责之一就是要制定相关的条例、规章以及制度，使"道德银行"各项工作都有据可循。

3. 确立"道德银行"各机构及分支机构的设立。"道德银行"各个机构及分支机构的设立要一切从实际出发，学校"道德银行"指导委员会要综合考察具体情况及院系设置，充分评估全校以及各院系学生的思想道德水平现状，以此为依据来确定要设立的各机构及分支机构的数量。

4. 变更"道德银行"各机构及分支机构的业务范围。作为"道德银行"的决策机构，学校"道德银行"指导委员会有权决定、变更"道德银行"各机构及其分支机构的业务范围。学校"道德银行"有什么样的业务，各院（系）基层"道德银行"有什么样的业务都要由学校"道德银行"指导委员会来决定；如果某项事情已经不适宜再进行下去，学校"道德银行"指导委员会也会对其进行变更。

5. 对"道德银行"各机构实行监管，依法对违规行为进行查处。学校"道德银行"指导委员会站在全局的角度上对"道德银行"各机构进行协调组织运行，并对各机构及其工作人员进行监督管理，一旦发现违规行为，将会按照已经制定好的规章制度和办法进行惩治和查处，确保"道德银行"平稳有序地运转。

6. 确立"道德银行"各机构及分支机构的高级管理人员的任职资格。"道德银行"各机构及分支机构的高级管理人员是整个"道德银行"的核心力量，在"道德银行"的经营及维护上起着至关重要的作用，可以说"道德银行"各机构及分支机构的高级管理人员的素质关系到整个"道德银行"能否正常运营下去，关系到"道德银行"这一新型的思想道德教育载体所取得的成效，所以"道德银行"各机构及分支机构的高级管理人员的任职资格必须经过学校"道德银行"指导委员会的严格审查，合格通过后方可任职。

7. 负责统一编制"道德银行"中的"道德币"的数据、报表，并按照有关规定向全校师生公布。这一职责主要是负责"道德银行"存储及支出的"道德币"信息的搜集，进行统计和分析，管理和协调"道德银行"系统的统计工作，组织"道德银行"系统的调查统计数据库建设和信息自动化系统建设，向学校和团委各部门提供信息咨询，以便利调查和统计大学生思想道德素质现状。

8. 定期召开会议，了解"道德银行"各机构运营现状，决定"道德银行"的各重大事项，确定"道德银行"的业务方针、经营范围和规模以及其他关系到"道德银行"全局性的重大问题。

9. 完成学校和团委等各级领导机关交办的其他各项任务。

三、指导的主要内容和方式

1. 指导的主要内容

职责决定内容，内容是职责的表现，有什么样的职责就有什么样的内容，除了以上所叙述的几项主要职责外，学校"道德银行"指导委员会指导的主要内容还包括：指导校级"道德银行"和院系基层"道德银行"之间的联系与协调；向校级"道德银行"和各院系基层"道德银行"传达学校和团委关于"道德银行"相关各项工作的指示以及最新文件精神以使各机构能及时调整工作部署，保证"道德银行"工作的正常开展；对校级"道德银行"和各院系基层"道德银行"的义务工作人员进行培训，使之了解"道德银行"创建的意义、内涵、组织、工作流程等。

2. 指导的方式

作为一个决策机构，学校"道德银行"指导委员会的工作方式和坚持的原则就显得比较重要，它决定了这个机构将以何种方式领导其下属机构的工作以及在工作中将坚持什么样的原则，所以在"道德银行"工作所有的环节中，这一环节起着方向性、引领全局的作用。

（1）方向性原则[1]：方向性原则是指整个"道德银行"活动要始终与社会发展的要求一致，坚持正确的政治方向不动摇。方向原则主要体现为："道德银行"的活动要旗帜鲜明地坚持社会主义和共产主义方向，坚持党的基本路线，同时又与市场经济相适应，学校"道德银行"指导委员会要以此为大方向，指导全校"道德银行"相关机构工作的开展。

（2）民主原则[2]：民主原则是指整个"道德银行"活动要体现学生是"道德银行"的主人这一创新制度的本质特征，应该在工作

---

[1]　张耀灿、陈万柏等：《思想政治教育学原理》，高等教育出版社 2000 年版，第 206 页。

[2]　张耀灿、陈万柏等：《思想政治教育学原理》，高等教育出版社 2000 年版，第 208 页。

中发扬民主精神,坚持民主作风和民主做法。对于学校"道德银行"指导委员会来说,就是指,在指导其下属机关的工作过程中要坚持民主的方式和原则,一些重大决策的产生以及规章制度的制定要民主协商,按照少数服从多数的原则来完成,尊重学生的意见,使工作能够顺利开展下去。

(3)监督和引导的方式:这是指,学校"道德银行"指导委员会在指导其下属机关的工作时要坚持监督和引导的方式,学校"道德银行"指导委员会有权利对其下属各个机构的工作开展及其经营状况进行监督,并有义务引导其下属机构沿着正确的方向运营下去。

第二节 指挥机关:校级"道德银行"

"指挥"一词作为动词,在百度百科里的解释是"上级对所属下级各种活动进行的组织领导活动",泛指的意思是发令调度,指挥机关就是指专门发令调度并对其所属下级机关的各种活动进行组织领导的机关,而在整个"道德银行"的运作过程中,处于指挥这一位置上的毋庸置疑的就是校级"道德银行"。

一、校级"道德银行"的内涵

校级"道德银行",顾名思义,就是以整个学校为一级单位而成立的"道德银行"。长沙理工大学城南学院的"道德银行"是校级"道德银行",校级"道德银行"的规模以学校的具体实际情况以及学生的道德为依据,它所服务的对象是整个学校的学生,"道德银行"是按照一般银行的运作模式进行营业,将志愿者所做的志愿服务和好人好事等以虚拟"道德币"的形式记录在"储户"在"道德银行"的存折上,将活动中获得的"道德币"作为道德资产存入"道德银行"。"道德币"由储蓄员、被服务者、储户三方共同认可，且由储蓄员审批，由"道德银行"盖章后方可生效。储户在日后遇到困难需要帮助时，可向"道德银行"支取"道德币"或申请"道德币"贷款，并于规定时间内进行道德行为的偿还。

"马克思主义中的实践范畴，不论其表现为生产斗争、阶级斗争还是表现为科学实验，都主要是指社会、群体或类的实践。"[1] 成立"道德银行"，进行道德的储蓄、支出与借贷，是想通过"道德银行"告诉人们，高尚的道德情操是不断积累所获得的，很多人都来共同参与到道德积累中就可以产生巨大的社会财富，而"道德银行"恰恰起到了刺激作用，将学生的道德思想表现用"道德币"的形式反映出来，并促使学生在各种活动中养成良好的道德行为习惯，培养学生的诚信品质，促使学生将行为和习惯有效地结合起来，把大学生的道德规范转化为自主行为，并最终实现道德行为由他律到自律。

二、校级"道德银行"的主要职责

校级"道德银行"直属于学校"道德银行"指导委员会，并接受其指导与监管，在其领导下开展工作。作为"道德银行"的指挥机关，校级"道德银行"的主要职责有：

1. 负责"道德银行"的整体运行，协调组织总行与分行各项业务的开展；管理各分支机构的设立，包括总行设置行长与副行长、存储部、支取部、借贷部，分行设置行长及储蓄员等；校级"道德银行"以及各院系基层"道德银行"各部门操作人员的人事任免等；以上这些都要报请学校"道德银行"指导委员会的批准后方可进行。

2. 向各院系基层"道德银行"贯彻、传达学校"道德银行"指导委员会关于"道德银行"工作的最新政策、信息与文件精神，

---

[1]　戚万学：《活动道德教育论》，博士学位论文，南京师范大学教育科学学院，1994年，第66页。

并定期向学校"道德银行"指导委员会汇报工作、反馈信息，以便利于学校道德评估工作的开展。

3.遵守学校"道德银行"指导委员会制定的一系列相关的规章、条例，保证"道德银行"工作的正常开展。制定有关"道德银行"运行的基本管理制度和具体规章制度。

4.在学校"道德银行"指导委员会的授权范围内，组织各项业务活动。组织领导各院系基层"道德银行"的各种活动。校级"道德银行"要和各院系基层"道德银行"保持经常性的联系，以确保"道德银行"各项工作的正常开展。

5.校级"道德银行"负责个人存储、道德资产的支出等相关业务，并审核办理各院系基层"道德银行"的集体存储、借贷申请等项业务。作为"道德银行"的指挥机关，校级"道德银行"有责任有义务完成好这几项规定的业务，否则其他机构的工作完成得再好，也保证不了"道德银行"整体运转的顺利。

三、校级"道德银行"的管理方式

任何一个机构的正常运转，都必须有一套与之相应的行之有效的管理方式，"道德银行"也不例外。以长沙理工大学城南学院"道德银行"为例，校级"道德银行"的管理方式如下：

（一）校级"道德银行"储蓄员管理条例

为了规范"道德银行"总行也即校级"道德银行"储蓄员的工作，大致上，凡在校级"道德银行"工作的储蓄员都必须遵守以下条例：

1.工作准点准时，不得无故迟到早退和缺席。

2.执行政策、依章办事、严守工作纪律，维护道德秩序，规范操作，维护"道德银行"荣誉。

3.校级"道德银行"采用单双周的轮班制，每次若干个人值班并安排一名值班经理，由值班经理输入电子档，储蓄员在存折卡上记录。

4. 工作中，服从值班经理安排，按质按量完成当天任务，不得出现工作滞留的现象，当天未能完成的，由值班经理必须负责在该周内选择时间完成。

5. 文明服务，礼貌待人。自觉使用文明用语，对客户和蔼可亲，服务耐心细致，展示良好的"道德银行"风貌。

6. 认真对待工作，不得出现错加漏加。与客户出现矛盾时应冷静处理，并耐心沟通。

7. 提高警惕，维护安全。要严格遵守规章制度，树立防范意识，保护道德资产安全。

8. 保持校级"道德银行"营业部内部环境卫生，储蓄员须在值班当天做简单的卫生清理打扫。

9. 下班后，值班经理安排人员整理银行资料，将当次的资料整理好，按类别放在相应系的柜子里，并将电子文档备份，以防止资料丢失。

10. 值班经理做好交接班工作，若当次值班出现问题，由值班经理负责。

11. 有任何特殊情况或无法把握的情况，立即与行长或副行长联系。

(二)校级"道德银行"存储条例

1. 存储内容：存储相应的志愿服务和好人好事，换取相应数量的"道德币"。这样的内容是十分广泛的，如垃圾文学清理、无偿献血、爱心捐助、社区活动、义务演出、拾金不昧等，志愿服务或好人好事若干次将获得若干个"道德币"存入"道德银行"作为道德资产储蓄。

2. 存储程序：校级"道德银行"负责办理个人存储及各院系基层"道德银行"集体存储业务的审核工作。储户在各系的办理业务的时间内，携带本人"道德银行"存折以及申请道德币材料，在校级"道德银行"营业点办理，填写好存款单、存折，然后确认存储。

3.存储说明：志愿服务的单位必须是公益性单位，公司之类的将不予办理；在校期间活动申请材料必须于活动结束后一定时间内上交"道德银行"进行业务办理，逾期将不予受理；申请材料中必须注明系别、班级、姓名、学号、联系方式等相关信息，缺一不可；青年志愿者机构组织的活动，其部门内部人员统一进行打折处理，非内部人员不予限制。

（三）校级"道德银行"支出条例

1.支出内容：同等条件下，"道德币"数量多的同学享有助学金评选优先权；支出"道德币"，换取晚会以及讲座的VIP座位票；申请课业辅导等其他帮助。

2.支取程序：客户向校级"道德银行"申请，填写支取单，客户确认支出，然后校级"道德银行"向客户履行所申请的支出业务。

3.支出说明："道德币"一经支出，不再计入档案；"道德币"支出业务时间为每周的一个固定时间，地点为校级"道德银行"营业点；"道德币"支出业务必须由本人携带"道德银行"存折以及有效证件进行办理。

第三节　执行机构：院（系）基层"道德银行"

"道德银行"的执行机构是学校各院系的基层"道德银行"，这一机构是整个"道德银行"运行机制中最重要的一环，一切的政策、任务最终都要落实到院系基层"道德银行"这一执行机构上。

一、院（系）基层"道德银行"的内涵

所谓院系基层"道德银行"，就是以学校各院系为一级行政单位而成立的"道德银行"，是最基层的、最低一级的执行机构，它所服务的对象是其所在院系的学生，办理集体存储业务和借贷业

务。院系"道德银行"直接服务于学生,在内涵上与总行并无二致,但却是展示"道德银行"最直接的窗口。在这里,它记录了无数个美德行为,一代又一代的学生从这里走向社会。因此,表面上它只是一个存储借贷的机构,但其真正的内涵却是学生个体之间的连心桥。在这里,大学生得到了道德重建的机会;在这里,大学生实现了相互的认识与欣赏;在这里,大学生一同走过四年光阴,完成了道德的提升,新道德从这里开始,新航程从这里启航。

二、院(系)基层"道德银行"主要职责

作为"道德银行"的执行机构,院系基层"道德银行"所承担的主要任务都是具体而实在的,其主要职责如下:

1. 贯彻执行学习"道德银行"指导委员会和校级"道德银行"关于"道德银行"工作的精神,并按规定定期向以上两个机关汇报工作,提供相关的数据、信息。

2. 严格遵守学校"道德银行"指导委员会制定的关于"道德银行"工作的规章、条例,保证工作的正常有序开展。

3. 分行的业务范围主要包括集体存储服务以及贷款服务,按照规定,做好这两项业务。

三、基层"道德银行"的具体运行方式

跟学校"道德银行"一样,各院系基层"道德银行"也要有一套自己的管理方式和运行方式,才能履行好其职责,从而才能使整个"道德银行"正常有效地运转起来。参照长沙理工大学城南学院"道德银行"分行的运行模式,笔者认为,院(系)基层"道德银行"的具体运行方式应该如下:

(一)在学校"道德银行"的基础上,各院系设立相应的分行,并设立行长及储蓄员若干名,做好自身职责范围内的业务,保证整个"道德银行"工作的有序进行。

(二)各分行受理存储材料,认证资料的真实性,并按标准填

写存储单、业务受理单，收齐道德存折，由分行在规定时间内至总行办理存储业务，最后再下发回执单、存折。

（三）为了保证储户的合法权益，更好地完善还贷业务，应该由院（系）基层"道德银行"负责贷款业务前期的申请审核，出示诚信证明，再由学校"道德银行"放款，还款业务由学校"道德银行"负责，保证还款人在一定时间内偿还贷款。流程是：

1. 贷款程序：贷款人向院（系）基层"道德银行"递交书面申请，并向贷款人所在院系申请诚信证明；贷款人携带有效身份证件、贷款申请于院（系）基层"道德银行"办理；院（系）基层"道德银行"对贷款人的贷款申请进行评估并对其贷款资质进行审核；学校"道德银行"确定贷款人本学年贷款额度和本次贷款额；签订贷款单，约定贷款额、贷款用途、利率和还款方式；最后，执行贷款单。

2. 贷款说明：每人每学年原则上只办理贷款业务一次，贷款的最高额度限制为若干个"道德币"，且不能连续两个学年都办理此项业务；贷款时间为各院系业务办理时间；规定一定的贷款利率，所还"道德币"取整计算。

3. 还款程序：贷款人在约定期限内携带贷款单于学校"道德银行"办理还款手续；学校"道德银行"审核其还款行为；执行还款单，核查执行情况。

4. 还款说明：规定还款时间限度为贷款后的一段时间之内；还款时候请带上有效身份证件、贷款单和存折；贷款人需自行去"道德银行"办理还款业务，"道德银行"不负责通知还款业务，但每个月会对逾期尚未还款的同学进行统计；对于无特殊情况且到期未还款的同学，冻结其账户若干时间。

总之，在社会主义市场经济越来越发展的今天，加强对高校大学生的思想道德教育迫在眉睫，因为大学生是我们国家和民族的未来，他们的身上担负着实现社会主义现代化和中华民族伟大复兴的历史使命，而大学生又是一个极其特殊的群体，对他们进行思想道德教育要采取恰当的形式，否则就会适得其反，收不到成效。随着"道德银行"这一思想道德教育的新型载体的出现，我们也看到了曙光。如何建立一套协调、灵活、高效的运行机制、构建好"道德银行"的组织框架关系到"道德银行"这一思想道德教育的新型载体能否收到实效，能否健康、平稳、有序地运行下去，也关系到当代大学生的道德现状能否得到改善。本章主要就是就"道德银行"在管理与运营上作一些技术细节上的说明。以上关于"道德银行"组织框架的技术性介绍只是参照长沙理工大学城南学院"道德银行"的运营模式加工改造而成，仅供参考。相信在以后"道德银行"模式的推广过程中，还会摸索出更健全更有效的运行机制和组织框架，把"道德银行"这一思想道德教育的新型载体发扬光大。

第八章　大学生"道德银行"的主体功能

大学生"道德银行"思想政治教育目的实现的关键在于开发它的主体功能。本章从提升大学生道德品位、持续大学生的道德行为，激发大学生的道德追求、规范大学生的道德行为等方面阐述了大学生"道德银行"主体功能。

第一节　"道德储蓄"——提升道德品位

道德是抽象的，它通过道德行为表现出来，但是道德行为如果不被记录下来，不转化为一种可以量化的通用符号是不能比较和储存的，"道德储蓄"就解决了这一道德难题。

一、"道德储蓄"的含义

"道德储蓄"本来是一种抽象的概念，但自问世以来，却引来了个别人的大动肝火。将之直接与道德沦丧等同的反对者大有人在。[①] 反对者的理由是，"好人好事与'人品币'的'利益'挂钩，

---

① 泽华：《"道德储蓄"和道德沦丧》，2007 年 11 月 24 日，见 http：//www.cc222. com/article/413424.html/2007-11-24。

其出发点和动机必然带有功利性"。① "如果道德都可以市场化，付出的刹那都在等待未来的回报，那么还有什么不能用市场机制来庸俗化？如果道德都变成资产在付出时都期待未来的升值，那么在所谓道德付出时，人们是否损失了什么呢？"

一个概念引来如此激烈的反映，至少说明两个问题，其一是打破了反对者的惯常思维，他们"既定的世俗与道德准则受到了挑战，同时也无情地捅破了一些人心里想而不敢说的这层遮羞纸"。② 其二是直接触及了当前道德建设的核心问题。

笔者认为，作为一个全新的概念，"道德储蓄"既有它存在的历史性，又有内容上的限定。从历史的角度看，是对我国片面重视道德知识的传授，忽略行为习惯培养的有力纠正；从内容上看，它是对道德行为的一种回应，而不是针对行为主体本身。通过行为培养习性，通过习性的养成促使人走向和谐与完善。

反对者的错误就在于置换了"道德储蓄"的概念，把行为等同于行为主体。我们认为，行为虽然是由主体完成的，但二者之间并不能画上等号，因为只要不是圣人，根据美国心理学家 C. D. 巴特森（c.daniel.baston）的分析，都具有实施"道德伪善"的动机。人类有几千年的文明史、道德史、道德观念史，这几千年的历史不都是这么走过来的吗？只要内心向善，伪善也是一种善，因为它受到了道德的驱动。施德者正在通过他的行为不断地练习他的道德性。这样一种过程，也就是一个去伪存真的过程。

人都需要去伪存真，尤其是在道德建构过程中。因此，在笔者看来，"道德储蓄"的第一层含义在于道德主体自身德性的积储，这种积储基于主体对社会道德规范的认可与选择，基于主体自身道德知识与水平的状况高低，基于主体道德的个性修养，同时也基于

---

① 《"道德储蓄"不容提倡》，2009 年 12 月 25 日，见 http://www.hlsnews.cn/2009-12-25。

② 陈澎：《道德资产能否储蓄？"道德银行"引发议论》，2002 年 2 月 26 日，见 http://www.xinhuanet.com/2002-2-26。

主体道德状况与社会环境的融洽程度。

这种"道德储蓄"是人人所必需的,是人存在于社会的内在需要。这种储蓄基本上通过学习与践行两种途径实现。

道德学习就是一种内省。孔子说:"见贤思齐焉,见不贤而内自省也。"荀子强调内省:"君子博学而日参省乎己,则知明而行无过矣。"德国教育学家第斯多惠曾说过,只有当你不断地致力于自我教育的时候,你才能教育别人。在这里,三位哲学家表达的都是这个意思。

长年累月的内省就是一种储蓄,"随风潜入夜,润物细无声"。德性的养成为什么要长年的积累呢?因为人都不是完人,因为环境时时都在发生变化,因为德性的观念也会随着人与环境而发生变化。

所以,从这个意义上讲,"道德储蓄"并没有错误。引来争议的是外化的行为。这种"道德储蓄"突破了反对者的道德观底线。道德必须去功利化,在这种逻辑之下,罗织了一大堆反对的理由:"'美德储蓄'活动使无德的人更心安理得,因为他们不羡慕那些存款,甘愿做道德上的叫花子。"造成"虚假道德行为的滥觞""无法解释或培养许多道德品质"。

人是行为的存在。道德储蓄是人的行为的储蓄。道德行为的产生受到多种变量的影响。首先,道德主体必须对道德情境进行认识、判断、抉择,然后在此基础之上将道德意向转化为道德行为,在这样一个过程中,道德主体的生活经验、移情能力、认知程度等都会影响道德行为。这种行为可能会延续,也可能会中断,可能反复多次地出现,也可能一次性出现,因人而异,因事而异,因境而异。

规则通过行为体现,只要不是强制的,道德行为就是一种自觉选择行为,行为的选择当然不是无条件的,它受主客观条件的多重制约。道德主体实施道德行为时,总是置身于多重的道德关系之中,行为表达了主体的自主,也表达了主体的向善和渴望与多重道德关系平等相容的愿望。无数主体相同的诉求的同样表达就会变成共同接受的价值规范。

行为本身带有功利的目的。我们说,道德行为是一种崇高的感情体验,更是人们"实现自己满足程度(效用)最大化的行为方式"。① 这就是说,道德行为不仅符合社会的利益,也符合当事人自己的利益。只要是道德行为,就不仅是利他的,而且必定也是利己的,因此,实质上,道德行为是一种利益的选择。这种选择的背后潜藏着深刻的经济根源。因此,对道德行为的判断也应从此入手。

"道德储蓄"储蓄的是人的道德行为而不是人本身,因而任何一种对人的道德性的讨论与责备都不是对"道德储蓄"概念的讨论与责备。"道德银行"是为了建构大学生的适应社会主义市场经济形势需要的道德产生的,"道德储蓄"是完成这种建构使命的第一个台阶。无论是"道德银行"还是"道德储蓄",其所针对的对象是生活着的千千万万的大学生。在转型时期,大学生的道德及道德观需要重新建构。因此在建构过程中,出现伪善与非道德与不道德都是极为正常的现象,况且这些现象不因"道德银行"而生,也不会由"道德银行"而止。而且,伪善,不道德,非道德是人类文化的"共同产品",不是学生的专利。只要有凡人的存在,就有它们存在的空间,过去有,现在有,将来还会有。因此责备"道德储蓄"会造成伪善实际上在理论上是站不住脚的。

道德行为本身有功利,所以它不可能去功利化。人之于社会,总会有行动,他的行动总是储存于其所处的社会关系之中。因此,道德储蓄在客观事实上也总是存在着,而不以人们的意志为转移。概念、制度上的"道德储蓄"就是将这种行为提取出来,提倡良风美德,鼓励善行义举。这种提取,不是为了追逐功利,市场道德,而是为了使行为更好地符合规范。因为功利与储蓄已经存在于客观事实之中,"道德银行"只是进行了一种理论上的梳理与检讨。

---

① 胡海欧:《道德行为的经济分析》,复旦大学出版社 2005 年版,第 1 页。

笔者认为，这种梳理与检讨是十分必要的，具有创新意义。

任何理论都是对现实的一种回应与检讨。任何一种理论或者概念都是对原有理念与思维的突破，是一种观念上的发展，因而引起思考与讨论都是十分正常的。理论不是教条，不能用框框去印证过去某种观念的东西。从内涵上看，"道德储蓄"是没有问题的。对此，笔者在文中已展开了分析，于此没有重复的必要。

二、"道德储蓄"使大学生"积德"过程生活化

道德建构论认为，指导我们行为的道德准则可以通过相应的建构程序来获得。行为主体依据标准与程序可以解决在现实生活中遇到的道德问题。1980年，美国学者罗尔斯在哥伦比亚大学演讲中首次全面阐述了他的这个"康德式建构论"。这一理论的合理性在于它的实践性，意味着行为者的道德建构超越了他个人的选择层次，必须接受一定程序的合理限制。说它是合理的，还在于道德的建构依赖于实践中的选择与判断，建构者可以在实践中不断地进行道德自律与调整，并且为这种自律与调整作出原则性的解释与维护，有效地处理道德建构过程中道德选择与判断的合理性，客观性与有效性。

"道德储蓄"具有这种建构特征。建构大学生道德是一个极为重大的道德命题。笔者以为，其中很重要的一点就是大学生道德生活中的自我实现必须通过一个可以得到客观评价和客观保证的制度中介。而且这个制度必须是开放的，任何人相对而言都有机会。这个制度是解决与道德领域有关的问题，而不保证任何学生在完全意义上的个人道德性的全面实现，如果把后者当成了先决与约束条件，就等于放弃了依赖于实践基础之上的道德建构理论，由此所见到的只能是道德学说的教条与内容而不是建构本身，"道德储蓄"也会驶离它设定的航向。"道德储蓄"可以培养人的道德习性，促使人们在实践中获取道德判断，但是这种获取与积累只是在一个合理的框架之内才会有效，才会具有真理性。"从道德上讲，任何道

德原则都要求社会本身尊重个人的自律与自由。"① 作为一个制度中介，"道德储蓄"正好做到了这点。

作为对空泛说教模式的纠正，"道德储蓄"具有明显的针对性与实践性，它把大学生道德建构明确在一个公开透明的操作程序之内，而不是像目前有的学者的新版理论说教，理论讲了一大串，实质还是传统灌输的翻版，凸显了理论落后于实际，思维跟不上时代的无力与无奈。

道德之于学生，每天都在发生。学生就生活在道德之中。这种道德规范大多数情况下是"已有"，而"道德储蓄"的目标是培养大学生的道德"应有"。"已有"的可能是旧道德、非道德与伪道德，也有可能是新道德、真道德与美道德。"应有"的道德则是社会主义的核心价值体系，"道德储蓄"就是要把学生的"已有"变成"应有"，去伪存真。而这一切的工作不是发生于霸道的说教之中，而是发生于学生的生活之中，实践之中，储蓄之中。笔者认为，新的道德规范与行为方式如果不经过生活的体验，不通过学生主体的实践认知与认同就会没有生命力。只有在实践与生活中，人才会发现道德的价值与珍贵，才会懂得自尊与尊重他人。

"道德储蓄"就是这样一个过程，并且是这样一个永不间断的过程。它时时发生于个体之中。每一个学生都会用"储蓄"这种累积的方式自觉不自觉地进行道德人格的塑造。这种塑造发生于学生的学习之中，交友之中，生活之中，以及服务社会之中。在这样一个多种学习与实践途径中，完成他的道德人格塑造。杜威说："从做中学，要比从听中学更是一种较好的方法。"② 马克思主义实践观告诉我们，德性不是像笛卡尔所说的那样是神的注入，与生俱来，也不是先验固有，像洛克所说的可以靠灌输获取。德性从实践中

---

① [美] 威廉·K.弗兰克纳：《善的求索：道德哲学导论》，辽宁人民出版社 1987 年版，第 138 页。

② [美] 杜威：《学校与社会：明日之学校》，赵祥麟等译，人民教育出版社 1994 年版，第 286 页。

来，实践，认识，再实践，再认识，如此循环往复以至无穷。

这样一种实践彰显着大学生的个性特征，增强了彼此之间的交流互动，从而使道德建设具有大学生"群文化"的特征。

"道德储蓄"不是为了交易。"储蓄"首先是个人行为的累积，个人在行为时，必然与所处的环境与关系发生联系。行为一旦产生，道德意向就产生了外化，当这种行为发生在相对稳定的场域之内时，势必会出现种种行为置换。这种行为置换如果用经济学生的交易解释显然不合逻辑，把之等同于计价买卖更是可笑。

学校使大学生集合成群。按照马克思主义的观点，这是一个"自由联合体"，"各个人在自己的联系中并通过这种联系获得自由"。[1] 大学生"道德储蓄"主要发生于这个群体之中，四年时间，一千四百多个日日夜夜。大学生总是用不同的方式表达自己的道德诉求，彰显自己的道德个性，并以此来完成自己的道德积累。而这一点又是正当的与可以理解的。马克思说："任何人如果不同时为了自己的某种需要和为了这种需要器官而做事，他就什么也不能做。"[2] 每一次行为，就是一次积累，就是一种生活。在这种积累与生活中，个体表达了自己的诉求、情感、需要。他所有的行为、举止、言论、意图既获得了一次主观体验，又获得了客观的反响。虽然这个行为由于主体在认知上的局限可能与客观的道德规范有差距。但这并不妨碍个体对道德真实性的体验与效果。不妨碍个体的一个向善追求，不影响个体的道德升华。

"道德储蓄"就是把存在于个体之中的并非完美但又符合道德要求的真实性行为记录下来。这种记录当然不是计价买卖，一方面，它是个体"道德储蓄"的一种制度延伸（这种制度认可与延伸在客观上放大了个体道德储蓄行为的效用）；另一方面，又促进着个体间的这种行动互动。记录的过程就是个体互动的过程。长期的

---

① 《马克思恩格斯全集》第3卷，人民出版社1960年版，第85页。

② 《马克思恩格斯全集》第3卷，人民出版社1960年版，第280页。

互动逐渐培养起大学生道德"类"的特征，从而使大学生道德具有"类""群"文化的特点。

需要说明的是，"道德储蓄"可能会产生"道德富翁"，但它不是"道德银行"的主旨要求，从理论上讲，市场经济不可能使每一个人都成为富翁，道德也是如此。况且，道德的春天不是一花独放，而是百花争艳。所以，"道德储蓄"的主旨在于培养学生"人人为我，我为人人"的道德观念。观念的传播比把一个人培养成某方面的富翁更重要。这种观念一旦为大学生所接受，将会变成他们的一种生活态度，将会使大学生的道德建构常态化、生活化。在"道德银行"里，任何人都可以"道德储蓄"。"道德储蓄"的原则与标准对任何人都是公平的，透明的，一样的。大学生行为的道德评价可以通过这个制度中介得以实现。在"道德银行"里，由于主客观的不同，某个人或一部分人，可能在道德建构方面高人一筹，但"道德储蓄"这个中介不会因此而保证所有的人都会胜人一筹。"道德储蓄"的意义在于它的实践性，没有实践，就会没有生活，没有选择，没有判断。"道德储蓄"也会变成"空中楼阁"，所以它立起的是一个标准，而不是为了制造新的一种道德手段。

三、"道德收支"是促进大学生道德修养的有效途径

从一般意义上讲，收支是指财物的收入与支出。宋苏辙等《元祐会记录》叙："凡计会之实，取元丰之八年而其别有五：一曰收支，二曰民赋，三曰深入，四曰储运，五曰经费。"

人活在世上，总是在做事，这种做事就是投资，就会有收支。盛洪在《道德功利及其他》中写道："做好事就是在投资，做坏事就是在欠账，投资就有回报，欠账总要偿还，如果把这样的认识加到当事人的成本收益分析中，看来不平衡的资产负债表就会被做平。"①

---

① 盛洪：《道德功利及其他》，《读书》1998 年第 7 期。

这是什么意思呢？笔者认为，在阶级社会人的行为都被一定的道德观所制约，行为一旦发生，就会有得有失，有收有支。它自人类从野蛮走入文明的那一刻起就存在着。当人的行为作用于对象的时候，人就在进行道德的行为，符合规范的就是道德的，否则则是不道德与非道德的，而人只要在行动，这个行动本身就是一种付出，付出的行动当然会产生一定的效果。利还是不利，善或者恶，这样一些客观影响与评价便会随之而来。在这种情况下，对道德主体来讲，相应的道德行为会对他本身产生反映。一般来说，主体的道德行为总是主体道德意向的表达与目的，当两者达到一致时，主体便在道德情感与观念上获得了一种满足，而当行为对象也同样表达这样一种满足情绪时，道德主体便在情感上获得了一次愉悦，观念认识上得到了一次提升。他在支出行为的同时，收获的是灵魂的洗礼。

因此，笔者认为，道德收支全然不同于财物上的收入与支出。它的意义是多重的，需要我们从人类学、心理学、伦理学、社会学、政治学等多种学科上去认识、梳理与研究。道德上的收与支是相互依存、互为前提的关系。在很多情况下，对道德主体而言，很难判定某种道德行为是收还是支。

"道德储蓄"涵盖了这种道德收支。换句话讲就是说，当代大学生进行"道德储蓄"行为时，大学生也在情感、思维与行为方式上经历与体验着这样一个过程。当然，对每一个人而言，他们的体验程度是不一致的。人的一生，不是收就是支，不是得就是失。这样一个极为重要的道德命题、哲学命题在饶舌者那里可以讲得头头是道，但听者却是极度的乏味，因为大道理谁都明白，特别是在信息网络时代，学生获取的信息知识不一定比教师少。因此，重要的是体验与实践而不是传授与灌输。

"道德银行"把这种"道德收支"体验贯穿于实践之中，这对大学生道德习性的养成是必要的。传统德育陷入了一个误区，"注重与说教或抓典型，树模范，大张旗鼓地搞宣传的方式进行品德教育",而忽略了从点滴之中,从日常生活当中,从实践当中培养人的道德习性。熊十力说,本性人人相同,习性各个不同。习性是什么呢?法国学者布迪厄认为,习性就是借过去的经验铭写于身体以使实践认知活动得以进行的一种感知、判断与行动系统。笔者认为,习性会表达个人的一种性情倾向。大学生道德建构中,习性总是在其中起着一定的作用。道德建构就是要使这种习性更加理性与合乎规范,并最终使习性转化为习惯,"固化"在大学生的头脑中,成为学生的道德本性。而要养成这种习性,完成从习性到本性的转变,光靠树立典型、模范显然是不行的。习性人人不同,只有不同习性的人依据自己的习性体验获得的认知才是真实有效的认知,才是真实有效的养成。"榜样"教育理论的错误在于抹杀了人的这种习性的差异性,忽略了这样一个极为重要的客观前提而把对人的教育统一于一个模式之内,用过分专一的手段固化道德标准与要求,结果适得其反,真正导致了伪善的滥觞。

"道德储蓄"把"道德收支"体验贯穿于实践之中。这对大学生来讲又是可行与有效的。

道德教育是一种素质教育,所有的道德要素只有学生内化为自己的东西之后,道德教育才是有效的。学生对道德的认知一般经历"知道层次"(懂得应该怎样去做);"理解层次"(明白这样做的道理);"认同层次"(由被动转为自觉)。在认知的基础上经过反复的心理体验与情感暗示,激发内在需要的升华,发展成精神上的道德需要,产生对道德的追求,如此反复,形成一定的道德信念、规范、准则,实现了内化。

大学生要实现这种内化,必须依赖于实践。"道德银行"提供了这样一个实践平台。这个平台对大学生来说,是有价值与重要的。

一般来讲,实践是个人的行为,以实践主体的意志为出发点,不受其他因素的制约。但是个体实践总是有局限的,特别是在进行道德建构时,每一个个体都有表达自身"知""情""意"的主观诉求。个体既是主体又是客体，既作用于对象，同时又可能被对象所作用。个体表达了主观诉求，但是他并不知道（尽管他不一定需要知道）这种主观诉求在对象上的反映及其程度。各个个体之间由此所获取的情感体验及其信息等，在这些方面，个体的实践都存在局限。"道德银行"则完成了这种平和链接，使每一个个体都能克服个体实践所带来的局限，实现了良性互动。

尽管道德修养与习性因人而异，主要由个人来实践与完成，但是这种实践也不是无条件的，它总是在一定环境与制度下的实践。没有合理的制度保障与制度认同，个体的实践也会事倍功半，一事无成。

"道德银行"对学生的道德实践进行了制度认同。这不仅仅是一种教育方式的改变，更是一种道德情感的认知与体验。怎样建构学生道德？答案只能在学生中，一切以学生为本，执着于此善意，放心于此善心。这种认同，又实现了一种跨越。它把零散的、个体的学生个体实践集合于一个系统之内，使学生在这个系统之内表达道德诉求，实现良性互动。学生的习性千差万别，学生的思想广阔无边，学生的道德行为也无处不在。"道德储蓄"把这种千差万别的行为思想显现在制度之上，使得大学生道德建构显性化，行有始末，事有终始。据此学生可以深化自己的内省，做到每日三省吾身，在实践中修身养性，不断提高自己的道德素养。

第二节 "道德贷款"——持续道德行为

道德贷款是借助银行贷款的运行机理，将道德行为转化成一定的"道德币"来进行的，他要以道德储蓄为基础，一旦道德贷款成功就要通过道德储蓄来偿还，通过道德贷款和还贷，使得"我为人人，人人为我"成为现实。

一、"道德贷款"的含义

"贷款"是一个经济学名词。广义的贷款是贷款、贴现、透支等出贷资金的总称。狭义的是指银行或其他金融机构按一定利率和必须归还等条件借出货币资金的一种信用活动形式。"道德贷款"则是具有伦理学意义，是借贷名义下的持续道德行为。原则上它是对道德奉献的一种回报，是"我为人人，人人为我"的一种表现形式，是道德奉献的一种回报。

"道德"能不能进行"借贷"？这是道义派学者心中最大的疑问，挥之不去。在他们看来，道德是发自内心的，也是无须回报的。罗明星认为"物质性的道德回报可能带来道德高尚性的销蚀，精神性的道德回报则可能引申出道德的无能与虚伪"。[1] 从这一前提出发，夏学銮认为，道德借贷"这种以问题为本而不是以价值为主的操作模式，必然会使'道德银行'自发地偏向以物为本的银行法则，而偏离以人为本的道德方向"。[2]

强调道德内容的道义性并不是上述两位学者的专利。在西方伦理学史上，康德就是最著名的道义论者。他认为道德行为有价值，"只是在于行为由以发生的立志作用所依据的原则，与欲望的对象无关"。[3] 但是，这样一种观点早已被马克思所批判。马克思说："思想一旦离开利益，就一定会使自己出丑。"[4]"人们只有为同代人的完美，为他们的幸福而工作，才能使自己达到完美。"[5]

因此，笔者认为，尽管道德奉献与道德义务不以获取权利而存在，不是获取权利为目的的工具，但是不能由此将它理解为道德奉献与道德义务可以脱离权利与回报而独立存在，更不能由此得出两者互相分离的结论。"贷款"就是一种道德权利，尽管它不能成

---

① 罗明星：《道德回报的伦理质疑》，《江汉论坛》2009年第10期。
② 夏学銮：《"道德银行"的是是非非》，《社区》2004年第3期。
③ ［德］康德：《道德形而上学探本》，商务印书馆1996年版，第15页。
④ 《马克思恩格斯全集》第2卷，人民出版社1957年版，第103页。
⑤ 《马克思恩格斯全集》第40卷，人民出版社1957年版，第7页。

为学生道德活动的首要直接动机，不能作为履行道德义务的条件，但作为一种客观存在，它是与道德义务密不可分的。"道德贷款"的合理性在于规定了存在于学生个体之间的互为义务关系的施受关系。这种关系的确立使计划经济体制之下淹没于所谓"社会整体利益"之下的个人利益得以重见天日，打破了传统道德思维之下整体利益、集体利益一统天下的局面，回应了不同语境之下不同人群的合理的道德诉求。因此，以纯经济学解释"道德贷款"，要么就是一种误解，要么就是一种歪曲。

"道德贷款"预设了一种特殊的权利与义务的关系，以及这种关系的互动形式，在道德生活与建构中，主客体是相对地都处在一定的相互关系之中。"道德贷款"提供了一个调整机制与手段，促使主客体的互利互动，实现个体功利与整体功利的和谐统一。作为一个道德教育的载体，它具有实践性、中介性与方向性三个基本特点：

"道德贷款"的实践性表现在它是在长期的道德实践中产生的，不是人们凭空想象的产物。它是"道德银行"体系中一个层次性的实践归纳与总结。反过来，又将指导大学生的道德建构，直接影响大学生的实践及其效果。从概念上讲，它是主观与客观的统一，属于认识论、方法论范畴。从内容的规定性上讲，理论来源于实践而又指导实践。运用得好，可以推进"道德银行"向前发展，事半功倍。

"道德贷款"的中介性表现在它具有联系主体与客体、主观与客观、内容与形式、内化与外化的特性。

"道德贷款"联系着道德实践中的主体与客体。这些主体与客体都是人，都具有鲜活的思想、个性与生命，都有表达自己道德的诉求与愿望。"道德贷款"为主客体表达他们的诉求提供了平台与阵地。"道德贷款"联系着主观与客观，在借贷过程中，"道德贷款"既有可能被主体所选择，又有可能被客体所选择，表现出一定的主观色彩与形成一定的客观影响。通过"道德贷款"，大学生道德建构可以实现由虚到实，由主观到客观的转变。这种转变是一种内容与形式上的转变，体现着"道德贷款"本身具有的使用价值。学生通过对"道德贷款"的使用，逐渐实现自己的道德价值建构，使道德教育实现从内化到外化的转变。

"道德贷款"的方向性表现在它的时代指向性。

道德是有时代性的，道德建构的方式也是有时代性的。道德建构方式代表与反映着不同时代的思想感情、愿望意志与经济利益，深深地打上了时代的烙印。现代社会，经济全球化凸显，文化多元，价值多元。一元化时代早已成为历史的记忆。如何进行市场经济背景下的大学生道德建设，其中最主要的一点就是必须回应市场这样一个基本前提。对此高建生认为："市场经济的发展使道德建设正在飞速经历深刻的变革，道德规范、原则、要求以及道德解说被充实完善者有之，吸纳补充者有之，更新替代者有之，摒弃不用者也有之。而大多数社会成员在这过程中是如何判断并选择个人的道德规范呢？这是固然有社会宣传舆论引导的因素，但更为重要的还在于，他们总会自觉或不自觉地从不同道德行为产生的不同事实结果中，悄然确定自己的道德规范。""道德借贷"回应了这种市场诉求，它把问题的解决留给借贷者，由借贷者本人在实践中体验认知，这种"借贷"虽然有前提与"成本"，但从它的运行理念与过程来看，笔者闻不到一点商业化的气息。在这个过程中，它接收着学生的分析与审视，而不是政策的审视（在夏学銮的理论中，政策允许与否，成为评判"道德银行"的首要前提，很显然，这种前提与预设是错误的。政策是国家行政权力意志的体现，这种意志只是对已出现的事物进行"应该如何"的评判，而对尚未出现或将要出现的事物则无法进行，而且用行政权力对意识形态进行预设性干扰与评判，是专制主义在文化领域的一种表现形态，历史的惨痛教训令我们至今记忆犹新了）。"道德贷款"的实质是以德换德，道德物与道德币都是这种德德相报的形式。它不是以德换物或者以物换德。道德从来都是有回报的，即使是一种精神层面的东西，也是一种回报。"道德贷款"使这种奉献与回报，义务与权力形成了互动，形成了机制。笔者认为，它是教育培养大学生道德素质的有效途径。"道德银行"切实奖励德行义举与奉献者，提供为现实生活当中确实需要被人帮助的服务平台，并凭借这些外在的机制，强化大学生的道德动机，激发大学生的道德行为，使奉献者、有德者得到回报，在客观上使奉献者的道德权利得到兑现，由此产生出更为强大的凝聚力、号召力。

同时，总起来看，道德是围绕关系展开的，人是社会关系的总和，是利益关系的总和。因而道德从根本上讲是讲功利的。"道德贷款"就是这种关系的一种展开形式，不论批评者与反对者有多么的深恶痛绝，都不能回避这个基本的事实，这诚如有的学者所说的那样："受恩必报，既是人类在长期实践中总结的积极道德劝诫。也是道德公正或社会公正的必然要求。"[①]

二、"道德贷款"使大学生道德诚信显性化

诚信缺失是当今社会道德的一个致命伤。例如假政绩、假文凭、假学历、假冒伪劣产品等都是诚信问题。人无信而不立。几千年前，孔子早就说过："人而无信不知其可。"诚信是立业立国之本，也是"道德银行"的立行之本。

诚信缺失也是大学生道德建设中的一个重要问题，其表现形式也多种多样。导致这个问题产生的一个重要原因在于道德教育方式的脱位与错位，无法使道德教育变成学生的自觉行动。诚信包含着三重含义：诚实无欺；互相信任；信守承诺。诚信缺失导致社会对大学生的信任度降低，诚信缺失导致大学生之间的互不信任，由此而产生的后果不堪设想。因此，收获诚信是当今大学生道德建构当中的一项重要内容。

---

① 易钢：《道德回报理论初探》，《华南农业大学学报》(社会科学版) 2004 年第 4 期。

与此同时，笔者也反对把大学生道德诚信说得一无是处、问题成堆。例如有学者就认为，当代大学生道德养成中问题成堆，"个人意识浓厚，社会责任缺乏；功利意识泛化，价值取向扭曲；个人追求强烈，理想信念模糊；参与意识强，自律精神差；社会公德淡化，诚信意识欠缺；道德知行脱节"① 等。当代大学生道德如果真的如此君所说，那就是整个中国教育的失败。笔者认为，当代大学生的道德主流是好的、健康的。具有向善性、开放性、多层性的特点。向善是大学生道德的主流。道德教育与建构就是要发展与巩固这种向善性。承认与肯定这一点是进行道德建构的基本前提，教育的伦理本性不能游离人的伦理本性。个体的善外化与扩展了，就形成了公共的善。开放性是时代赋予大学生的道德特点，这种开放，实际表明大学生始终与社会的进步和发展同步同一。多层性则是全球化催生的结果，表明大学生在追求同一时无时无刻不彰显着自己的个性特点。

另外，"道德贷款"还是在这样一个基本认识的前提下展开的：大学生诚信有问题，但是可期可建。而要进行建构，则必须使建构方式适应与符合大学生道德学习与建构的特征。笔者认为，"道德贷款"适应与符合了这种基本要求：首先，它实现了受动与主动的有机统一，"道德贷款"以目的性推动受动对象的主动意识，使受动对象"懂得怎样处处都把内在的尺度运用到对象上去"。② 通过外部引导，推动道德主体对道德规范的反射接纳，并在这样一个反复实践中实现自我超越；其次，它实现了规范性与愉悦性的统一。诚信是对规范的理解与吸收，但是它的旨趣在于让道德主体在道德诚信的庇护下，更加幸福与快乐。费尔巴哈说："一切的追求，至少一切健全的追求都是对于幸福的追求。"③ "道德贷款"使贷款者得

---

① 罗松远：《当代社会大学生道德养成中存在的问题、成因及对策》，《华北水利水电学院学报》2010 年第 3 期。
② 《马克思恩格斯全集》第 42 卷，人民出版社 1979 年版，第 97 页。
③ ［德］费尔巴哈：《费尔巴哈哲学著作选》，商务印书馆 1984 年版，第 543 页。

到了一次幸福的体验，体验到了一次受惠时的精神愉悦，这种愉悦就是一种美好道德情感、智慧与高尚道德行为带给受动者的一次道德体认与教育。受动者体验到了一次结果的愉悦，这种结果愉悦促使他更加深刻地体悟、认同与认知道德带给他的幸福感受，并由此成为他进行道德建构的推动力，在他的道德践行中体验这一种过程的愉悦。

由于"道德贷款"具有这两个基本特点，满足了大学生道德建构的基本条件，因此它能够实现大学生道德践行的良性互动，收到增加大学生道德公共意识，参与意识与回报意识的效果，从而实现道德诚信的显性化。

在这里，笔者所讲的道德公共意识并不完全是公德意识。公德是道德规范中的最低层次，是对公共秩序的维护，表达的是人与环境的关系。笔者所指的公共意识是指"道德贷款"背景下道德个体对"道德贷款"共享共有与共建意识。在这样一个语境里，"道德贷款"既是一种认知，也是一种责任，进行"道德贷款"就是表达这种认知与责任。因此，这样一个过程既是一种结果与过程的享受，也是一种诚信的宣示。"道德贷款"提供了这样一个诚信宣示的平台，一个诚信欠缺或缺失的人能够在这个平台里生存多久呢？换一个角度，即便他善于表达伪善，能够生存下来，这种生存也无非表达了这两种含义："道德贷款"使伪善的人不得不表现善；道德贷款惠及每一个学生，包括那些看上去品行不端的人。"有教无类""仁者爱人"。

伪善可能会在"道德贷款"中出现，如果出现这种情况，那也是"道德贷款"的基本精神在发酵。诚信本来存在于每一个人的心里，但是一经发酵，道德的是否诚信就会在公共的平台上显现。诚信建构本来就是一个问题建构，出现问题、解决问题是基本的出发点与归宿。没有表现就不会发现问题，由此而产生的绩效就会有水分。"道德贷款"实际上就是这样一种建构承诺，承诺一旦发生，就是"道德银行"与个体所处的关系环境产生了不成文的契约关系。在"道德贷款"下，行为人必然会相应调整自己的社会行为，降低他原来的道德实践中的不确定性与非对称性，按照这种不成文的承诺契约去行事，去完成他的承诺，履行他的契约。在这里，伪善者的困境在于他必须对此作出相应的反映，而只要他作出了反映，就必定是"道德贷款"对他的感动。这种感动发生在"向善"的语境中，毕竟使他的灵魂受到了一次影响，而他据此作出的回报，就是一个"向善"的回报。长此以往，其人可善否？可善则"道德银行"功莫大焉。

诚信的显现必须要有个体的参与，而不是自我封闭、自我欣赏、自我咀嚼。参与就是实践，通过实践表现个体的道德适应能力与创造力，检验个体自己的道德品质，"道德贷款"预设了这样一种情感实践平台：通过"道德贷款"使大学生参与行善。休谟说："道德的区别是由道德感得来的。"[①] 班华认为："在人的道德品质形成过程中，道德情感是道德认识转化为道德行为的中介和催化剂。"[②] 为此，卢梭提出了"爱"的教育，弗洛姆提出"爱的能力"教育，马斯洛提出"自我实现"理论，诺丁斯主张"体谅关心"。凡此种种，都是强调情感对人道德形成的独特作用。

笔者认为，"道德贷款"其实也是这样一种爱的教育，它表达的是一种"多同情别人和少同情自己的感情"[③]，这种情感会在实践中表达与被体验。而当个体把这种情感适时表达出来的时候，他的诚信也就得到了一次表达与被体验。

在道德回报问题上，学术界历来有针锋相对的两种观点。在"道德贷款"中，道德回报是"道德贷款"的最明显的表现方式。回报是合理的，也是必需的、有意义的。回报是道德秩序建构的基石之一，它使向善与行善得到了一个公正的社会回应。回报也是一

---

① ［英］休谟：《人性论》下册，商务印书馆1980年版，第510页。

② 班华：《现代教育论》第2版，安徽人民出版社2001年版，第244页。

③ ［英］亚当·斯密：《道德情操论》，蒋自强等译，商务印书馆1997年版，第25页。

种道德智商，在行善积德与缺德作恶之间，一般来说，你选择什么就会回报什么，社会得到什么就会回报什么。因此一个公正的合理的社会道德智商对于维系社会的道德规范尤其重要。"道德贷款"既在价值观上作了规定，也在回报形式上作了回应，道德智商得到了发挥。"贷"就是一种承诺，意味着必须回报，而一旦实施了回报，个体的诚信就会彰显无遗。

三、"道德借贷还贷"是道德实践的有效途径

道德是学生生命的花朵。道德产生的目的是为了让人们更好地生活。从哪里体验到一种快乐、幸福与一种精神上的享受呢？"道德借贷还贷"提供了一条有效的途径。在"道德银行"中，"贷"与"还"都是一种实践行为，是一种道德践行，对个体来讲，"贷"与"还"是道德主体一次完全意义上的道德践行，表明道德主体既获得了受助的感受，也得到了一次助人的体验。"受恩有报"的道德要求得到了认可与实现。因而"贷""还"行为的良性互动对于发展、持续大学生的道德行为是有意义的。这种意义具有两层含义：持续发展的普遍意义。人类历史是一部向前发展的历史，一切行为因素都具有发展的普遍意义，道德也不例外；"贷""还"理念具有特殊的意义，长此以来，道德被视为固定的社会规范，过分强调道德的强制性与权威性，而忽视了它的互动功能，忽略了认识一个实在的感性的存在物，它需要时时改变自己已有的规定性。马克思说："人不是在某一种规定性上再生产自己，而是生产出他的全面性，不是力求停留在某种已经变成的东西上，而是处在变易的绝对运动之中。"① 夏甄陶先生指出："人是这样一种存在物，他不会停留在某种已有的存在状况，也不会满足于已有的规定性。他总是力求创造自己的新的存在状况，力求生产自己新的规定性。"② "道德

---

① 《马克思恩格斯全集》第 40 卷，人民出版社 1979 年版，第 486 页。

② 夏甄陶：《人：关系、活动、发展》，《哲学研究》1997 年第 10 期。

借贷还贷"就这样满足了人要求不断改变自我的这种规定性。"贷"
就是一种发展。两者的互动就表明道德主体要求改变原有道德的某
种规定性而获取一种新的道德体验以便主体更好存在的愿望。

更为重要的是，人不可能在一个人的世界里获得道德体验与
持续道德行为，他的体验与行动必须发生在社会之中。笔者认为，
"道德借贷还贷"对于发展他的这种功能是有帮助的。梁启超说：
"道德之目的不外下述二者：（一）发展个性。（二）发展群性……
人生在世界上能够生存，不光是恃着个人，尤贵在人与人的关
系。"①"道德借贷还贷"满足了个体参与社会实践的需要，实现了
个体与社会关系的链接。"贷"使个体获得诸如向善、仁慈、公正、
勇敢等有益于他个人的内心情感倾向。"还"则使这种倾向表达为
行为，表现为善待他人，帮助他人，给予他人幸福，由此而产生一
种内心的愉悦。长此以往，在这种规范的作用之下，道德个体必定
产生一种心灵的归属感，从而使大学生个体的生活处在一个适宜的
道德环境中，建构他们的道德。

从建构理论来讲，"道德借贷还贷"是作为"道德银行"中的
一个理论支点而与其他支点理论平行存在着的，其他支点理论是
"道德借贷还贷"的理论诱因，"道德借贷还贷"是其他支点理论的
发展结果。英国经济学家罗宾逊夫人曾说过："任何一个经济制度
都需要一套规则，需要一种意识形态来为它们辩护，并且需要一种
个人的良知促使他努力去实践它们。"② 这也就是说，"贷""还"理
论为学生持续的道德行为提供了必要的理论支撑与保障，也说明了
它对学生道德行为的能动作用。因此，如果我们剥离了"道德借贷
还贷"的价值理性，"道德银行"的工具理论将变得毫无意义。

康德认为，"道德教育是那种把人塑造成生活中的自由行为者

---

① 梁启超：《教育应有的道德公准》，《梁启超哲学思想论文选》，北京大学出版社
1984 年版，第 417 页。
② ［英］罗宾逊夫人：《经济哲学》，《伦理学问题译丛》，商务印书馆 1963 年版，
第 144 页。

的教育,这是一种导向人格性的教育,是自由行为者的教育"。① 而中国以往的教育则恰恰在这里出现了问题,道德教育成为空洞、抽象的行为戒律,写在纸上,挂在嘴里,难入心里。"贷""还"理论对之实现了一种转变,它关注的是道德主体的自我塑造与自主选择,是道德主体在一定价值观的作用下,个体自身积极地、能动地、创造性地处理同外部世界的关系,积极地、能动地体验道德的崇高,完成自我塑造,帮助大学生实现道德从"实然"到"应然"的飞跃,在不断地持续道德行为的同时,实现自我超越。这正像爱尔维修描述的那样:"人生下来既不善也不恶;他的幸福并非与别人的灾难必然相联系;而正好相反,在一切健全的教育中,我自己的幸福的观念,将永远或多或少地在我的记忆中与我的同胞们的幸福密切联系;对于一种幸福的要求,将在我身上产生出对于另一种幸福的要求。"②

第三节 "道德奖励"——激发道德追求

道德奖励是对激励客体的需要、行为所作的肯定和表扬,使其更坚定地沿着正确方向前进。大学生"道德银行"要从正面激发大学生道德追求就离不开道德奖励,道德奖励是激发大学生道德追求的主要动力,道德奖励使大学生"道德回报"人性化。

一、"道德奖励"的含义

关于道德奖励,笔者认为,有两层含义,一是有没有道德奖励,这是一个历史与现实的问题;二是应不应该实行道德奖励,这是一个经济学与哲学的命题,由这样一个命题又衍生出一个新命

---

① [德] 康德:《论教育学》,上海人民出版社 2005 年版,第 15 页。

② 周辅成:《西方伦理学名著选辑》,商务印书馆 1987 年版,第 64 页。

题：以什么样的方式与形式进行道德奖励。

"在管理心理学中，奖励是对人的某种行为给予肯定与表扬，使人保持这种行为。"① 它的近义词是奖赏，反义词是惩罚。"道德奖励"是对道德行为的一种正面评价与指定。

有这么一个故事，说的是，春秋时期，鲁国制定了一条法律，奖励与赔偿那些赎奴回鲁的鲁国人，很多流落他乡的鲁国人因此获救，重返故国。该法执行了很多年，但被孔子的学生子贡破坏了。子贡是有钱的商人，也从国外赎回了很多鲁国人，但他拒绝国家奖励。孔子说，子贡的行为，固然让他得到了更高的赞扬，但也同时拔高了大家对"义"的需求。从此以后，那些赎人而又向国家要钱的人可能会被国人耻笑。子贡的行为人为拉开了"义"与"利"的关系，所以他做的不但不是善事，反倒是最可恶的恶行。

这一个故事说明，道德奖励在古代就已存在，又说明，如果超越了一定的界限，道德的真理性也就会随之失去：道德的善恶界限也只是相对的，有些看上去十分道德的东西与行为，实际上隐含着十分反道德的因素。

道德奖励在现实生活中也是存在的。奖励是对一种道德行为的特殊评价，它依据最为一般的道德规范与标准进行判断，这种判断性奖励又强化了相应道德标准的影响与作用。例如，内蒙古呼伦贝尔出台了相关的规定，明确奖励道德模范与楷模。深圳市曾对两位因救人于危难的中学生进行重奖。当然，这样的例子不胜枚举，几乎可以说，自从人类进入文明社会以来，道德奖励就一直随着历史的发展而发展，这种历史恰恰说明了道德奖励的必要性与合理性。道德对于个人来讲，虽然内修于心，但对于社会来讲，它不是空洞的，奖励是对规则的一种肯定，是为了道德的重振，因此任何一种高于或低于一定道德规则的要求与行为都是对这个规则与标准的伤害，并最终伤害社会道德。

---

① 《百度百科·奖励》，见 http://baike.baidu.com/view/755581.htm。

重建或者重振道德如果脱离了奖励，将会同时走入这两个理论的死胡同：当不需要奖励就可以进行道德重建时，也就表明这个社会已经不需要所谓的道德重建或重振，已经实现了道德共产主义。这样一种思维，就目前而言，只能是"道德桃花源"式的幻想；现实是历史的继承，人类历史进行道德建构时所采用的道德奖励如果现在突然消失与断裂，那么，这种消失如果不是出于无知，就是一种鲁莽。

道德的道德性不仅不排斥道德奖励，相反，道德奖励是道德性中的一个十分重要的内容。道德奖励的意义在于选择了一个最佳的时机与目标进行道德教育。毛泽东曾说过，榜样的力量是无穷的。"许多国家对于道德的激励的确采用了一些有形的奖励方式。比如不少外国大学明确规定对于积极参与志愿服务的高中生入学申请予以优惠，有的则为志愿服务提供一定的便利条件。……即使对于公务员，如果服务时间较长又有良好的操守和杰出贡献，外国往往也要给予奖励，包括授勋，颁发总统奖等多种形式。"①

道德奖励对于未成年人的道德建设尤其重要。从世界观的形成角度上看，大学生属于未成年人。大学四年，大学生在学知识的同时，无疑也在进行道德建设，在这样一个建设中，他有一个基本的价值观定位，至少要回答两个问题：第一，我是谁，这是一个社会角色的定位；第二个，我到底要什么？变成一个什么样的人？为了回答这两个问题，他总是自觉与不自觉地进行道德建构，道德奖励就是适时地对他的这种道德建构进行正面引导，使他的这种道德建构不至于脱离主流道德文化。这种激励一旦作用于个体，就会产生一种情感注入，从而使个体产生一种归属感、荣誉感与责任感。

反对道德奖励的人们认为："道德是纯粹的东西，真正的道德是高尚的外在，而不应与金钱有任何丝丝缕缕上的牵连，用金钱作铺垫的道德毫无温情，必定缺乏正义的掌声。必须承认用证书、金

---

① 王振耀：《道德激励的方式需要现代化》，《人民日报》2010年9月2日。

钱、名誉来弘扬道德是下下策。"① 马明达明确表示:"道德不应被奖励,否则就会容易出现'伪君子'。"②"把道德和金钱联系起来,本身就是对道德矮化。"③

笔者认为,反对者的观点与担忧也不是没有道理的,有他们合理的成分。这种合理性在于,道德奖励是对行为的奖励,行为由人来实施与完成,而人的当前发展与他未来的发展存在着一种不确定性,未来的行为可能与当前的行为不一致或者相悖,这种情况一旦发生,就可能出现道德伪君子。但是,笔者认为,这种理论预设显然是错误的,道德奖励是对所有社会道德行为的有目的的价值奖励。即使有这种情况发生,也并不影响道德奖励作为一种管理制度的适用性、有效性,不能因噎废食,一叶障目。奖励矮化了道德,那么,道德的制高点在哪里呢?道德奖励里需要一个什么样的制高点才是可行的?这个制高点是在相应的道德规范之中还是这个规范与标准之上?如果把道德奖励的制高点定位在相应的道德规范之中,则这个制高点是道德的与具有真理性的,否则则是非道德的与荒谬的。密尔曾说过:"在一切道德问题上,我最后总是诉诸功利的。"④ 人与人是关系的总和,这种关系是权利与义务的关系,两者既对立又统一,对任何义务的废行,必然伴随着他人对权利的享受。道德奖励就是促使个人践行义务的一种规范,它鼓励更多的人拥有与它一致的追求(虽然这种鼓励不强求任何道德个体必须与它有一样的追求)。

笔者认为,这就是道德奖励的制高点,如果离开了这样一个制高点,则一切的道德奖励都是不道德的。弗兰克纳说:"不论要

---

① 张本强:《用金钱奖励道德是南辕北辙》,2011 年 1 月 14 日,见 http://focus.cnhubei.com/original/201101/t1589587.shtml?utm_source=twitterfeed&utm_medium=twitter。

② 《暨大教授马明达:道德不应被奖励,易出现伪君子》,2010 年 12 月 14 日,见 http://news.dayoo.com/guangzhou/201012/14/73437_14723952.htm。

③ 范正伟:《做好事"套现"不会让道德变质》,《京华时报》2010 年 9 月 2 日。

④ 范正伟:《做好事"套现"不会让道德变质》,《京华时报》2010 年 9 月 2 日。

对某事物是从总体上作好的评价，还是在任何其他一种意义上作出好的判断，我们必须首先确定它的内在价值是什么，它的后果的内在价值或者观赏它的经验的内在价值是什么，以及它对本质好的生活起多大的促进作用。"① 道德奖励的内在价值是什么呢？笔者认为，它当然是对相关道德规范的一种认可，这种认可通过道德行为得以实现，因为它是一种制度宣示与行为鼓励，所以它对道德的重振当然是有用的。

二、道德奖励使大学生"道德回报"人性化

弗洛伊德把人格划分为本我、自我和超我三个部分，本我是原始的，自我受现实原则的支配与控制，超我是人格道德的维护者。人进入社会以后便具有了这三重性，根据科尔伯格的理论，人的道德由前习俗性水平道德、习俗水平道德与后习俗性水平道德构成。三个部分表达了人道德的三种倾向，发生于每一个道德个体之中。这是一个道德认识从具体到抽象的过程，在这样一个过程之中，发挥道德奖励的评价功能是十分必要的。

道德奖励一方面是基于这样一种回报理论，另一方面，大学生道德实践也需要它的支撑。在杜威看来，"道德不是行为的目标，也不是像药方和食谱那样可以应用一套规则"②，因此"不可能有一种与刑罚相平行的奖赏体系。而且，只有当行动者没有预想到任何有规律的奖赏就采取了这种行为时，上述行为才会拥有充分的价值。使奖赏获得机制的，就是这种奖赏的不确定性和不明确性，就是从物质的角度来看奖赏的无意义性"。③

---

① ［美］弗兰克纳：《善的求索——道德哲学导论》，辽宁人民出版社 1987 年版，第 175 页。

② ［美］杜威：《我们怎样思维：经验与教育》，人民教育出版社 2005 年版，第 277 页。

③ ［美］杜威：《我们怎样思维：经验与教育》，人民教育出版社 2005 年版，第 277 页。

在笔者看来，杜威所说的不确定性与无意义性就是一种哲学意义上的"人性"。道德奖励是对道德行为的奖励，道德主体只是这种行为奖励的承受者。道德行为具有不确定性，因而也决定了道德奖励的不确定性。如果反过来，把道德奖励变成了对人的奖励，就会使这种奖励具备了明确的指向性与功利性，从而违背了道德奖励最初的指向，违背了道德奖励的扬善本性。

传统道德奖励正是在这一点上出现了重大偏差，把对行为的奖励变成对个人的奖励。在长官意志的操作之下，道德奖励变成了少数几个人的专利，久而久之，这种道德奖励积形成习，积习成性，积性成命。它播下了一种错误行为，收获了一种没有效果的命运，教训是深刻的。

因此，在新的环境之下，明确道德奖励是对行为的一种肯定至关重要。从某种意义上来说，它使道德奖励公开透明，使道德奖励回归理性。每一个道德个体只要他从事了道德行为，都有可能获得"道德奖励"，而不是像过去那样，这种具有同等价值的道德行为只是被看成一次向先进、模范学习的行动，只是一个开始，这样一些道德行为就在诸如此类的道德欺诈之下被轻而易举地否定。

大学生在校四年，他们在本性上是同一的。人性因物而迁，不学则舍君子而为小人。因此，每一个大学生都面临着道德建构的使命。从空间结构来看，包括他的行为、情感、精神、认知、目的、历史与未来等都需要进行审视与改造，道德奖励就是从正面引导这种审视与改造，使大学生播下一种符合道德规范的行为，收获一种符合标准的习惯，养成一种符合道德理性的性格。

学习因人而异，有快有慢。因此，道德奖励之于道德个体又是有差别的。但是，这种差异是道德个体的自然选择而不是道德奖励本身的主观故意。它体现的是一种个体人性上的差异。康德认为，道德行为的特征是主体的自由选择，亚里士多德说："合乎德性的行为并不因它们具有某种性质就是。而还必须满足一些条件，其中包括，他是经过选择而那样做，并且是因为那行为自身故而选择它的。"① 孟子说，人皆可以为尧舜。这是说，人都有价值自觉的能力。

当道德主体不断地作出道德行为时，其所获得的道德奖励不断增多也是理所应当的。它是道德功利的社会属性的反映，是道德回报的一种常态表现形式。它把对道德的奖励建立在对道德法则的敬重之上，"而不是建立在出于对这些行为会产生的东西的喜爱和好感的必然性上。对于人和一切被创造的理性存在者来说，道德的必然性都是强迫，即责任，而任何建立于其上的行为都必须被表现为义务，而不是被表现为已被我们自己所喜爱或可能被我们自己喜爱的做法"。②

道德奖励考虑道德动机，但更注重考察道德行为本身，侧重这个行为是否具有真善价值，是否含有道德责任。一般来说，道德行为会表现道德主体的品质状况，同时又具有相对性，一定条件下的道德行为在另一条件之下就会"失意"，因此，道德奖励也具有相对性与条件性。

当把道德奖励的这些实施原则及条件都充分考虑以后，我们说，道德奖励也恢复了它原有的基本属性，它是公开的，是对道德行为的奖励，表达的是对道德法则的敬重。尽管它会表现得千差万别，但它是道德个体道德行为千差万别的反映，因而它又是公允可信的。

道德奖励是对道德行为有条件的对号入座，从主观上说，它尽力做到严谨缜密，但由于人的动机无法把握，因而它难以保证所奖励的行为百分之百都是道德的。

在学生的道德践行中，这种情况极有可能出现，但是这并不影响道德奖励在道德回报中所起的作用与地位。即使是在与非道德行为发生关系中，道德奖励表达的也只是对道德规则的一种敬重。

道德奖励是多方面的。它既有可能是有形的，也有可能是无形的，既有可能是物质的，也有可能是精神层面的。在"道德银

---

① ［古希腊］亚里士多德：《尼各马可伦理学》，商务印书馆 2003 年版，第 40 页。
② ［德］康德：《实践理解性批判》，人民出版社 2003 年版，第 111 页。

行"里，道德奖励的不同之处在于它的及时性。

一般来说，道德行为的非主体性回报都是一种事后回报，具有不可预见性与非理性特征。在"道德银行"里，道德奖励使这种不对称性失去了意义。它的合理性在于，使奉献与回报归于同一，使大学生及时获得一种回报性的愉悦体验，及时向学生表达一种"尊重他人的人，应当受到他人的尊重；奉献社会的人，就会应当以一定的回赠补偿他的付出"[1] 的理念。

在大学生道德建构中，这种及时性的调整是合理的。因为，大学道德教育必然地要表达一种理念诉求，这种理念诉求不是大学道德教育自身的闭门造车，而是社会与时代特征的反映，大学道德教育如果死守道德回报的不对称性理念，那么，所有的大学道德教育既反映不了时代的特征，也顺应不了学生价值观发展的需要，大学生也体验不到一种建构过程的回报愉悦。这样的大学道德教育要么关门大吉，要么门可罗雀。因为过分强调道德的自律自省，忽略道德的社会属性，根本否定道德回报合理性的存在，其实质是道德虚无主义，人类几千年的历史表明，道德建构不可能由自律自省来完成，即使到了共产主义，这种情况也不大可能发生。

因此，"道德银行"中的道德奖励又是人性的。

三、道德奖励是激发大学生道德追求的主要动力

道义论坚持道德是出于个人的自觉自愿而不能由回报产生道德，完全否定回报在道德生成中的作用。"道德主体借助于对自然和社会规律的认识，借助于对现实生活条件的认识，自愿地认同社会道德规范，并结合个人的实际情况践行道德规范，从而把被动的服从变成主动的律己。"[2] 康德说："规律只有两种，或者是自然规律，或者

---

[1] 易钢：《道德回报理论初探》，《华南农业大学学报》2004 年第 4 期。

[2] 宋希仁：《"道德的基础是人类精神的自律"释义》，《道德与文明》2000 年第 3 期。

是自由规律。关于自然规律的学问称为物理学，关于自由规律的称为伦理学。"① 而康德所主张的道德，是一种自我的立法与选择。

笔者认为，这种理论的不足在于以部分代替了整体，把之用于培养大学生道德生成，显然也会犯同样的错误。大学生的道德建设，如果不谈道德奖励，不实行道德奖励，片面地强调所谓自律内省，实际就是一种道德虚伪。

如前所述，道德奖励是对道德行为的奖励，是对相关道德规范的一种肯定，在"道德银行"里，道德奖励又具有及时性的特点，它把道德利益上的时空错位相对地置换在同一时空状态之下，其目的是为了回应时代发展与公民道德建设的需要，让大学生体验到道德建构过程中的一种回报愉悦，直接推动大学生的道德建设。这种推动力作用主要表现在：第一，它推动了大学生道德行为的生成。道德是人生存的一种方式，作为一个个体的存在物，每个人都必须维持自己的生存与发展，这种存在与发展决定着人有需要与利益的二重性，作为一种社会存在物，人始终面对着这两种关系，进行调节并处理。这种调节与处理，一方面不断地使自己的需要与利益获得满足，另一方面这种满足也必须正面回应与之相对的社会道德秩序。个体的需要表现的是"应当"的价值内涵，道德秩序的规范表达的是"该不该"的价值作用。当人的这种行为能够满足秩序的需要时，秩序就会予以正面的肯定，个人的道德行为便会"获得公理的意义"。② 在这里，社会道德对个体道德行为的一种肯定就是一种奖励，因为它满足了道德个体不断增长的利益需要，肯定了个体在道德生成过程中合乎于道德秩序的个人利益诉求的正当性，这种满足也同时宣示着所谓的社会道德其实就是无数个体道德的关系总和，这种利益关系告诉人们，道德如果没有利益的支撑，就如同社会没有人的存在一样荒谬可笑。大学生的道德生成途径多种多

---

① [德]康德：《道德形而上学原理》，上海世纪出版集团 2005 年版，第 1 页。
② 《列宁全集》第 38 卷，人民出版社 1986 年版，第 123 页。

样，但道德奖励是其中最重要的动力。当大学生的道德由于个人的自律等而得到一种提升与飞跃时，这时的道德肯定与奖励无疑会极大地推动个体道德的向前发展，这时，如果放弃了道德奖励，就等于放弃了价值真理与道德原则，就会使大学生的道德陷入一种"修合无人见，存心有天知"的境地。其次，它推动了大学生道德行为的互动。道德行为发生于社会之中，一个人选择什么样的道德行为总是受着自身道德观念的影响，但是在一定的范围之内，一定群体会产生什么样的道德行为与互动却是一定的道德价值观起着规范的作用。社会互动理论认为，社会过程与群体的活动是以社会行动为基础的。当双方相互采取社会行动时就形成了社会互动。互动又称交往，发生于人与人、群与群、个人与群体之间，互动的形态多种多样，产生的结果也各不相同。大学生需要交往与互动，这是显而易见的，道德奖励作为激励机制，促使着这种互动良性发展，作为一种制度，为这种互动提供一种道德评价，为这种互动行为论证其伦理的合法性，并借此提升行为主体的价值追求，激活个体间的互动行为，使这种互动在一定程度与范围之内产生一种"道德共鸣"与"道德共振"，走向行为"共融"。最后，它推动了大学生道德行为的持续。建构大学生道德，目的在于培养大学生有良好的道德习性，这种习性的养成需要通过持续不断的道德行为的锻炼与实践才能实现，因此，道德建构还必须关注大学生道德行为的可持续发展，并为这种发展提供足够强大的推动力。人的道德都需要持续与发展，持续与发展就是一种付出，付出就会有收获，道德奖励体现了道德持续发展所内含的这种价值本质，满足了个体不断发展的合理性需求，促使道德行为逐渐转化为道德习性。

道德奖励旨在强调道德行为的伦理性，回答了什么样的道德行为才是可以获得回报于奖励的问题。它的原则在于：一是坚持道德行为既要有道德底线又要有道德追求；二是真正考虑道德行为个体的权益与期望，用道德奖励这种方式将其所倡导的价值观与道德原则融入日常的道德行为之中，通过显性的表达方式践行道德原则。边沁认为，判断行为对错只根据结果，其他一切都不重要。在评价结果时，唯一相关的是行为所产生的幸福或不幸的总量，其他一切均不相关；每个人的幸福的计量是不相同的；幸福是所有相关者的幸福而不仅仅是行为者自己的幸福。在这里，虽然笔者对边沁的观点尚不能完全体会与完全的赞同，但没有功利，道德责任将会显得很神秘与难以令人理解，如果行为本身不在自身中产生一种"正确与有利"的观念，我们对这些行为的解释将会显得多么苍白无力。没有功利，我们将生活在一个没有道德与生活常识的世界里，任何一种道德解释都可能是关于撒谎的遣词造句。因此，道德奖励的合理性与动力性也就在这里。

大学生道德建构需要道德奖励，道德奖励存在道德风险。但是对于道德奖励，动辄拷问动机，逼视诚信，以动机论英雄，就会人为拔高道德标准，人为对立"义"与"利"的关系，道德奖励便会无的放矢，就会造成现代版的"子贡赎人"，看起来很高尚，实际很危险。因此道德奖励需要一个宽松的环境，这种宽松，本身就体现了道德的道德性。因为道德奖励本身并无任何问题。"奖励好人好事，也并不意味着道德行为就变味了。"①"道德不图回报，但是需要奖励。"

第四节 "道德处罚"——规范道德行为

道德惩罚是对人们不良或不正确的道德行为及其后果的一种否定的信息反馈，这种反馈可促使人们中止并转变不良行为，使其原有的行为动机消退，并警示他人，以引导人们朝着社会要求的目标迈进。它规范了大学生道德行为的基本方式，促使大学生道德行为责任化。

---

① 钟一苇：《社会需要怎样的道德激励》，2010年8月5日，http：//www.gmw.cn/content/2010-08/05/content_1203872.htm。

一、"道德处罚"的含义

在大学生的生活中，并非所有的生活与行为都是有道德的。不可否认，大学生生活有着诸多不良的行为与习惯，这种习惯表现了这种行为与生活的不道德与非道德性，因此需要进行道德约束。

处罚在法律上的解释是使相关的人受到政治与经济上的损失而有所警戒。是处罚那些在法律上应该处罚的人。

一般来说，道德处罚发生于个体，是因为道德主体在进行行为时，其行为已经失去了社会制约性。表明个体为了实现自我的满足而超越了道德客观条件所许可的范围，它的发生与发展已经失去了一定主客观条件的制约。道德个性与共性已经失去了统一，在这样一种情况之下，就需要进行规则引导与约束，进行道德处罚，因为任何一个个体都必须遵循一定的道德准则，并赋予这种道德准则一定的权威，以保持其在道德建构中应有的地位。当前条件下，道德处罚的意义在于尽管这是一个文化多元时代，但文化多元并不表明大学生就可以不遵守任何道德准则；在道德的建构上，个体有选择的权利，但这种选择不能随意化，个人的道德观必须与他人、社会、环境发生正态的关系，在他的道德践行中，也可以感受到社会的愿望、要求、需要与利益的体现。

一般情况下，道德处罚表现为一种舆论牵引与调控。什么样的行为才是不道德的？什么样的不道德行为才会受到道德处罚呢？这种道德处罚进行到什么样的程度？说实在话，这些问题都很抽象，难以把握，特别是有些介乎于道德与非道德之间的行为如何定位，对之把握更具有挑战性。但不论怎样，笔者认为，大学生的非道德行为一般都是非理性的，对这种行为的纠正"取决于理性的牵引与调控"。① 道德处罚强调的是以理服人，非道德行为一般地也会表现出一定的思考与判断，也有个体从事相关行为时的标准。道

---

① 高家文：《和谐社会与人性和谐——理性与非理性统一的人性维度》，《广西社会科学》2007年第10期。

德处罚就是以道德准则之理指出了个体思考、判断与标准及由此产生的结果的非理性，指出这种不道德行为在社会道德规范中的失位与偏向。通过这种指明达到一种牵引与调控作用。

同法律意义上的处罚一样，道德处罚也落实在行为人身上，不同的是，法律意义上的处罚注重的是结果与对行为人的权利与财产上的剥夺，通过这种剥夺降低行为人的政治经济地位。道德处罚也可能会使行为人的道德信誉降低，但是从伦理学的意义上讲，它是"外在的道德价值转化为内在德性的通道"。[①] 实践表明，人们的道德认识与概念只有经过反复的实践体验之后才能真正融入自己的精神世界，变成自己的信念与观点，大学生的道德建构也不例外。而在这样一个过程之中，出现反复、失位与错位都是极有可能与极为正常的现象，道德处罚就是处罚这种行为的不合道德性，避免此类行为出现反复。

因此，究其实质，道德处罚就是一种道德评价，它不把行为人摆在与自己对立的位置，而只是通过评价行为，给出一种道义上的结论，这种结论不具有强制力，行为人可以接受，但是这种行为人的意愿表达并不影响道德处罚所包含的人学观内容，不影响把道德的道德性、道德的善与恶、道德的实然与应然等作为道德处罚的人学依据。因此，在本性上，它与道德奖励是一样的，是道德评价体系中的不同手段。道德奖励是调控与引导正态道德行为，道德处罚则驶向了与之相反的视域，成为另一种价值生态之下衡量人的行为的另一种尺度，它的终极目的是通过这种评价形式促使行为人改正以前的行为，适时适宜地进行认知调节、行为调节。

在"道德银行"里，道德处罚的目的是为了规范学生的行为，处罚本身不是目的。这种处罚是从道德违规的层面而不是从违反社会习俗的层面看待行为结果。例如说，一个大学生拿走了另一个大学生的电脑，其行为逻辑就是物归原主，也就是说，要让大学生看

---

① 鲁洁：《道德教育的当代论域》，人民出版社 2005 年版，第 99 页。

到惩罚与其不良行为之间有内在的联系。

然而，随之而产生的问题是道德处罚的公平性问题，道德处罚是对行为的处罚，但最终会落实到行为人身上，行为是有时空性的。因此处罚如果不受时空性的限制，道德处罚本身就会具有不道德性，因此我们说，道德奖励可以适度放大，道德处罚则只能适可而止。

这种适可而止可以对大学生的道德建设起到推动作用。任何人都可能犯错，但人不能因为一次犯错而永远地背上赎罪的十字架。尤其在道德建构中，道德处罚只能对事不能对人，只有这样才会彰显道德的魅力与人性。对事不对人的道德处罚也能重建大学生的道德信心。如果因为一次行为而产生对人的错误评估，就会连带产生三个负面效果，引发多重道德危机：其一是使行为人失掉建构道德的信念与耐心；其二是说明这个评价制度本身就不具有道德性；其三是完全背离了道德教育的规律与特点。

因此在道德处罚中，还必须正面回应大学生的心理特征。正确处理道德处罚与行为之间的适度关系问题。

这种适度并不是处罚的放弃与停止。对不道德的行为必须予以处罚，表达的是这种道德处罚的稳定性。处罚必须适度说明的是道德处罚的可变性。这两种属性同时发生作用就已经表达了它的规范意义。它告诉我们，在道德处罚上，我们能够做什么，做到什么样的程度。

二、道德处罚使大学生道德行为责任化

大学生作为个体，生活在大学生群体中，一般地会产生一定的道德要求与道德义务。由大学生群而产生了一定的社会关系，形成一定范围之内的"社会"。为了维系这个社会里的关系，这个社会总会向大学生个体提出与规定相应的道德责任。这些道德要求，道德义务与道德责任就构成了大学生的道德生活。

责任是一个庄严的命题。具有道德责任意识成为衡量人道德

水平的坐向标。责任是道德的核心，也是"道德银行"的中心任务，道德建构的核心就是使学生具有道德责任。

促成大学生行为具有责任性的因素是多种多样的。笔者认为，道德处罚是其中的一个重要因素。为什么这样说呢？主要有以下几个理由：

首先，道德处罚可以促进道德个体形成正确的道德思维与信念。人的行为一般由大脑控制与指挥，行为是信念的表现形式，不正确的思维往往会产生不正确的行动，不道德的行为。不道德的行为不仅没有承担相应的道德责任，而且使道德责任在道德的范畴中发生扭曲与错位。"如果道德责任被证明是不可能的，那么我们日常所具有（或者被认为具有）的道德义务也就失去了根据。"①道德处罚就是告诉个体在自主决定行动时"应该如何行动"，告诉个体在其行动时应该具有的责任意义。从主观上看，道德处罚是对个体上次道德行为的一次评判，但从客观效果看，是对他下次行动时的一次道德强制。这种强制的目的在于调控行为人的思维与信念，使个体在下次行动之前，首先作出一个正确的判断与选择，在思维与信念上树立起责任意识。

道德处罚为什么能培养个体的道德责任心呢？笔者认为，就在于道德处罚解决了个体在一定的道德情境中"需要做什么"的问题，为行为个体指明了方向，回答了"为什么要这样做""为什么只能这样做"的根本问题。有学者认为，目前大学生责任心普遍缺失的一个重要原因就在于养成教育力量不足。"由于没深入到学生中去，缺乏针对性。"②道德处罚从一个维度给予了充足的力量，它使个体在进行道德反省中具有内疚感，从而唤醒个体的道德良知。一旦道德处罚作用于个体，个体总会自觉与不自觉地对他的行为进

---

① 徐向东：《自我决定与道德责任》，2010年8月21日，见http://www.douban.com/group/topic/13295556/。

② 张仲义等：《关于大学生责任意识的强化策略》，2010年6月24日，见http://www.studa.net/gaodeng/100624/11185663.html。

行一次善与恶、是与非的道德审视，在他的个体道德意识之中产生是非之心、善恶之心、恻隐之心。审视他的行为有没有承担一定的责任或者这种责任承担到什么程度。使个体感觉到他做了不应该做的事，没有做应该做的事，造成了他人或者社会上的某种道德缺失，顺着这种思维本性，个体就会在下次行为时，根据道德理性作出合乎道德性的选择。

其次，道德处罚可使个体行为更加具有道德规范性。

有学者认为，"中国最近三十年改革中社会流失最大的也正是道德，虽不至于造成道德真空，但事实上道德生活是日趋低落的"。①

黑格尔说，每个人都是他那个时代的产儿。与这个时代相适应，大学生的道德建构同样要解决很多问题，他要全面地发展自己，树立正确的世界观、人生观、价值观；他要学会尊重他人，尊重他人的人格、正当的兴趣、风俗习惯与劳动成果。他要做到对人真诚善良、诚信仁爱。而这一切不是一天就可以完成的，需要大学四年的反复实践。"只有在共同体中，个人才能获得全面发展其才能的手段。"②

在这样一种实践中，任何时空环境下的行为偏离都是可能的和正常的；从人学的视野看，这是人本性的一种反映；从社会学的视野看，这是人与社会出现了错位。道德处罚就是对这种错位的否定。它明确告诉个体，一个人的行为应该不对道德准则产生伤害，即便是很微小的伤害也不行，人可以在行动中获取自己的利益，但如果这个行为造成了对他人与社会的伤害（哪怕这种伤害是潜在的），则这种行为永远都是错误的。如果一个人的行为会伤害道德，那就不应该去做。个人的道德标准仅仅是个人的，如果行为者要把他的道德准则变成社会道德准则的一部分，则这种行为肯定是不道

---

① 王忠欣：《现代性道德的局限性》，2004 年 2 月 24 日，见 http：//www.china-review.com/cat.asp？id=15611。

② 《马克思恩格斯全集》第 1 卷，人民出版社 1995 年版，第 119 页。

德的；道德的行为不能抵消不道德的行为，道德奖励也不能抵消道德处罚，但因为二者存在因果上的联系，因此，不道德行为的出现既是可以理解的，也是可以被规范的。

最后，促使个体道德行为向道德习性的转变。

道德不是天生的。道就是明白事理，德就是付出，通常个体的不道德行为就在于不明白事理，只讲收获而不讲付出。久而久之，这种行为就成为一种常态，而这种常态又说明这个道德个体在意识上出现了问题。他的这种不符合德性的意识已经变成了一种习性。

人有意识与潜意识，但他的这种意识必须符合社会主流意识。道德处罚实际上就是对这种不符合社会主流意识的个人潜意识与意识的否定，它警告行为者，他的行为动机与行为结果都出现了问题。要变动他的行为就必须要重新学习，通过践行与学习，更新原有的经验知识与观念，重新养成新的道德意识与习性，并最终"固化"在大脑之中，重建道德行为。

道德处罚"固化"了这样一种程序：即任何在伦理学与社会学视野中出现的个体失范的行为都是应该被约束与惩戒的。尽管这种规范行为与人本性的弱点有天然的联系，存续关联度极高，在道德践行中很难"缺乏"，必然地会被表现在人的习性之中，但这并不是说它不需要被遏制、受惩戒。因此，这种人的本性就产生了道德处罚的"本性"，只要人的自利性与社会合作性发生错位，道德处罚也是必然的、不可动摇的。它是道德底线的最后一道城墙，它告诉撞墙者，其原有的感知、判断与行动系统均出现了问题，只有进行行为调整，改变道德习性，才是正确的选择。

三、道德处罚是规范了大学生道德行为的基本方式

规范一般意义上是指群体所确立的行为标准；一般来说，不道德的行为有多种多样。例如有学习层面上的、生活层面上、人际交往层面上的等。在每一个层面上，其所表现的形态又变化多端。因

此需要确立一个共同的约束行为标准。这种约束行为标准称之为"道德处罚"。

这种共同，只是具有相对意义，只是指一个层面上的共同。例如，考试上的作弊表现手法有多种多样，但在违背道德性却具有同质性，因而可以确立共同的处罚标准。超出了这个共同，标准也就失去了意义。

这种道德处罚也是一种规范，"是用以调整人与人之间利益关系的行为准则"。① 在道德范畴里，与道德奖励一样，它也承载着相应的道德责任。在现实生活中，大学生们并不总是能够将外在的道德规范内化为自身的德性并表现为行为。据我们调查，超过半数的大学生不认同现行的社会道德规范，近半数的大学生认为学校规章缺少人性化；考试作弊虽然并不普遍，但近半数的大学生却有这种动机，超过 1/3 的学生愿意替人代考；毕业时学历造假，欠贷不还也不是个别现象。

这些情况说明在大学生的道德建构中，道德自我与道德规范出现了一定程度的疏离，如果不进行约束，道德主体的发展将会偏离方向。

因此，在条件允许的情况之下，对大学生的道德疏离进行纠正是非常必要的。而进行纠正的方式之一就是道德处罚。它的作用在于对个体的道德自我调节系统进行调节，使道德个体明白承载道德责任的道理，不至于陷入自我中心主义的泥沼；增强自省意识，不至于陷入混乱的双重道德人格窘境。

由于道德处罚表达出了这样相应的道德责任，因此，道德处罚也内含了道德性，即道德处罚的道德性。道德处罚必须在维持社会道德规范上旗帜鲜明、毫不含糊；道德处罚必须是对事不对人，只要是背离道德的行为就应当受到处罚，而不管这个行为的实施者是谁。只有表达出这两种倾向以后，道德处罚才会有公信力与价值

① 杨国荣：《论道德自我》，《上海社会科学院学术季刊》2001 年第 2 期。

力。而且只有这样一种意义上的道德处罚才是道德的与合理的。否则，道德处罚便会变成一种恶法，形成对道德的一种制度伤害。

因而具有公信力与价值力的道德处罚对规范大学生的道德行为是有效的。规范大学生的道德需要两手抓，既要有鼓励、表扬，也要有批判、指正。表扬是肯定优点，批评是指出缺点。人的成长过程中，优点与缺点往往是同时存在，只是对不同的个体而言，侧重不同而已。因此，道德处罚和道德奖励一样是不可或缺的。人只有知德才会行德。因此从建构大学生道德的角度看，需要道德处罚；因为道德处罚从一个侧面体现了道德制度的完整，可以一路为个体建构道德保驾护航；因为道德处罚对任何个体来说都不存在主观恶意，它只是对个体已经出现的道德行为进行明示与告诫。这种告诫含有一种惩训的因素，一定会在道德个体中产生不愉悦的情绪，但是这种不愉悦与惩训是由不道德行为引起的，道德处罚如果不及时地作出反应，就会形成对群体与社会的伤害，放任个体的不道德，实际上是对个体更大的伤害。

总之，关于大学生道德问题可以说是目前学术界的一个热点话题，学者们在如何看待大学生道德问题上尽管措辞不一，但大同小异，在提出的解决方法问题上建设很多，但不外乎从社会、学校、父母与个人四个大的方面立论思考，例如有的学者认为，对大学生道德教育，"父母要提高对孩子的道德素质教育的重视程度"①，要优化社会道德育人环境，"加强心理健康教育"② 等。

"道德银行"则把建构与解决大学生的道德问题放置在实践的基础上。因为道德实践可以表现出大学生的道德意向，可以表现出建构过程中道德行为的规范与不规范。因此，解答大学生的道德问题也就不能纸上谈兵，而必须依靠实践的手段，与道德奖励一样，

① 王桂平：《当代大学生道德素质教育提升途径研究》，《衡水学院学报》2010 年第 5 期。

② 周幼苹：《当代大学生思想道德问题的思考》，《企业家天地》2005 年第 6 期。

道德处罚也是一种对大学生道德实践结果的回答，是对不规范道德行为的惩处，通过这种约束性警示，告诫行为者不要重犯相同的错误，引导行为主体由恶到善转化。

需要指出，并不是所有的不道德行为都要进行道德处罚，对大学生而言，只有这种不道德行为构成了一定的负面影响，道德处罚才会有意义，因而在这里，道德处罚又是有条件的。因为有时候，一种行为往往内含了多种因素，这种行为本身就包含了道德与不道德（例如有报道说，贵州有一小伙准备嫖娼时协助警方救出了被逼卖淫的女子）。这种行为虽然不是一种常态，但显然不应被忽略。在不规范的道德行为中，虽然面对事事当罚的命题，却未必会作出每事必罚的结论。

而这一点正是道德处罚对事不对人原则内容上的一种展开，它使得道德处罚更加缜密科学，更加适合于大学生道德实践的客观需要，因而能更加有效地规范大学生的道德行为，成为构建大学生道德的基本方式之一。

第九章　大学生"道德银行"的
运行机制

良好的运行机制是大学生"道德银行"有效运转的基本保障。大学生"道德银行"的运行平台是什么？主要有哪些运行机制？这些问题将在本章进行详细探讨。

第一节　以"道德币"为载体的运行平台

大学生"道德银行"为大学生道德教育提供了运行的平台，在这个运行平台当中需要一个运行载体，"道德币"就是"道德银行"日常运行的基本载体。

一、"道德币"的基本含义

道德能否被"货币"量化是关于"道德银行"争议中的焦点问题。因此，对这个问题做理论性的梳理不仅是必要的，而且也是不可避免的。在这里，笔者将依据本人的一孔之见对"道德币"作一个学理上的说明，一并解释它的基本内涵。

利益是道德的基础与前提。关于这一点，经典著作已经作了多次的说明，于此不必重复。即使是道义论学者也并不否认道德的物质因素。我们知道康德的道德观是发自内心的，在《实践性批判》中，康德说："有两种东西，我们愈经常愈持久地加以思索，它们就愈使心灵充满始终新鲜不断增长的景仰和敬畏：在我之上的星空和居我心中的道德法则。"他第一个系统阐述了道德自律概念，高扬了道德的主体性，但却摒弃了"他律"。认为"他律"会使道德走向懦弱。道德只能自我思考，自我决断与自我选择，人是善恶共居的复合体。人类历史的进程是从恶到善。

康德的这种道德观受到了尼采的批判，尼采认为康德将自由作为谈论道德的必然存在，作为了伦理学预设，这样我们做任何事都是被事先所决定，必然导致伦理学无从谈起，无法面对道德问题。人如果只是一台为理性而存在的机器，人的动物性就会被抹杀，迫使人作出违反动物性本能的事本身就是不道德的。因为意志只会对意志起作用，而不会对物质起作用。"在任何道德中最基本的东西和不可评估的东西是：道德是一种长久的强制。"①

在中国伦理学史上，各家学派尽管观点不一，但他们并不认为道德可以离开物质而存在。孔子、孟子、荀子主张重义轻利、以义制利、义先利后，但他们并不反对人们对物质利益的追求，认为这是人的自然本性。只是要加以限制与节制。"富与贵，是人之所欲也，不以其道得之，不处也。"②商鞅、管仲、韩非等主张重利轻义，提出"力生强，强生威，威生德，德生于力"。③墨子主张义利并举。"义，天下之良宝也"④，"功，利民也"。⑤提出"交相利"的思想。

通过以上的笔陈，可以清楚地知道，在大多数人看来，道德是不能离开物质利益的，抽出利益而谈道德其实是一种道德虚伪与伪道德。所以，道德的物质性、利益性就构成了"道德币"的第一个前提，这也是"道德币"的第一层意义。

---

① ［德］尼采：《善恶之彼岸》，谢地坤等译，漓江出版社2000年版，第235页。

② 《论语·宪问》。

③ 《靳令》。

④ 《墨子·耕柱》。

⑤ 《墨子·经上》。

道德的分层性是构成"道德币"的第二个前提：

美国法学家富勒将道德分为愿望道德与义务道德两个层次，义务是人人都必须遵守的，愿望是一种社会提倡，两者有明显的界限，高低起点不同。在孔子那里，道德也是有层次的。"仁者爱人"，这个"爱人"就分爱敬双亲、爱敬兄弟、爱敬他人三种。中国古代社会"己所不欲，勿施于人"体现了一种"不损他"的道德层次底线的要求。从个人的角度看，人在行事处世时，会自觉与不自觉地选择多种道德准则。例如开车遵守规则，目的之一就是为了避免处罚，同时也符合个人与社会的利益；科学家做科学研究，是在做社会与国家所期望与赞成的事，同时也表明，他的这个行为是在履行自己所赞同的道德准则。罗盛教救人，表达了个体道德的一种崇高，隐含着尊重与拯救他人生命比自身生命更为重要的道德伟大。

道德的层次感说明了什么问题呢？它说明层次性"是道德生活复杂性的一个重要侧面，它要求特定社会的道德发展，道德研究和道德教育应该区分不同层次的道德，展示清晰的道德思想和道德规则体系"。①

道德的层次性最终必然会表现为利益与物质的层次性。所以，道德教育对这种层次性的回应也最终必然会表现为一种利益与物质的层次性回应。这种利益层次又可划分为公共利益层次性与个人利益的层次性。利益的层次性启示是利益特殊性与多样性的一种反映，层次与层次之间并不是断裂的，互不联系的，他们之间往往是互动与相互包含和影响的。道德教育如果不回应这种层次，就是对个体道德人格层次的极大漠视，就必然会使道德教育事半功倍。

"道德币"用极其通俗易懂与简明的方式回应了这种需要，准确而又生动地体现了道德层次性的内容与特征。它以直白的方式解决了道德教育中的两个难题：如何评判道德的层次与回应个体多样性的利益诉求。

---

① 蒋儒标、汪肖良：《略论道德的层次性》，《浙江社会科学》1997 年第 4 期。

　　道德的分层性表明在一定程度上道德是可以区别对待、分开计量的。在商品社会中，体现道德中的"利"一般会表现为物质与货币的形式，因此，从哲学的角度看，道德可以"币化"，这种"币化"并不是将道德金钱化与明码标价，而只是道德"他律"在商品经济时代的一种特殊表现形式。

　　因此，"道德币"是事物发生之果而并非之因。"道德币"的批评者往往做了次序上的颠倒。他们不愿意知道，道德不仅需要自律，也需要他律。而他律的形式是多种多样的，从来都不是一成不变的。有人认为道德他律就是外在制裁，笔者认为这是很不科学的。他律的核心是依靠外部力量使人接受一定的道德观念与履行一定的道德义务，只要不是个体自身的都属于他律的范畴。有的人认为他律是道德发展的低级阶段，自律是高级阶段，但是从社会的角度看，奖赏与惩罚作为他律最常见的表现形式总是会始终存在，不会有高低之分，或时高时低之别。

　　因此，综上所述，从"道德币"的内涵与实践前提来看，是合理的，是具有哲学与理论价值的。

　　"道德币"的另一合理性还在于"道德银行"的建构目标上是希望建立起适应社会主义市场经济发展需要的当代大学生道德。这种道德从理论上来说是一种大众的基本道德，而并非高尚道德。所以在建构理念上就必须是符合大众基本道德需要的理论与规范。必须"食人间烟火"。基本道德规范是相对的，它与环境相对，与个人需要相对，同样适应基本道德规范的手段也必须是相对的，它与环境相对，与大众的需要相对。手段与目标之间必须形成大致的一致，手段不能高于目标或低于目标，目标也不能高于手段或低于手段。脱离大众与目标的手段，即使再好，也不管用。

　　对芸芸众生来讲，满足生存是第一道德需要，生存需要利益保障，需要物质前提。仓廪实然后才能知礼节。道德建设也是如此，道德个体在进行道德行为时虽然并不希望主动索取道德回报，但社会必须建立相应的机制回报这种道德，特别是对于建构社会基本的道德规范时更应如此。如果没有相应的手段与机制进行保障，基本道德水平与规范的建立将面临许多困难。所以将道德"币化"，就是回应了这种现实。从这个角度看，它既符合了当前大学生基本道德建设的实际，也是对传统教育理念的一种突破，当然也是道德建构理念上的一种创新。

二、"道德币"是"道德银行"日常运行的基本载体

"道德币"是"道德银行"的基本载体，可以从三方面进行解释。

首先，"道德币"是"道德储蓄"与"道德贷款"的实现载体。

"道德储蓄"与"道德贷款"都是个人的行为，这种行为要发生，一般地会稳定在相对的场域，也就是说，稳定在"道德银行"。"道德银行"通过"道德币"使二者在这个场域里良性互动。"道德储蓄"可以通过"道德币"实现它的存在，"道德贷款"可以通过"道德币"表明它的价值。在一定的条件下，可以进行量化比较，量化核定与量化转换（当然，这种比较、核定与转换是一种社会学伦理学意义上的行为举措，尽管占有经济学成分）。从这种意义上说，"道德币"又是二者实现有机联系的载体与通行证，它使存在于"道德储蓄"与"道德贷款"中的许多复杂的性质与关系变得简单透明。因此如果说"道德储蓄"与"道德贷款"中的许多复杂的性质与关系变得简单透明。因此如果说，"道德储蓄"与"道德贷款"是"道德银行"两个基本的规范、概念，那么"道德币"就是维护这两个规范概念的规范。

"道德币"同时厘清了"道德储蓄"与"道德贷款"的层次性。"道德储蓄"与"道德贷款"是由道德规范、道德实践活动与道德主体等多重因素组成的复杂系统。系统论认为，各要素之间在结构、位置、序列上应层次分明，各要素之内也应该如此。道德层次论的目的在于理顺各种道德要求的对象，以便进一步展开道德建设更深层次的工作。"道德银行"通过"道德币"的多少基本表达了"道德储蓄"与"道德贷款"在道德建设中的位置、序列与层

次，从而为道德建设富于成效地制定了一个良好的前提。

其次，"道德币"是道德个体践行道德的凭证与载体。

道德的目的是要使道德要求转化为个体的内在需要，实现过程是要完成从理念到践行的飞跃。"道德银行"注重求善重德，提倡美德践行从我做起，从现在做起，主张在校园里个人的行为应以不妨碍大众的权益为准绳，处理社会关系时，应遵守基本的社会道德规范，做到"勿以恶小而为之，勿以善小而不为"。把道德规范贯穿在生活的每一个细节。

"道德银行"同时又注意到，虽然践行道德贵在自觉，但道德自觉是道德发展的高级阶段，推进个体的道德践行，在道德建设的起始阶段，"他律"的方式与手段仍然是必不可少的，实践表明，一定的外在激励机制不仅是必要的，而且是有推进作用的。

"道德币"及时与真实地记载了道德个体的实践活动，成为道德个体的道德实践符号与载体。

这种符号的确立，有机地连接了个体与"道德银行"，并使个体的道德实践具有社会属性与实践意义。德行的实现由行为构成，"道德币"就是这些行为的记录符号；德行是人健康成长的臂膀，"道德币"就是这个臂膀的符号；德行是人与人之间善良与友谊的润滑剂，"道德币"就是这个润滑剂的记录符号。

最后，"道德币"集中体现了"道德银行"的回报价值理念。

怎样做一个有道德的人？怎样才算是有道德，应该怎样做才叫有道德？道德怎样做才对？对于这样一些问题，可能永远没有一个固定的答案，而且在不同观点的人那里，得出的答案可能则刚好相反。亚当·斯密明确提出："任何表现为合宜的感激对象的行为，显然应该得到报答；同样，任何表现为合宜的愤恨对象的行为，显然应该受到惩罚。"[1] 美国思想家尼布尔认为，如果把道德的本性看

---

① ［英］亚当·斯密：《道德情操论》，蒋自强等译，商务印书馆1997年版，第82页。

作是自我牺牲，就会造成"道德的人与不道德的社会"，道德必须有回报，因为它是向社会展示公正的有效方式。

"道德银行"从利益是道德的基础这一马克思主义道德基本观点出发，根据目前我国社会主义市场经济、文化多元与大学生思想道德状况的实际，主张建构大学生道德应有相应的激励机制，认为道德激励与回报对个体来说是相对的，但是道德回报要求却是在现实存在的、普遍的。道德教育必须顺应与整合这种关系，必须对这种普遍现象有所认知和情感投入，必须遵循道德个体的接受心理规律，丰富与创新教育手段。"道德银行"从这一原则出发，建构了"道德币"这一道德概念。

"道德币"体现了道德回报的理念。这种体现表现在三个层面：首先，对道德要不要回报，能不能回报做了正面回应；其次，对道德义务与权力做了大致的对等性确认。尽管道德行为在时空上有差异，道德回报往往也不是同一质态的即时性回报。但"道德银行"通过机制确认，使德行善举拥有了获取回报的即时性权力与机会；这种调整与确认加大加强了社会展示道德公正的概率，对于使善德善行获得更为广泛的社会认同与培植学生的道德信心无疑起到了推动作用。最后，"道德币"是对道德行为的记录，由于行为本身承载了道德，道德主体通过"道德币"的获取，使"善有善报"的义理成为了现实，实现了主体与主体、行为与行为之间的时空置换。

从道德教育的角度看，"道德币"既体现了"道德银行"的道德回报理念，又是一种道德教育的实践策略，通过币化道德，层次化道德与量化道德，激发大学生进行积极的道德思考与实践，积极地追求合理的道德回报。"道德教育乃是一种唤起，而不是一种教导，是提问，提点迷津，而不是给予答案。道德教育是引导人们向上发展，而不是把原来心里没有的东西注入心中。"①

---

① ［美］里德：《追随科尔伯格——自由与民主同体的实践》，黑龙江人民出版社
2003 年版，第 190 页。

"道德币"还营造了一种追求道德回报的道德氛围。这样一种追求对于建构大学生基本的道德规范是必需的。大学生在这样一种氛围之下产生道德认知，道德情感，进行道德判断，道德实践。这样就参与了一种以"道德币"规范为基础的群体行动。每一个个体的道德选择都根植于这样一个大的制度情境之中，必定使个体的道德能力与情景、制度相互产生作用，从而形成追求道德回报的道德氛围。这样一种道德培植，既把道德的决定权交给了学生，同时也使大学生不断追求个人价值与社会价值之间的一种利益实现与平衡。由此形成适应时代需要的社会责任感。

三、"道德币"流通运行的实践机理

"道德币"包含了多种含义，它是个体道德行为的记录符号，是"道德储蓄"与"道德贷款"的实现形式，是回报理念的集中体现。因此，在运行实践中无时无刻地体现了这样的多重含义。江泽民指出："要注意区分层次，针对不同特点，把先进性的要求同广泛性的要求结合起来，把思想教育同行为规范的培养结合起来。"[①]因此，它的实践应该处理好三个关系，坚持"三个偏重"。

首先，要处理好付出与索取的关系，这是"道德币"流通运行实践机制最基本的功能体现，具体来说，在"道德储蓄"与"道德贷款"之间，偏重"道德储蓄"。道德是时代的道德，我国目前正处于社会转型时期，"道德储蓄"与"道德贷款"就是适应这个时代需要而产生的一种新的道德教育理念。而目的是促进个体道德认知能力与实践能力的提高与发展。个体道德是主体与环境相互作用的结果。"道德储蓄"是个体主动的践行，是道义上的奉献与付出，"道德贷款"是对践行的社会回应，是道义上的回报与收获。为着提高个体的认知与实践能力，在实践的机理上，我们当然会首先选择并注重"道德储蓄"。因为"道德储蓄"是一个道德信用符

---

① 江泽民：《论党的建设》，中央文献出版社 2001 年版，第 133 页。

号，储蓄越多，表明个体的道德信用与品质越高，我们对道德个体的认知与判断也会越清晰。

其次，要处理好"道德币"的实践和价值的关系，这是"道德币"流通运行的先进性的体现，具体来说，在个体道德提升与道德储贷之间，偏重个体道德提升。道德建设有三个层面，人性、信仰与哲学信仰。"道德是对人现存性的内在超越。"①"道德储贷"就是通过践行的形式不断使人实现这种超越，在道德建设中，个体必须首先与人性的阴暗面进行斗争，不论是"道德储蓄"还是"道德贷款"，它的基本语意是改造个体自身，在"道德银行"里，个体用道德储贷这两种方式不断回答"建设什么样的道德"等基本问题。人永远不会满足，人的自然属性，社会属性和精神属性总会在这种不满足中产生变化，前进或者后退，提升或者颓废。"道德储贷"可以帮助个体始终保持向上的动力（尽管这种帮助永远不可能使人与动物彻底决裂，而且人作为自然的存在物，满足这种属性也是道德建设的一项重要内容）。两者的立足点是为他人服务，互利互惠。其合理性在于个体互通有无，相互服务，实现道德利益的最大化。在这种践行中，个体之间会形成一定的思想认识，形成一定的思想道德关系，相应产生出个体自身的道德原则、道德规范与道德理想。这样，便有了道德信仰，个体"储贷"的一切都是围绕着这个终极价值目标而展开，一旦升华或成为信仰，就会成为大学生认识、理解事物和处理问题的出发点。所以我们说，在道德个体与"道德储贷"之间，应偏重个体道德提升。

最后，要处理好"道德币"价值影响的范围问题，这是"道德币"流通运行的广泛性的体现，具体来说，在群体与个体之间，偏重群体。"道德币"作为一种道德建设流通凭证，具有它的"普世价值"。"道德币"不是某一个人的而是"道德银行"所有储户的

---

① 盖伯琳、吕进军：《道德建设的三个层面：人性、信仰、哲学信仰》，《河北学刊》2005 年第 3 期。

凭证。它的逻辑是坚持个体自主与平等，通过"币化道德"的方式引导与调节大学生的行为规范，所以它又是"道德银行"里评价道德的重要尺度。由于在情感投入、主观认知与实践展开等诸多方面存在不同，个体的道德践行是有差别的。有的人获取的"道德币"多，有的会少，这种多与少虽然可以判定出个体在道德建设上的差异，但观察这种差异并不是"道德币"的实践主旨与目的。"道德银行"的中心目的是希望通过这种建设提高大学生群体的道德性，因为只有这样，才会有意义，才能够达到目的。尽管个体也很重要，但它毕竟只是个体而不是整体，代表不了全部，反映不了整体水平。个体与群体是部分与整体的关系，"在这个关系中，尽管部分组成整体，个人不可替代，但离开整体的部分就没有意义"。[1]

需要说明的是，笔者所说的"偏重"，是更多的投向与更多的"看重"，而不是简单地将"道德币"在各个评价指标分配了事。这种"偏重"是相对的与有条件的。人是万物的尺度，万物总是处在变化之中，人也处在一种变化之中，正如美国学者谬尔逊所说，古老的美德可以成为现代的罪恶，道德具有明显的不确定性。因而对"道德币"实践机理的偏重也不应该一成不变。人的本质包含在团体之中、关系之中。"道德币"也处在这样一种群体的关系之中。"道德币"是"人为"的，但它最终却是"为人的"。所以大学生的道德建设只有在全面协调发展的前提下才有意义，"道德币"才有意义，如果说有实践的机理，这就是"道德币"最大的实践机理；如果说有偏重，这就是"道德币"最大的机理偏重。

第二节　以"道德奖励"为核心的激励机制

在大学生"道德银行"中科学地运用道德激励机制对于充分

---

[1] 《道德标准中的三大问题》，《光明日报》2010年8月31日。

发挥大学生在道德实践中的主观能动性，不断地进行"道德存储"具有关键性的作用。建立和完善以道德奖励为核心的道德激励机制，是大学生"道德银行"有效运行的主要保障。

一、道德激励机制的内涵

所谓激励，就是激发与鼓励。[①] 激励是管理学、心理学和行为科学的一个很重要的概念。在管理学中，激励就是"强化人的工作行为，使之达到或保持某种积极状态"[②]，它常常与"激发人的工作行为动机""激发人的工作热情""鼓舞士气、振奋人的精神"等联系起来。在心理学中，激励是一种刺激，能够促进人的积极行为，同时也是调动人的积极性的重要手段。在行为科学中，激励是调动人的积极性，使人们充分发挥智力和体力潜能的过程。激励的内容有两个大的方面，即物质激励和精神激励。所谓物质激励，就是指在按劳分配的基础上，对为社会的经济发展和全面进步作出了重要贡献的先进分子，给予事物奖励。[③] 如发放奖金、奖品和实物。物质奖励对于提高人们的积极性有着重要的作用，正如列宁所说："我们应该记住，除了我们决心要进行的生产宣传以外，还要采取另一种诱导方式，即实物奖励。"[④] 所谓精神奖励，是对作出重要贡献的先进分子授予各种荣誉，给予多种表扬，包括发给奖状、奖牌和授予各种荣誉称号等，来激励人们努力进取，提高思想境界，多做贡献。[⑤]

道德激励是指在道德行为过程中促使行为主体追求某个道德目标的愿意程度。将道德激励运用于大学生思想道德教育工作之中，就是调动大学生按照道德规范来约束自己行为的积极性。道德

---

① 郑永廷:《思想政治教育方法论》，高等教育出版社 2010 年版，第 161 页。

② 郑永廷:《思想政治教育方法论》，高等教育出版社 2010 年版，第 161 页。

③ 郑永廷:《思想政治教育方法论》，高等教育出版社 2010 年版，第 162 页。

④ 《列宁全集》第 40 卷，人民出版社 1986 年版，第 148 页。

⑤ 郑永廷:《思想政治教育方法论》，高等教育出版社 2010 年版，第 162 页。

激励必须符合大学生的心理和行为活动的客观规律，毛泽东说过："人们要想得到工作的胜利即得到预想的结果，一定要使自己的思想合于客观外界的规律性，如果不合，就会在实践中失败。"① 只有符合大学生心理活动的客观规律的激励措施才能够调动起大学生的积极性。

"机制"原本指机器的构造和原理。在系统学里，机制是指系统内的各子系统之间以及系统内的各要素之间的相互联系、相互作用和相互制约的形式及其内在本质和运动原理。道德激励机制，就是思想道德教育激励主体通过激励因素与激励对象（或激励客体）之间相互作用的方式。② 简单来说，就是在思想道德教育系统中，激励者在把握激励对象的各种因素情况下，通过某种方式调动激励者的学习或工作积极性，使之产生符合其要求的行为制度总和。③ 道德激励机制对人们的道德行为进行强化激励，从而实现扬善抑恶、扶正祛邪，从客观上保障社会主义思想道德建设的顺利进行。④

二、道德奖励在道德激励机制中的地位与作用

道德激励常常分为道德奖励和道德处罚这两种类型。什么是道德奖励呢？道德奖励就是通过对激励客体的行为作出肯定和表扬，使激励客体能够更坚定地朝向正确的方向前进。道德奖励是对人们良好行为及其后果的积极肯定的信息反馈，这种肯定可促使人们保持和增强这种行为，从而强化人们的良好动机，不断提高思想

---

① 《毛泽东选集》第一卷，人民出版社 1991 年版，第 284 页。

② 刘勇：《浅谈道德激励机制在高校教育中的作用》，《教书育人》（学术理论）2006 年第 11 期。

③ 刘勇：《浅谈道德激励机制在高校教育中的作用》，《教书育人》（学术理论）2006 年第 11 期。

④ 刘勇：《浅谈道德激励机制在高校教育中的作用》，《教书育人》（学术理论）2006 年第 11 期。

品德水平。道德奖励是道德激励的主要形式之一，在道德激励的运用过程中，道德奖励处于主导地位，道德激励应以道德奖励为主。首先，道德奖励是人的道德行为活动规律的要求所在。人们产生某种行为的直接原因是他的思想动机，人们思想动机的形成又要具备两个方面的条件，其一是内在需要，其二是能满足需要的外部刺激。内在需要作为人们行为的内驱力和内在基础当然重要，但是，外部刺激对动机的形成也发挥着重要的作用。只有在内在需要和外在刺激同时存在的时候，人们才会产生行为动机。道德奖励正是基于人的行为活动的这一规律提出来的。它通过奖励的刺激方式可以较好地满足激励对象的心理需要，促使受教育者形成良好的思想动机，并通过奖励的刺激方式引导受教育者把个人目标和社会目标有机地结合起来，从而促使受教育者能够更好地按照社会要求的方向不断发展。其次，道德奖励是完成当前思想政治教育的主要任务的内在要求。党中央总结了新时期思想政治教育的经验教训，明确提出调动人们参与社会主义现代化建设的积极性是当前思想政治教育的主要任务。而运用奖励手段就有助于激发教育对象的思想动机和行为的主动性，使其积极性和创造性得到更好的发挥。再次，道德奖励也是经济社会不断发展的客观要求。随着我国社会主义市场经济的不断发展，我国的社会经济成分、利益关系、分配方式、组织形式、就业方式等日益多样化，人们的利益意识日益增强，人们的思想和行为与实际利益之间有了更加直接和紧密的联系。正如马克思所说："人们奋斗所争取的一切，都同他们的利益有关。"① 但这一情况也对思想政治教育提出了新挑战和新要求。在人们具有日益强烈的利益意识的情况下，如果思想政治教育还只是停留在空洞的说教层面，那么就很难取得实效。由此可知，思想政治教育只有从人的内在需要出发，通过运用道德奖励的手段，结合物质奖励和精神奖励，激励人们为集体和个人的共同利益奋斗，在这个奋斗过程中

① 《马克思恩格斯全集》第1卷，人民出版社1956年版，第82页。

不断提高人们的思想道德水平。

道德奖励在大学生思想道德教育的激励机制中发挥着重要作用。首先，通过道德奖励能够调动大学生接受思想道德教育的积极性和主动性。我们知道，思想道德教育的教育对象是人，是通过教育来提升人的思想、观点、立场。马克思认为："社会存在决定社会意识，社会意识是社会存在的能动的反映。"[①]"观念的东西不外是移入人的头脑并在人的头脑中改造过的物质的东西而已。"[②]思想道德教育的根本任务在于提高人的思想觉悟和思想认识能力，能够调动人加强思想道德建设的积极性和创造性，能够用社会主义和共产主义先进的思想体系来教育人，培养和造就一代又一代的时代新人。奖励的方法是挖掘人的潜力，调动人的积极性，鼓舞人奋发向上的最有效的方法。其次，奖励方法的正确运用增强了思想道德教育的针对性。由于当代大学生具有勇于创新、蓬勃向上、积极进取的特点，他们往往能够面对生活现实，敢于冲破那些陈腐的观念，同时他们具有自强不息的奋斗精神和强烈的竞争意识，道德奖励正适合于年轻大学生的这些特点。从这一点上来说，在大学生思想道德教育工作中运用道德奖励有很强的针对性。再次，道德奖励能够在很大程度上影响大学生个体的成就。奖励作为一种促使人们自觉地追求人生的意义和价值的活动，积极鼓励人们去追求更加有意义，更加有价值的人生目标。因此，思想道德教育工作者在实践中应充分运用道德奖励的艺术，充分发挥道德奖励的作用。

三、道德奖励在"道德银行"中的运行机理

合理的激励机制是对教育对象进行有效激励的基础工作，必须予以高度重视，下大力气抓好。"道德银行"要配合各项管理工作，建立和运行切实可行的奖励制度，最大限度地发挥道德奖励的

---

① 《马克思恩格斯选集》第 2 卷，人民出版社 1995 年版，第 112 页。

② 《马克思恩格斯选集》第 2 卷，人民出版社 1995 年版，第 112 页。

功效。按照道德奖励的实施步骤和发展过程，制定出道德奖励在"道德银行"中的运行机理。

1. 制定明确的奖励规则。笼统的含糊不清的奖励，成效必定不高。例如，在大庆市让胡路区乘风街道乘风第三社区的"道德银行"里的"首富"白盛源大爷，由于他常年为托老院里的老人免费理发，他的"存款"达到 270 余"元"。"道德银行"给他的道德奖励是由社区组织志愿者到白大爷家里帮着打扫家务，陪他的老伴聊天。"道德银行"的"储户"王敏经常帮助老人洗衣服、收拾被褥、搀扶老人散步，她无私的善举被身边人发现后给她在"道德银行"作下了详细的记录，为了回报她，今年 6 月 24 日，社区工会联合会与商场个体工商户联系，给她捐赠了价值 500 元的衣物作为奖励。这些奖励是明确的、具体的、实实在在的。

2. 确立合理的奖励标准。奖励标准的总体要求是，奖励要公平合理，奖励的程度要与对组织的贡献相当。奖励是否客观公平，是影响奖励效应的一个关键因素。如果道德表现不突出、贡献一般化的大学生受到了某种形式的奖励，而其他一大批条件相当的同学却未受到奖励，这对于德育工作造成的消极影响远远超过实施奖励所产生的积极影响。公平理论告诉我们，人们往往把自己付出的努力与得到的奖酬和别人付出的努力与得到的奖酬相比较。因而上述之不公平现象，必然在一大批人的心理上引起不公平感，于是人们就会产生调整奖酬的要求。当这种要求得不到满足，便会降低努力，被动地调整努力和奖酬之间的关系，以求得心理上的平衡。因而，不公平的奖励不仅无益，反而有害，往往会损伤一大批人的积极性。所以，奖励的公平问题是道德奖励必须高度重视的。既要有功必赏，又要赏得适当，既要使受奖者得到足够的激励，又要使其他人口服心服。在"道德银行"中，每一个志愿者就是一个储户，他们所做的每一个善行义举在经过接受这个善行义举的人的确认后，由"道德银行"的管理者根据善行义举的价值大小，转化为一定数量的"道德币"，记载到"道德银行"的账户上。每个季度由经过民主选举推选出来的道德评议小组根据每一个储户的实际表现和"道德币"的数量给予储户一定的精神和物质奖励，并优先推荐就业、参军和借贷等。整个过程都有道德行为发出者、道德行为接受者和"道德银行"管理者三者参与，并由道德评议小组对储户的道德表现和"道德币"的数量来决定道德奖励体现了道德奖励的公平合理和恰如其分。

3. 按照需要确定奖励内容。人们的需要是广泛多样的，奖励要充分注意受奖者的需要特点。正如列宁所说："马克思主义的精髓，马克思主义活的灵魂：对具体情况作具体分析"①，要因人而异，不能一刀切。在德育工作中常用的奖励方式有：发奖金、评优评先、通报表扬等。各种奖励方法对被奖励者积极性的影响，并不完全取决于它的经济价值的高低和精神奖励的级别，而是取决于奖励的方式和奖励的内容是否符合人的需要特点，是否做到以人为本。胡锦涛曾经强调做思想政治工作必须坚持以人为本②，对于年龄较大的老人的道德奖励可以是派志愿者去帮老人做家务，陪老人聊天等。对中年人的道德奖励可以是帮他们渡过生活中的难关，在他们最需要帮助的时候给予扶助，例如某社区的孙功品因为乐于助人，遵纪守法，在"道德银行"里的"良好信息记录"多。在他患前列腺炎无钱治疗时，村民互助基金给他捐了8000元钱，帮他渡过了难关。对于年轻的储户，在进行道德奖励时应从他们的前途去考虑，可以优先推荐就业、参军等。

4. 确定奖励形式。人的需要可以分为物质需要和精神需要两个方面，奖励形式也要精神奖励和物质奖励各有侧重。道德奖励也要相应地分为物质奖励和精神奖励两方面。首先是物质奖励，即以为人们提供某种物质来增强人们的热情和提高创造力的一种

① 《列宁选集》第4卷，人民出版社1995年版，第213页。
② 胡锦涛：《坚持用"三个代表"重要思想统领宣传思想工作》，《人民日报》2003年12月7日。

奖励方法。由于物质奖励与物质有关，因此在运用物质奖励时要特别注意以下几个方面：既要反对平均主义，又要避免痴迷金钱，同时也要将物质奖励落实到位。其次是精神方面的奖励，它是为了增强人们的热情和提高创造力而为有精神层面需求的人们提供相对应的奖励。通过精神奖励推动高校学生拥有拥护党、热爱祖国和社会主义的心境，培养高校学生端正态度，树立正确的"三观"的重要依据和必要措施。在运用精神奖励时不能流于形式，成为空洞的说教，要适时、适宜地给予精神奖励。物质奖励和精神奖励又是相辅相成的，精神奖励的实现离不开物质，物质奖励并不是单纯因为物质而实施奖励，它也充满一定的精神内涵。邓小平说过，我们要实行以精神鼓励为主，物质鼓励为辅的方针。精神鼓励是必要的，物质奖励也不可少。目前，我国尚处在社会主义的初级阶段，我国的经济发展与人们日益增长的物质需要存在矛盾，不能用精神来代替物质生活。因此，物质奖励在大学生德育工作中是必要的。同时，我们是社会主义国家，精神奖励必不可少，因此，我们要将物质奖励与精神奖励相互补充，既不能一味地搞"精神万能"，也不可以片面地搞"奖金万能"。要通过精神奖励来提升物质奖励的品位，要通过物质奖励来巩固精神奖励的成效，如果单纯重视精神奖励却忽略物质奖励，这将无法和我国目前高速的经济运转状态相适应，同时它也无法长期持续发挥其功效。如果只片面地讲物质奖励而不重视精神奖励，也不符合我国社会主义精神文明建设的要求，可能还会导致拜金主义。因此，只有将精神奖励和物质奖励有机结合起来，才能够很好地调动广大大学生德育的积极性。例如，在高校的"道德银行"中，对于道德表现好，"道德币"数量较多的大学生，优先考虑入党，评选为"三好学生"和"优秀学生干部"等，这是一种在精神层面上对高等院校学生的重要奖励方法，用精神奖励，使德育的培养目标得以逐步实现，使得大学生获得了一种成就感，激发了他们的积极性，使得他们实现自身的人格价值。如果精神奖励与物质奖励长期脱节，就会失去激励效果。毛泽东曾经指出："一切空话都是无用的，必须给人民以看得见的物质福利。"① 大学生到大学学习要缴纳一定的学费，还要付出生活费用等，这些资金除了父母提供外，大学生也希望能够通过自己的努力顺利毕业，学生对经济的需求除了家长的部分支持外，他们通过勤奋学习希望能得到学校的奖学金、助学金和其他一些物质奖励来减轻家庭的经济负担。因此，"道德银行"应根据学生所做志愿服务的多少和他们付出的多寡给予优秀大学生相应的物质奖励，这不仅能够帮助大学生独立自主地完成学业，还能够让他们体会到付出就有收获，进而不断增强这些学生提高思想品德的自觉性和热情。因此，我们要把精神奖励和物质激励很好地结合起来，更好地发挥激励的效果。

5. 进行民主评定。奖励的评选要坚持群众性、民主性。坚持评选的群众性与民主性，对于保证评奖的公平有很大的意义，作用也十分明显，而且还可以有效地提高奖励对人们的积极影响。在评奖中让群众充分行使民主权利，能保证获奖者的典型性，有利于使其他人产生学习的意向，有助于组织中形成比学赶帮、力争上游的高昂气氛。在评奖问题上的"官封""钦定"以及在评选方法上缺乏民主性，都会大大损伤奖励对其他人的积极影响，甚至会使受奖者在群众中被孤立、受打击。在"道德银行"里的工作人员都是经过广大群众民主投票推选出来的，"来自群众，接受群众监督"是"道德银行"里对工作人员的基本要求，这也为道德奖励坚持群众性和民主性打下了基础。道德奖励要经过道德评议小组根据储户的道德表现和"道德币"的数量作为依据来进行评定，评定结果要经过公示，公示无异议后才能最终确定道德奖励。

6. 适时、适度发放奖励。道德奖励是对大学生积极道德行为的直接肯定和及时强化。首先，道德奖励作为一种强化要及时实施，要选择大家记忆犹新的最佳时刻，如果等到大家对这件事都淡

① 《毛泽东文集》第二卷，人民出版社1993年版，第467页。

忘了再来实施奖励，那就不能激起大家的热情，也就失去了它的意义和作用。通常，心理上对奖励的需要与奖励实际出现的时间间隔越短，激励的效果就越好，如果对奖赏的心理需求与奖赏兑现的时间相差越长，那么奖赏所起的作用就越小或者没有作用，甚至会出现不好的效果。心理学的有关研究表明，短时间内进行奖赏能够起到百分之八十的效果，延后的话则只有百分之二十的效果，所以教育者要想使道德奖励发挥应有的作用，必须及时对学生的道德进步给予道德奖励。当然，这并不排除在某些特殊的情况下所采取的延时奖励。就总的来说，一定要根据大学生的心理特点，把握激励效果的最佳时机，适时地给他们施行道德奖励。其次，道德奖励还要根据大学生的心理活动特点，掌握一个适当的度。道德奖励的适度，是指道德奖励要有一个恰当的限度和范围，低于这个范围的奖励，不能引起大学生的兴趣，对大学生不起作用；高于这个范围的道德奖励会过度吸引大学生的兴趣，使大学生的积极性产生很大的落差，甚至引起大学生的焦虑。那么，什么才是道德奖励的适当程度呢？道德奖励的量与受奖励者的付出相当才能称为道德奖赏程度适当。如果过分奖励受奖励的人，就会出现实际与事实不符，是一种不恰当的奖赏，不但会造成被奖励的人自满高傲，也会使他受到别人的指责而心理受挫，对标兵、楷模、榜样等充满恐惧感。同时，外人也对受奖励的人有各种怨言，认为奖励不公，背后有问题有猫腻，甚至对道德奖励这种行为产生质疑。另一方面，如果道德奖励没有达到一定的度，道德奖励也发挥不出应有的效果，给人一种受没受到奖励都无所谓，这样也会产生不良的后果。由此可见，道德奖励要适当，要恰到好处。"道德银行"就做到了这一点。在"道德银行"里，储户所做的好事被证实后就以"道德币"的形式存入银行，不仅储户自己能马上看到自己所得的道德"存款"数量，其他人也能马上看到道德"存款"的排名情况，这本身就是一种及时的奖励。

第三节 以"道德处罚"为核心的约束机制

道德属于社会意识形态，与一定的经济基础密切相关。当代社会已经走出单纯人治的藩篱而追求法治精神，因此除了对道德加强自身磨砺和教育引导之外，健全完善必要的约束机制。"道德银行"的约束机制也是"道德银行"有效运行的保障之一。

一、"道德银行"约束机制的内涵

我国古代儒家的"德法兼用"和"德主法辅"思想可以简明地概括为"徒善不足以为政，徒法不能以自行"。[①] 现在，我们要建设社会主义法治国家，一方面要实行依法治国，另一方面又要加强社会主义精神文明建设，这不仅是社会主义的本质要求，也与先秦儒家的"德治"思想不谋而合。道德需要保障，需要维护，需要道德环境和物质条件的支撑。硬性制度约束作为道德素养的底线，要真正担负起规制伦理道德失范的重任。在醇厚自身道德素养的基础上，利用各种制度加强对正面的引导和对负面的规制，发展成熟的公民社会，才是提升社会道德的有效途径。亚里士多德曾经说过："人的心灵遵循着或包含着一种理性原理的主动作用"[②]，道德是内在性与外在性的统一，因此，"道德银行"的约束机制是道德自律和道德他律的统一。首先是道德的自我约束。德国的古典哲学创始人康德率先提出道德的自我约束。何为道德的自我约束，我国的伦理学界认为是"道德主体自觉主动约束自我的行为"。具体而言，它就是个人认可道德行为规则。道德的自我约束是个体主动自我管控，不断增强对道德的认知程度和道德意志，把道德行为规则进行

[①] 《孟子·离娄上》。
[②] 《西方伦理学名著选编》上卷，商务印书馆 1964 年版，第 287 页。

内化，不断完善自己、提高自己和改良自己；其次，道德的他人约束。我们知道，道德作为一种隐藏于人的内心的信念，它必然要表现为一种外部的行为，否则，道德就是抽象的概念，而不会成为社会的道德，也就没有社会层面的意义。关于何为道德的他人约束，马克思主义认为是社会或群体的非感性。我国的伦理学界将这种非感性认定为控制欲望的道德水平。社会主义的道德规范强调集体利益的至上性，但也强调要获得个人的正当利益，同时还强调个人利益与集体利益相冲突的时候要牺牲个人利益。从原始社会到现在，道德行为一开始是单纯的外界负担，而后逐渐内化至人的心理。从这我们可以看出：在某种意义上，道德也是需要借助外界力量的作用。换句话说，践行道德要借助人的管控，对道德的培养和融合方式开展他律是必要的。

长沙理工大学城南学院为了确保"道德银行"顺利进行，建立了约束机制。

学校把道德币作为学生的年度考评硬性标准之一，形成一种"约束机制"，每个同学每个学年至少要存满十个"道德币"才有资格参与评优评先，申请奖学金、助学金，申请入党等。为配合"道德银行"建设，城南学院专门修订了《学生手册》等相关制度文件，将一学年获得十个"道德币"作为学生评优、评奖、评先和获得助学金的基本条件，正式明文规定。长沙理工大学城南学院的"道德银行"建立起来的道德约束机制持续发力，取得意想不到的效果，有的学生从被动地积攒"道德币"逐渐过渡到主动奉献爱心，甚至做好事不留名。

二、道德处罚在约束机制中的地位与作用

道德惩罚是对人们不良或不正确的道德行为及其后果的一种否定的信息反馈，这种反馈可促使人们中止并转变不良行为，使其原有的行为动机消退，并警示他人，以引导人们朝着社会要求的目标迈进。道德是一种社会意识形态，是人们在日常生活中所共同遵守的行为准则。它并不具备强制性,主要依靠个人素养、行为操守、所受的宣传教育以及社会舆论压力来支撑。所谓道德惩罚也是一种精神上的谴责或责罚,并不像法律惩罚具备社会强制性。具体到个人的道德行为,主要指的是一切具有善恶价值并应承担道德责任的活动,它所遵循的就是个人的道德价值理念,包括道德的行为和不道德行为两个方面,二者以是否有利于他人或社会为区分标准。不道德的行为如若曝光,极有可能遭受社会舆论的强烈谴责。道德作为调节社会关系、促进人际和谐的重要行为规范,不可避免和利益扯上关系。如邓小平所言:"革命精神非常可贵,没有革命精神就没有革命行动。革命是在物质利益基础上产生的,如果只讲牺牲,不讲物质利益,就会陷入唯心主义的陷阱。"为了争取自己的正当利益,采取合理的方式或是合法渠道都是可行的,是被社会所允许的行为。"功利主义支撑着他们的道德判断。"[①] 然而,现今社会总不乏投机取巧的人,他们一味想要获得,不愿有任何付出。对于他们来说道德不是义务,仅仅是权利,从而作出一些败坏道德的行为,阻碍社会道德秩序的良好运行。对于这样的人和事必须实行道德处罚。因此道德处罚是"道德银行"约束机制的重要组成部分,处于不可或缺的地位。

道德处罚的作用一方面是通过惩罚的方式对人们的不道德行为进行抑制,促使人们停止不道德行为,或通过不道德行为的处罚来达到警示人们的目的,使人们知道哪些是受到道德唾弃的。维持良好道德风尚的最佳方式就是利用社会舆论对当事人造成压力,让他明白自己的所作所为是可耻的。尤其在当今社会,我国经济的飞跃虽然给人们带来了思想上的大解放,但是这种解放还处在较低层次,加之人们的思想素质参差不齐,因此,在道德领域中出现了各种新状况:效率与公平、利益与道德、公利与私利之间的矛盾

---

① 张霄:《评目的论式的马克思主义道德理论》,《中南民族大学学报》(人文社会科学版) 2010 年第 3 期。

和冲突日益突出，并产生了很多道德困境。主要表现在钱和权两个方面的迷失。在金钱这个话题上，马克思认为：金钱造成了人的异化，人们对它顶礼膜拜。① 这种心理使得现实社会拜金主义大行其道。在权的问题上，邓小平曾经指出，"世界观的重要表现是为谁服务"。② 当今社会一部分干部，权不是为民所用，而是以权谋私。这些道德困境如果还仅仅停留在依靠道德内审的方法是很难解决的，必须给予相当程度的道德处罚。邓小平曾经指出："在不同的时代背景下，虽然党的政治工作的根本内容没有变化，但是面对不同的工作对象也应采取不同的解决方案。"通过道德处罚，使违背道德的人，轻者受到道德的谴责，不准评优评奖；重者受到人们的唾弃，甚至身败名裂。这些都是实施道德惩罚所带来的社会积极效应。

道德处罚的另一社会功能就是对其他的道德约束机制作一个有益的补充。当前传统的道德约束方法已经难以完全奏效了，必须依靠道德处罚来起作用。第一，道德处罚是道德说教的强心剂。目前道德说教渐渐失灵，尤其是年轻人对于道德的说教不理不睬，甚至质疑和反感，例如，现在向人们说起英雄人物时，人们偶尔会有感动，但已经没有像以前那样对英雄人物发自内心的崇拜和尊敬，而想要以实际行动去追随"社会模范"的人却少之又少，更有甚者对于媒体所报道的好人好事嗤之以鼻。很多人对道德规范上的说教不当一回事，甚至对着干，作出一些明知故犯的不道德行为，这样的人和事必须通过道德处罚来增强他们的道德意识；第二，道德处罚有唤醒人性的力量。在多元社会价值观流行的社会，人们对道德也有了不同的认知，原有的道德坚持逐渐松懈下来，加上信仰的迷茫，人们对道德的一些精神内核渐渐变得模糊不清，对某些行为是否违背社会道德规范失去辨别能力，于是方便起见选择随大流。长

---

① 《马克思恩格斯全集》第 1 卷，人民出版社 1960 年版，第 447 页。
② 《邓小平文选》第二卷，人民出版社 1983 年版，第 49 页。

期以来所沉淀的社会道德观念逐渐开始动摇，人性开始麻木。助人为乐也感觉不到快乐和满足，这些人要想有道德付出也是非常难了，老人摔倒无人去扶的现象也就不意外了。对于这样人和事光是从道德谴责的角度来约束显然无济于事，必须通过道德处罚来唤醒他们心灵道德的冷漠；第三，道德处罚有助于对扭曲的人性进行洗涤。对某些人而言，助人并不快乐，伤害别人反而能带来满足感，他们认为道德付出就是牺牲，加害别人却是收益，对于不道德行为，不以为耻，反以为荣。对于这种人和事必须加以严厉的道德处罚，通过道德处罚来清洗他们心灵的污点，使变形的人性重新恢复健康。

总之，我国正处于社会转型的关键阶段，相应的道德观念也处于新旧更替之中。道德信仰多元化，陈旧的道德观念跟不上时代变化的新要求只能被淘汰，而新型的道德体系还未建构成功，整个社会处于一种完全混乱和迷失的状态。这种状况使得人们的道德批判体系出现偏差，对于某些行为是否符合既有的道德观念感到迷茫，对实践具体的道德行为时又会产生怀疑心理。由此，人们既愤懑道德的被践踏，又有点无可奈何。在这种情况下，要扭转道德风气，形成新的道德约束机制一定要重视道德处罚，道德处罚必然要处于极其重要的地位，发挥应有的作用。

三、道德处罚在"道德银行"中的运行机理

道德处罚用得当会产生积极的效果，反之则会带来负面效应。如果在惩罚过程中让人不舒服，甚至有消极悲观的心理反应就不好了。因此，利用道德惩罚时不可忽视的一点是：在充分尊重事实的基础上灵活运用惩罚方法，最大限度地避免不利影响，取得良好的效果。

1. 道德处罚前要做好预防。毛泽东曾经指出："'凡事预则立，不预则废'，没有事先的计划和准备，就不能获得战争的胜利。"[①]

---

① 《毛泽东著作选读》上册，人民出版社 1986 年版，第 247 页。

道德处罚是为了不处罚，更不是为了处罚而处罚。明明知道别人的行为是违背道德的却置之不理，等到违背道德的行为出现并产生后果的时候再来处罚，这本身就是不道德的。在"道德银行"里建立道德预防机制是一个新课题，当不道德行为出现时要及时发现，对可能发生的错误行为，事先警告，在苗头初露时，立即教育、提醒，引起警觉，防患于未然。

2. 道德处罚中的注意事项。一是道德处罚要出于善意。道德处罚是对"不善"的调整，他本身要符合"善"的标准，要出于善意。同时，道德处罚也是为了改正缺点，更好地工作，说到底，也是为经济发展服务的，毛泽东指出："思想政治工作最终是为经济服务的。"① 因此不能用道德处罚来泄私愤，要公正客观、实事求是地指出错误，分析错误，耐心教育，以理服人。使受罚者罚而无怨，心悦诚服，受罚之后，不抱成见，遇有进步，及时给予肯定和鼓励。二是道德处罚要适当。要罚过相当，轻重适宜，并应有所区别，初犯从宽；再犯从严；态度好的从宽，态度差的从严，过去处理过的问题无例从轻，有例从严。尽量采用一次性惩罚，少用永久性惩罚；多个别批评，少公开点名；处分要慎重，能用经济手段处罚的不要给予处分。三是道德处罚要一致。规定该罚的就罚，不该罚的不滥罚。该罚的不罚，领导失去威信，规章制度失去威慑力。滥施惩罚，会引起对立。标准要一致，以事实为依据，以法规和纪律为准绳，不分亲疏，对任何人一视同仁，宽严一致，使一人受罚，众人受益。四是道德处罚要冷静。道德处罚是一种精神处罚，是心灵的调整，对于出现了违背道德的行为，一定要冷静对待，不要被表面现象所激怒，要"去粗取精，去伪存真，由此及彼，由表及里地改造制作工夫"找出问题的根源，聚焦灵魂深处，然后有针对性地进行适度的道德处罚。对一般问题"冷处理"，不搞"倾盆大雨"；对于出现严重的道德行为也要允许人们对错误行为有一个

① 《毛泽东文集》第七卷，人民出版社1999年版，第351页。

认识和改正的过程，不要一怒之下，一棍子打死。

3.道德处罚是手段，不是目的，事后应加强道德教育，惩罚与教育相结合才能使效果最大化。采用惩罚手段可能在短期内小有成效，但长远来看极有可能产生较大的副作用，挫伤当事人的社会责任感和践行道德责任的积极性，消极不满、逃避对立等不良情绪都可能发生。因此，在道德教育的过程中要采取"惩教结合"的方式。"惩"是严厉的措施，可起到震慑作用，"教"是舒缓做法，可缓解当事人的压力，二者缺一不可，这样可最大限度地减少负面影响。

第四节　以"道德利息"为核心的回报机制

所谓道德回报，指的是以某些利益作为手段，用以评价人们具体行为的善恶。① 道德回报的显著特征是"德福一致"观，那些道德的行为应该得到社会的积极响应，得到相应的物质、精神奖励。建立"道德银行"的回报机制也是使"道德银行"有效运转的保障之一。

一、"精神回报"：道德利息的本质内涵
(一) 道德行为需要回报

亚里士多德认为，幸福的获得有赖于个体善性作用的发挥。英国著名的思想家亚当·斯密在其所著的《道德情操论》中对人们通过道德行为获得相应回报作了更为详尽具体的说明，他在书中指出，对任何人而言，如果所采取的一个行为被其他人认为是可被感激并认可的，那么这一行为就必定会获得相应的良性回报；与之相反，如果一个行为被其他人认为是可被怨恨并不被人认可的，那么

---

① 易钢：《道德回报理论初探》，《华南农业大学学报》（社会科学版）2004年第4期。

这一行为就必定会获得相应的恶性回报。① 这两种行为所获得的不同回报均是其不同行为所产生的相应后果。按照亚当·斯密的理解,良性抑或是恶性回报就是人们遵从自己内心的情感,针对特定客体的行为或品质所作出的不同反应。

就道德行为本身而言,其并不是需要任何回报的,但是在市场经济体制的大背景下,如果道德活动无法受到社会的认可,那么引导人们前行的道德价值就缺失了。闫钢教授谈道:"人生职责就是承担起社会给予的任务和与之相对应的各种责任。""人生职责有着鲜明的物质性,通常而言,人类肩负的职责越多,得到的物质性收获就越大,若无职责就无法获取相应的物质利益。"② 在社会主义初级阶段,人们要靠劳动作为主要的谋生手段,他们需要追求自己的利益才能生活下去,如果片面强调"牺牲"个人利益,这是脱离实际道德水平和生活条件的,超出了群众心理的承受能力。因此,应当给良好的道德行为以报偿,借此来扭转当前人们的道德滑坡现象,对良好的道德行为要给予鼓励,给"崇高的善"以回报。

从权利和义务这两者的关系来看,马克思曾经作出过极为经典的论述,这就是"没有无义务的权利,也没有无权利的义务"。③马克思的这一经典论述对权利与义务之间的相互关系进行了普适性的说明。道德权利观念的形成和发展,是人类进步的重要标志之一。在这里来说,权利是义务的目的,义务又是权利的条件。道德抑或是奉献均是在人内心信念所支配下产生出来的事物,是人们遵从内心意愿所作出的行为。道德行为的这种自觉自愿性正是其崇高性集中而具体的体现,同时这也是道德义务与其他领域的义务相区别的最为重要的方面。然而,这并不意味着我们要将道德义务与道德权利割裂开来进行看待,在道德义务与道德权利二者之间同样存

---

① [英]亚当·斯密:《道德情操论》,蒋自强等译,商务印书馆1997年版,第72页。

② 赖廷谦、闫钢主编:《思想道德修养》,四川民族出版社2005年版,第129页。

③ 《马克思恩格斯全集》第16卷,人民出版社1995年版,第16页。

在着密不可分的关系。换言之，没有无道德义务的道德权利，也没有无道德权利的道德义务。道德权利在人们自觉自愿产生的各类道德活动中并不是产生这种活动的道德主体最为首要、最为直接的动机，同样道德权利也不应被视为履行相应道德义务的必要条件。就道德行为所产生的社会结果而言，道德主体在履行了一定的道德义务之后，获得一定的回报也是其道德权利的直接体现。在现实生活中，我们常常会遇到这样的人，当一个人对他人表示出足够的尊重与敬意之时，他人也会对其报之以同样的尊重与敬意；当一个人通过自身的行动积极投身于社会奉献之时，社会也会给予其相应的回报（如获得各种荣誉、物质奖励等）。一个人在作出奉献社会、服务他人行为的时候，并没有希望获得某种回报的主观意图。然而，由于这些人的奉献与服务而获得"红利"的个人或社会就有对其施以回报的义务，施惠者与受惠者之间的这种关系也是道德权利与道德义务得以长存的必要条件，也是实现整个社会伦理争议的必然要求。

就道德本身产生的根本目的而言，道德总是与利益呈现出密不可分的关系。从这个层面上讲，道德在根本上带有浓厚的功利色彩。恩格斯对杜林所提出的永恒道德理论给予了尖锐的批驳，恩格斯认为人们道德观念的形成总是在自觉与不自觉间受到他们所从属的阶级地位的影响与制约，这种阶级地位更为直接地表现为个体在进行生产与交换过程中所结成的社会关系中。正是基于以上这种观点，恩格斯得出"一切以往的道德归根到底都是一定时期社会经济状况的产物"的结论。恩格斯的这一结论指出了道德的本质，并对道德所带有的鲜明功利色彩作出了精辟阐述。这一切归结为一点就是道德带有鲜明的功利色彩，任何道德都是具体的，离开利益的纯粹道德是根本不存在的，同样纯粹从义务层面上得出的抽象道德也是不存在的。

当一个人作出符合道德准则的行为的时候，主观上来讲是处于自身的道德良心与道德准则，从而在舍弃或忽略自身利益的前提下作出超越功利的行为选择。① 然而，正是从这个意义上讲，作为道德奉献受惠者的个人或社会在享受到道德奉献施惠者所提供的道德"红利"的时候，也就理应对施惠者给予相应的补偿与回报。道德奉献行为人在作出高尚行为的时候不会考虑到这一行为所为其带来的补偿与回报，这也就是说道德行为不能用一般意义上的功利得失来进行衡量。道德奉献施惠者不期望获得补偿与回报并不能成为其不应该获得补偿与回报的原因，恰恰相反，正是由于道德奉献施惠者具有此种崇高美德，受惠者更应该给予其相应的补偿与回报，这也就是我们通常所说的知恩图报。只有在整个社会树立了知恩图报的良好风尚，社会才能朝着道德公正以至社会公正的方向发展。

（二）精神回报不能与物质利益分离

现实生活中，一个人如果能够做到乐善好施，必然会得到人们的崇敬与仰慕，并且整个社会也会为这样的人赋予极高的精神价值，认为其是美的化身。然而，仅有这一点并不足够。善固然是美的，而又不能止于仅为美，他还必须具有可用性。只有兼具了美与可用性，善才能真正称之为善，也才能产生强大的吸引力与感召力。善如果不能兼具美与可用性，就会从根本上偏离利益的"轨道"，进而还会引发社会生活本身的分裂。之所以会出现这种后果，原因很简单，就在于道德权利与道德义务的不对等，享有权利的人不履行相应的义务，而履行义务的人则不能充分享有权利。在这种情形下，社会上作出种种善行的人就不能为人们所崇敬与仰慕，遑论强大感召力与吸引力的产生了。

每个人在精神生活与道德领域都有追求，然而，较之其他物质利益才是人们最根本、最基础性的需要与追求，马克思主义认为："需要往往直接来自于生产或以生产为基础的情况"，"一切以往的道德论归根到底都是当时的社会经济状况的产物"。② 精神需

① 王海明：《新伦理学》，商务印书馆 2002 年版，第 139 页。
② 《马克思恩格斯选集》第 3 卷，人民出版社 1995 年版，第 435 页。

要、道德生活也都是围绕人们的物质生活所展开。在短时期内,社会可以凭借强大的精神力量或道德感召来进行维持,但是长远来看对物质利益采取忽视以至否定态度的行为必将被证明是根本错误的。与之相对应的,如果我们在社会发展中过分地强调或突出物质利益,任何行为均与物质利益回报紧密相连,那么社会就会失去基本的道德操守,各种失德行为也就会频频发生。因此,一个健康的社会必定是在认可物质利益是人们的根本、基础性需要的前提下对道德行为给予大力的颂扬,并且要能保证作出道德行为的个人能够获得相应的补偿与回报。只有这样,这个社会才会产生持久向善的动力,才会趋向和谐与温暖。

在"道德银行"里所存入的"道德币"的数量是志愿者所作的善行多少的标志,所作的善行越多,"道德币"的数量越多,产生的利息也就越多。从银行的运行机制来看,利息是对储户所存入现金的回报,借助于银行这种运行机制,在"道德银行"里存入的善行也应该获得相应的回报,这便是"道德银行"的精神回报。当然,这里的精神回报也是以物质为基础的,没有完全脱离物质的精神,精神回报最终可以获得物质利益,例如在长沙理工大学城南学院的"道德银行"里学校规定的储户可通过支取"道德币"寻求帮助,也可通过支取数量不等的"道德币"换取校园各类讲座、晚会的紧俏门票等。

二、"道德储蓄":道德保值增值的重要方式

"道德储蓄"就是指仿照银行的形式,把志愿者(储户)优秀道德行为兑换成一定的"道德币",存入"道德银行",这些"道德币"就是志愿者参加志愿活动,服务他人的象征。如果将来有一天这些志愿者自己遇到了困难如需要帮助的时候,他们就可以向"道德银行"支取他们的"道德储蓄",即"道德银行"根据他们以前的储蓄数量和这次困难的大小,安排其他的志愿者来为其提供相应的服务。"道德储蓄"是一种对做好事者的回馈机制,好人好事被

当作可以储蓄的分值，得到一定分值便可以获得物质奖励，以及某种精神回报。例如在一个叫南湖的社区里设立了一家"道德银行"，该社区"银行"实行社区联网经营，所有业务由社区服务中心统一管理，当"储户"了解到该社区居民有需要帮助的情况，他们就可以提供各种帮助。"储户"提高服务后，可以要求被帮助者在"储户"的"道德储蓄银行卡"上签署证明，再到"道德银行"去确认，确认之后这一笔道德储蓄就完成了。在这个"道德银行"里，那些每年提供为他人无偿服务达到 400 小时以上的储户，可以参加由社区举办的"创先争优"评选活动并获得一定的表彰奖励。凡是为他人提高的无偿服务累计达到了 800 小时的"储户"，就可以获得由社区服务中心所核发的"志愿者终身受益卡"，持有这张卡的"储户"在自己遇到困难而需要帮助的时候，能够获得由"道德银行"提供的不限时间的经常性帮助，同时还能够享受到政府所给予相应优惠政策。

"道德储蓄"，是一种道德实践，通过这种道德实践来提升个人道德品位。人们道德品位如何只能靠道德实践来检验，"只有人们的社会实践，才是人们对于外界认识的真理性的标准"。[①] 宋代名相文彦博每做一件好事或错事，就分别放粒红豆或黑豆在罐子里，以此砥砺自己的品行，他知道道德需要自律、需要一点一滴的积累，不断提升个人的道德境界。扬州大学社会发展学院副教授薛平认为，在当下很多人认为社会道德滑坡的情况下，"道德储蓄"尤其可贵。在一个公平合理的社会评价体系中，善举理应得到奖励和承认。另外，有些善举确实微不足道，但经年累月就可以聚沙成塔，堆积出道德的高地。[②]

"道德储蓄"的本质是激励。每做一件好事，就获得一定数量

---

① 《毛泽东选集》第一卷，人民出版社 1991 年版，第 284 页。
② 《"道德储蓄"或堆积出道德高地》，2011 年 10 月 15 日，见 http://roll.sohu.com/20111015/n322266955.shtml。

的"道德币",这是一种自我肯定与激励。社会道德的构建同样需要激励,必须旗帜鲜明地奖善惩恶,让好人不吃亏、好人有好报,获得应有的精神与物质褒奖,道德储蓄才能蔚然成风;相反,如果英雄流血又流泪、做了好事还得担心被反咬一口,社会的向善、从善之心就会越来越冷,道德储蓄也更会被漠视。

一个幸福的社会,不仅要有先进的物质文明,而且要有高度的精神文明。每一个公民乃至整个社会重视道德建设,有意识地养成道德储蓄的习惯,社会道德水平才能不断提高,百姓的归属感和幸福感才能更加强烈。从这个意义上来说,幸福社会,需要更多的"道德储蓄"。

三、"道德利息"在"道德银行"中的运行机理

"道德利息"是借助于银行储蓄中"利息"的概念,其本质是道德回报。通过"道德利息"来达到道德回报的目的,以"道德利息"为代表的道德回报要想在"道德银行"中顺利运行,要注意如下几个方面:

第一,优化"道德利息"的主体。优化"道德利息"的主体就是要提升回报主体的素质,江泽民说:"要说素质,思想政治素质是最重要的素质"。①"道德利息"必须通过作为"道德利息"的主体的人才能够加以确认和实施,而人的身体心理素质、思想道德素质和科学文化素质制约着道德的建设和发展。胡锦涛指出:"我国高校办得怎么样?我国高等教育事业发展得怎么样?首先要看培养出来的大学生是不是合格,特别是思想政治素质是不是合格。"②优化人的素质必须坚持马克思所主张的人的全面发展,尤其不能忽视人的精神世界的建设。"道德利息"的具体主体包括个人、社会、

---

① 中华人民共和国教育部、中共中央文献研究室:《毛泽东邓小平江泽民论教育》,人民教育出版社 2002 年版,第 275 页。

② 胡锦涛:《切实加强和改进大学生思想政治教育工作》,《十六大以来重要文献选编》(中),中央文献出版社 2006 年版,第 640 页。

组织、家庭等，各个主体之间是相互渗透和相互影响的。优化"道德利息"的主体是促进道德发展、确保道德回报的根本前提；"道德利息"和道德进步又是优化道德主体的重要环境条件。通过优化"道德利息"主体要在全社会广泛树立道德回报的观念，在全社会普遍形成道德回报的风尚。

第二，充实"道德利息"的内容。"道德利息"可以表现为精神的、物质的和社会发展机会等方面。我们知道，物质利益和物质需求是人们生存和发展所需要的基本条件和重要保证，"每一个社会的经济关系首先是作为利益表现出来的"。道德施予者在进行某种道德行为的时候往往追求的是精神的完善，这种追求并不期望有所回报，但是给予他应有的精神回报也会给他带来一定的精神满足和鼓励。道德施予者在进行道德行为的时候也都没有渴望获得物质利益的回报，但是给予他一定的物质利益回报才能真正体现社会的公平和道德的价值。同样，道德施予者在进行道德行为时，想到的是更多的施予和奉献，并没有考虑个人发展的机会，当同一个发展机会出现时，他们会选择谦让或主动放弃，导致出现了"好人吃亏""善良被欺"的现象，这种现象一旦普遍化，就会不利于社会公平和道德发展。

第三，拓展"道德利息"的形式。"道德利息"的主要形式有道德评价、道德奖惩和道德通报。道德评价是"道德利息"的重要形式，如果没有道德评价，那么对道德施予者的道德行为就不能被判断，分不清好坏，也不会在社会上引起任何反响，最终导致人们对道德行为判断失误。道德评价的标准要注重将统一性与层次性结合起来。社会主义道德标准是道德评价的统一性标准。不同的道德施予者有不同的道德层次，古代有上士、中士和下士之分，当今社会既有共产党员的道德境界，也有一般职工的道德操守，等等。道德奖惩是对道德行为的肯定或否定，道德奖励增加"道德利息"，道德处罚减少"道德利息"。道德通报是一种显性的道德评价，是将道德评价的结果进行公示与宣传。通过道德通报使得隐性的道德评价显性化，使良好的道德行为产生显性的效果，在社会上产生显性的影响。良好的道德行为只有将道德评价、道德通报和道德奖惩这三方面互相结合，才能得到应有的回报，也才能确保整个社会道德的进步和完善。

第四，建立和健全"道德利息"制度。黑格尔说过："道德的观点，从它的观点，从它的形态上看就是主观意志的法"[①]，"道德利息"的法就是"道德利息"制度。"道德利息"制度使个体的道德行为中的自律与他律两者相互协调统一起来，使整个社会的道德价值导向与道德行为后果相互统一协调起来，使遵循道德规范要求的人得到道德表彰的回报，使违反道德规范要求的人得到相应的道德处罚，甚至法律的惩罚。

第五，"道德利息"是一个不断完善的过程。一方面，作为"道德利息"的主体，无论是道德施予者（产生"道德利息"），还是领受者（取走"道德利息"），主观上需要一个反复认识、逐步认同和不断实践的过程；另一方面，道德环境客观上需要一个对操作机制的完善过程。我们在发挥"道德利息"的作用时既不能急于求成，也不能急功近利；既要承认良好运行的过程性，又要积极促进有效实现。

---

① [德] 黑格尔：《法哲学原理》，商务印书馆1982年版，第111页。

第十章　大学生"道德银行"的
绩效评估

大学生"道德银行"的绩效评估是关于大学生道德行为规范的实际表现情况，是对行为的客观评价和总结。对大学生"道德银行"的道德践行实际效果进行测评极其重要。本章重点介绍大学生"道德银行"绩效评估的指标体系、绩效评估的基本程序和绩效校验的主要方法。

第一节　绩效校验的标的

大学生"道德银行"在经营过程中取得的实际效果如何？有没有达到预期的目的？这就需要进行绩效校验，其中的主要方法就是看大学生对"道德银行"的认同度的检验，社会公众对大学生"道德银行"的认可度检验，以及大学生"道德银行"在高校思想政治教育中的贡献度检验。

一、大学生对"道德银行"的认同度

在市场经济与文化多元的今天，道德认同是一个非常突出的社会伦理问题。因为利益矛盾的存在，社会道德分歧的消解与个体的社会化等都要求人们进行道德认同。

在"道德银行"里,"道德银行"把个人的道德准则,提高个人自身道德修养与履行道德义务确立在它的理念体系之内。对此,应该如何判定机制主体与行为主体在道德准则上实现了认同与一致,通过长沙理工大学城南学院的一组数据,我们似乎找到了相应的答案。

截至 2010 年,长沙理工大学城南学院已有"储户"1 万余名,每学年平均志愿服务时间在 6 个小时以上。学生自发建立了 11 个社会服务网点。702、804 路两条公交线,1 个交通协管站。承包了 11 栋教学楼的"垃圾文学"清理。在湘西偏远学校设立了"城南助学金",长期资助 21 名贫困学子,受到团省委和县级人民政府通报表彰的英雄人物 3 人,2009 年收到好人好事表扬信 5 封,锦旗 1 面。2008 年 7 月 8 日,团中央第一书记陆昊到校调研指出,"道德银行"是"加强团员青年思想政治教育的重大创新""值得借鉴和推广"。

数据已经充分说明,大学生对"道德银行"是认同的。这种认同可以从以下三个方面来理解:

首先,在情感上与心理上接受并消化了"道德银行"的践行理念。

践行道德不仅仅包括道德原则与规范的教育,更主要的是关于人的"生存方式"的教育。在当今条件下,机器、市场、利己主义与多元化加剧了道德的混乱,"人们呼吁进行人文主义教育,使技术与道德统一起来,培养人的责任感"。① 如何在混乱的道德局面之下建构适应大学生的社会主义道德,这是一个至今都还没有完全解决好的道德教育难题。可以说,在这个道德教育的权重上陷入了困境,很多人在传统中寻找答案,用中国的义利观、康德的思想求证现代道德应当复古的合理性,其结果是在教育方式上始终不能越雷池一步,虽然这些人也主张德育方式应该变革,但在复古主义的思想指导之下,这种变革不会有实质的突破。

"道德银行"首先从这种道德困境中走出来,它用回报理念、践

---

① 甘葆露:《中国伦理学百科全书·德育伦理学卷》,吉林人民出版社 1993 年版,第 331 页。

行理念跟上了时代发展的需要,切合了大学生的实际。在当今的条件之下,德育的过程与目的就是培养与发展个体的"自我意识";践行是促使"自我"与"人格"形成的唯一基础。1万多名学生成为"道德银行"的储户,无疑表明他们在心理与情感上接受了这种理念。

其次,要将社会主义核心价值理念融入日常的学习与生活中,就必须使道德主体与社会道德要求具有一致性。而这种一致性在"道德银行"里得到了体现。

认同在哲学上可以表述为相同与同一。大学生之所以认同"道德银行",是因为"道德银行"表达了这种一致性,切合道德个体与道德之间的关系性质,"道德认同就是个体对社会道德体系中诸多规范的认可程度和接受程度,……其伦理意义为深化道德认知,加速道德内化,完善道德人格等"。① 道德认同可以是部分认同,可以是全部认同,可以是规范认同,也可以是价值认同。"道德银行"的合理性在于使社会道德真实地不加掩饰地面对道德个体,它坚决反对并抛弃道德上的禁欲主义,在个人与个人之间、个人与社会之间通过道德利益实现了联结。它一方面使个体认同"道德银行"的道德规范与价值,另一方面又使"道德银行"从本行全体成员的利益需要出发,制定不同层次与不同领域的规范与原则,从而保证个体的学习与践行在一定的秩序与理想中进行。

当代大学生在社会道德能力上一般存在认知不足、情感缺失、意志薄弱问题。因此,需要对这种能力进行培养。培养的核心在于调动大学生的主观能动性,根本在于确立个体在道德实践中的主体地位,强化实践环节,而社会道德要求寓教于做,在"做"中培养,没有生而知之,只有学而知之,知而后行。

人只有在社会中才能找到理想实现的土壤,实现人生价值,才能体验人的社会性与自然性的差别,才能树立正确的价值取向。而要完成这样一些内容,不但需要一个过程,更需要一种机制引

① 陈旸:《道德认同及其伦理意义》,《新乡师范高等专科学校学报》2006年第3期。

导，只有这样，才能使社会要求与个体走向一致，如前所述，"道德银行"恰恰在这点上实现了联结，因而得到学生的认可。

最后，解答了当今社会道德"是什么"与"为什么"的问题。

传统道德教育不愿意回答全球化经济与文化多元价值背景下道德"是什么"的问题。除了抽象的讨论道德原则与定义之外，不愿意正面回应道德的时代性与历史性。道德不但与空间地域——制度或国家有关，还与时代有关，在同一个国家，一个时代认为是错的，在后一个时代则可能被认为是对的。

在这里，笔者并不是由此否认了道德的社会主义性质，而是强调道德的内容由于语境的变化而发生了变化。

道德内容的可变性就是它的相对性，这种相对性也就意味着任何一种道德总会在一定条件下产生、形成，又在另一种条件下发生变化，如此循环往复。道德的产生有一个大的前提，但内容的变化却有无数的条件因素在作用，问题的关键是，这种变化是不知不觉与不以人的意志为转移的。平常可能我们对之熟视无睹，一旦出现所谓的道德多元与混乱，就会引起道义论学者的惊恐与难以令人接受，所以他们在解答道德"是什么"与"为什么"时，仍然用的是英语语法中的过去时而不是现在时。

"道德银行"回应了社会主义市场经济背景下道德"是什么"与"为什么"的问题。在市场经济背景下，道德的社会主义性质虽然没有改变，依旧是对无私奉献精神的大力倡导与弘扬。然而，从社会的角度来考虑，付出即可期待有所收获，即为别人提供了服务，社会也应对他给予肯定和认可。[1] 这就是当前的道德性内容，这个内容也就是表达了社会公正与道德公正的必然要求，是人类道德实践总结的积极劝诫。为什么会是这种情况呢？这是因为为了适应社会主义市场经济建设的要求，道德行为有付出就应有回报，而不只是只有奉献没有回报。"道德银行"的道德建设是一种大众化

---

[1]　葛晨虹：《建立道德奉献与道德回报机制》，《道德与文明》2001 年第 3 期。

道德建设，倡导的是大学生整体的参与，这种道德建设固然需要典型与高尚，但当这种"高尚"只是使绝大多数人处于被动与被感动的境地时，道德建设也就成了一场舞台剧，只有观众而没有参与者，没有意义；"道德银行"使观众变成了运动员，它给每一个人提供了解答这个问题的足够空间：在市场化背景下个人为什么要建构自身的道德？这种建构又将怎样地进行呢？实践吧。

二、社会公众对大学生"道德银行"的认可度

"道德银行"首先并不是在高校出现，但在高校，"道德银行"展现了它的活力，产生了广泛的社会影响。

大学生"道德银行"首先得到了教育工作者与许多社会学家的认可。他们从理性的角度出发肯定与认可"道德银行"这种形式对于社会主义市场经济条件下道德实践形式的创新作用与价值。有学者认为："道德银行"，"从一定程度上反映了青年学子在多元化的社会环境和背景下对道德的更深层次的思考。"因此，有的人以"子路受人劝德，子贡让而止善"的例子来说明道德与物质在本质上并不存在对立，之所以出现道德去物质化的现象，是"宁左勿右"和"宁右勿左"两种思维摇摆的结果。在当今社会条件下，要求人们行善而不求回报是不现实的。一定的回报不会影响大学生"道德银行"的道德建设，"道德不必分真伪，客观而为之的道德也胜过缺德"，徐良根从市场化、制度化、大众化三个方面肯定了"道德银行"存在的合理性，认为只有三者合一，才能解决公众参与的动力不足问题，典型示范只能使"大多数人处于被教育，被感动的境地"。[1] 蒋舟、张冬利认为："道德银行""有助于建立一种互助型的社会关系。"[2] 李承宗、谢翠蓉对"道德银行"进行了经济

---

[1] 徐良根：《"道德银行"：社会主义市场经济条件下道德实践创新》，《湖南行政学院学报》2002 年第 3 期。

[2] 蒋舟、张冬利：《"道德银行"解读》，《科教文汇》2007 年第 6 期。

学分析，认为从"道德银行"的内涵与运行中可以看到丰富的经济因素，含有价值，使用价值，具体劳动与抽象劳动的成分。具体劳动创造使用价值，抽象劳动创造价值。道德个体的实践既是私人劳动又是社会劳动的一分子。私人劳动产品归自己，社会劳动产品使其成为社会总劳动的一部分，归社会所有，是社会劳动的一部分。由此他们不但认可"道德银行"，还进一步主张"挖掘'道德银行'的经济潜力""建立'道德银行'的经济评价体系"。①"研究'道德银行'的经济激励机制"，在实际工作中，要充分扩大"道德银行"的参与者范围，使越来越多的对象被吸纳进来。刘卫琴肯定了"道德银行"存在的合理性，认为它是对传统的道德观念的补充，肯定了追求个人利益与维护全社会公共利益的统一，是利他与利己关系的辩证统一，体现了坚持把先进性要求与广泛性要求结合起来的原则，反映了为人民服务的层次性要求。王建胜、杨燕从理论与实践的角度肯定了大学生"道德银行"。认为它的理论意义在于"体现了利益激励机制与道德教育实现途径的内在统一"，符合马克思主义的观点，体现了"无私奉献精神和市场经济等价交换原则的有机结合"②，疏离经济与脱离利益的道德教育不仅是空寂的而且是迂腐的。

作为一个新生事物，对广大的社会群众来说，"道德银行"面临着一个被认识的新课题。《城市晚报》2007 年 2 月 1 日作了一项调查，老百姓的看法大致有三：赞成但自己做不到；不清楚也不感兴趣；"道德银行"干不了啥事，不做宣传推广有难度。

道义论学者则完全否定"道德银行"。黄河清认为"道德银行"是反文化的"创新"，是一种现代主义的新之崇拜，"已给中国社会带来非常严重的问题。首先，'新之崇拜'先验地否定'旧'，否定传统，否定自己的文化价值。在这种'拜新主义'的贬压下，

---

① 李承宗、谢翠蓉：《对"道德银行"的经济学分析》，《财经理论与实践》2004年第9期。

② 王建胜、杨燕：《"道德银行"的理论意义与实践价值之探讨》，《江苏高教》2005 年第 1 期。

中国自己的文化价值变得名不正言不顺"。道德银行"只不过照搬了英美'新教伦理'把一切金钱货币化的文化观念"。夏余才认为"道德银行"不道德，不值得提倡。吴学安提出校园"道德银行"还能走多远的质疑。他指出："难道当前社会道德建设滑坡已经沦丧到需要通过道德'计价'的方式来刺激的地步吗？"①

在众多的反对者中，反对最激烈的是王开岭。他直接将"道德银行"与道德谋杀并列，主张"道德银行"就是道德谋杀。认为"道德银行""无意解决道德本身的路障，所关心的仅仅是游戏程序的设计，仅仅是道德的'体外循环'，全无疏通道德来源的打算，引不出生生的活水"。②道德的测量与见证谁都没有资格与权利。他还担心张榜的道德贫富会挤兑出新的一轮精神压迫。道德张扬会引发一场道德大跃进。总之，道德银行"错就错在把保险柜当作了道德繁殖的伊甸园、孵化器"。③

通过以上的陈述，可以发现，对大学生"道德银行"，社会表现出了几种完全不同的认识态度。有赞成者，有反对者，亦有在肯定与否定之间走中间路线者。也就是说，当大学生"道德银行"走入社会生活的时候，有的人击掌叫好，有的人抬头观望，有的人则怒目相视。这种情况说明，大学生"道德银行"已经产生了社会反响，但是这种反响与它所期望的目标尚有相当的距离。"革命尚未成功"，工作仍需努力。

三、"道德银行"在高校学生思政教育中的贡献度

将"道德银行"斥之为"拜新主义"者祭出了复古主义大旗，说明了反对者对道德的多样性、相对性、阶段性与兼容性没有或者根本不愿深入理解。要知道，"道德银行"首先兴起于社区、兴起

---

① 吴学安：《校园"道德银行"还能走多远？》，《中国教育报》2005年6月30日。
② 王开岭：《"道德银行"与道德谋杀》，《教师之友》2005年第1期。
③ 王开岭：《"道德银行"与道德谋杀》，《教师之友》2005年第1期。

于市民社区。这些市民对西方的所谓伦理学家、新教主义等根本就无从知晓，所以将"道德银行"贴上"拜新主义"的标签彰显了反对者的学术武断与霸道。反对者不懂得任何一种文化制度的变化与创新从来都不是文化学者的闭门造车。在这里，反对者为什么要张冠李戴呢？除了要找一个攻击的由头之外，根本还是在于无法回应全球化语境之下的道德同质性与相对性。人为将中国文化与西方文化放置在两个完全对立的位置，在"文化大革命""不是东风压倒西风，就是西风压倒东风"的思维模式的影响之下，将任何一种对西学的学习与借鉴都视为对传统与自身文化价值的否定。

这样的道德学家即使出发点是好的，但由于先验地把中西两种文化道德放在了完全对立与水火不容的地步，所以在批判的起跑线上就完全迷失了方向。他所面对的是这样一种现实：经济全球化使文化的交流与交往日益频繁，就像当今经济的发展你中有我，我中有你一样，文化也表现出了互相学习、融合的同质性。例如说，由于网络，全世界的网民就会有相近的生活方式与思维方式。由于广告、网络及其他媒体的使用，卡通片、麦当劳、奔驰汽车等这些异国他乡的文化越来越密集地植入中国本土等。经济全球化必然带来了文化的沟通、学习与容纳，这是不以人的意志为转移的。

所以，批评"道德银行"的人其实也是目光狭隘的人，把所有的消极影响归结于时代发展的产物，他们普遍地把全球化简单地等同于人类社会的不道德、贪婪。而他们手中最有力的盾牌就是所谓的文化保护主义。这种保护是用语言的暴力剥夺他人的学习权利，否定了社会理念的进步，维护的是腐朽的理念及影响，忽略的却是文化交融背景之下的人们的学习、创造与选择的权利与自由。

故此，笔者认为，"道德银行"最大的贡献就在于真正触动了以这些人为代表的复古与保守思维的神经，在全球化语境下迈出了学习、选择与创造的第一步。尽管这一步迈出的有点困难，但它毕竟在社会上引起了千层波澜。笔者坚信，这一步虽难，但一定是坚实的。这就如同哥伦布从意大利出发寻找新大陆一样，尽管他从来没有到过那里，但因为他有足够多的理论支撑，所以他坚信能到达目的地；这就如同星星之火，一旦条件成熟，就可以成燎原之势一样。因为，文化是个变量。随着时代的发展和变化，文化的范畴也在调整，使其跟得上时代的脚步。就像要一个呱呱坠地的婴儿长成有为的青年、壮年，最后进入暮年。文化的发展也一样，有其成长、发展并逐步壮大的过程。

"道德银行"的第二个贡献就是在高校思想道德教育体系中摸索与创造出了一个具有新的内涵的意义系统。这个系统极大地激发了个体建构自身道德潜能，使得大学生走出那种没有能力建构道德的旧模式，归属于同一语境之下的模式之中。

在这个意义系统里，大学生都有一种团体归属感，有着同质的践行模式。践行实践都会获得集体的同一认同。通过这个系统引导大学生进行道德选择，使大学生的道德行为从自在自发转化为自觉自为，进而成为自身道德素养的塑造主体，告别传统道德教育目标过于理想化、泛化，忽视个体差异性的僵化观念，真正平等、民主地看待学生，增强道德教育的信度与效度。

在这个意义系统里，个体的能动性与积极性将会得到较为充分的发挥，有效解决传统思想道德教育个体积极性不强的问题。因为，"道德银行"是把看不见、摸不着的条例变成具体的数字与量化考核，着眼于引导当今大学生的实际行为，期望大学生的行为能依据道德规范作出调整，旨在加强道德规范的教育。这样就会充分调动大学生潜在的道德积极性，充分发挥个体的道德意识。

在这个意义系统里，实现了利益激励机制与道德教育现实途径的统一，有效解决了传统道德教育激励性不强的问题。"道德银行"知道，利益是道德的基础，在全球化的背景之下，道德建设既要弘扬时代精神，体现社会主义核心价值体系的内容，又要充分考虑市场经济条件下的物质利益原则。有付出理应有回报，因此，它通过量化考核、集体认同的模式，较好地实现了追求道德与实现功利目标的统一，从而为个体的道德教育提供了持续的推动力。

第二节　绩效评估的指标体系

大学生"道德银行"绩效评估的指标体系是一个全面系统的体系，贯穿"道德银行"运行的整个过程，具体包括："道德储蓄"的运行绩效评价指标、"道德贷款"的运行绩效评价指标、"道德奖惩"的运行绩效评价指标和大学生思想道德素质提升效果的评价指标五个方面。

一、绩效评估的总体指标分类

大学生思想道德的评估系统关系着社会和国家未来人才的培养目标及发展方向，具体的评价指标一般分为最高标准和具体标准两个层次。最高标准是评判大学生"道德银行"构建根本依据，具体标准是最高标准的具体体现。

（一）**最高标准**

大学生"道德银行"构建要以马克思主义中国化的最新成果，即"三个代表"重要思想和科学发展观为根本尺度。"三个代表"重要思想是立党之基、立国之本和力量之源；科学发展观是新时期党和国家事业发展全局的重大战略思想。大学生"道德银行"构建的最高标准是否代表中国先进生产力的发展要求，是否代表中国先进文化的前进方向，是否代表最广大人民的根本利益，是否坚持以人为本积极推进经济社会全面协调可持续发展。

（二）**具体标准**

大学生"道德银行"构建的具体标准是以最高标准为指导，将最高标准的要求具体化。我们将大学生"思想道德"构建的具体指标分为效能指标和素质指标。

一是效能指标。效能指标是从大学生"道德银行"构建的效果和效率两个方面提出的指标。效果指标是从大学生"道德银行"

构建效果的角度确定评估指标，效率指标是从大学生"道德银行"建设的产出与投入的比例来衡量构建成果的标准。他们分别是从质和量两个方面对大学生"道德银行"构建的效能进行分析评价，前者侧重于大学生"道德银行"构建是否有效，后者侧重于大学生"道德银行"构建发挥作用的程度。大学生"道德银行"构建的效果指标主要体现在三个方面。一是大学生"道德银行"构建是否围绕党的中心工作保证党的路线、方针、政策的顺利贯彻执行；是否坚持四项基本原则，是否致力于社会主义富强、民主、文明、和谐的社会主义现代化建设。二是大学生"道德银行"构建是否有利于社会主义精神文明建设，是否坚持"两个文明"一起抓。三是大学生"道德银行"构建是否坚持以人为本，促进人的全面发展。大学生"道德银行"构建的效率标准是看大学生思想态度、认识水平、观念变化等是否发生可喜的变化，以及变化的程度。

二是素质指标。素质指标是衡量评估对象应具备的基本素质的尺度。大学生"道德银行"建设的素质指标主要有四个方面。一是政治思想素质。具体包括建设中国特色社会主义的共同理想，拥护党的基本路线忠于祖国。热爱人民、服从真理等。二是道德品质素质。包括良好的道德情操，健康的思想意识，高尚的社会公德等。三是思想作风素质。包括集体主义思想，实事求是精神艰苦奋斗的作风、民主、自我批评等。四是理论素质。包括对中国特色社会主义理论体系的认识，对党的路线方针政策的理解等。

以上评估指标只是大学生"道德银行"构建的主要指标内容，是一个大致的概括，在大学生"道德银行"构建的不同阶段的评价指标各有侧重。

二、"道德银行"的运行机制及道德评价系统

"道德储蓄"实施的根本目的是取得应有的效果及成绩，即对其实施的情况进行评价。绩效评估是评估方法中最为有效的一种。

用绩效评估的方法对大学生的道德践行进行测评是必要的。

这是因为，对实践进行总结是道德个体在道德价值观形成过程中必不可少的环节，是个体实践发展到一定阶段的必然产物。一般来说，道德个体在入行初期，围绕着他们所设定的目标经过了一定阶段性的实践积累，已经有了相当的感悟与收获。但如果没有测评，个体对此的认识是模糊的，会得不到及时有效而又客观准确的信息反馈，绩效评估可以弥补这种不足。客观准确地反馈信息，可以为个体进一步的道德实践提供巨大的帮助。从管理学的角度看，绩效评估也是必要的，没有评估就没有管理，"道德银行"的践行理念就会流于形式。因此，评估一方面是针对个体的，又是针对群体的。评估的目的在于测评个体围绕"道德银行"总目标所进行的实践及其程度与效果，找出差异，发现共同。用实践基础上的绩效检验"道德银行"的价值理念，进而进一步研究这种建构体系的适宜性与可变性，用以持续推动大学生的道德建设，减少盲点、误差，获得积极的效果。

道德的概念非常宽泛，再加上社会的不断发展，因而，对其可取的评价标准也多种多样的。

评价即对某一措施的实施效果的鉴定。鉴于道德的内涵非常丰富，道德评价也要做到多样化。对道德进行评价，首先要有一定的道德标准，即被社会大众所认可的道德行为准则。在这一标准的指导下，我们要对大学生的行为进行评判。在此，我们可以借鉴人力资源管理中的工作行为评估法，具体来说有以下三种，即关键事件法、行为锚定法、行为观察法。

关键事件法原指在人力资源管理中依据员工表现出的一系列关键的行为，进行绩效评价的方法。在大学生的道德评价中，首先要把大学生在生活中有代表性的关键行动记录下来。这些行动既包括了有效的、有积极意义的行动，也包括了无效的、有消极意义的行动。然后，根据这些行动记录对大学生的行为状况进行评价；最后得出结论，并进一步对无效的、有消极意义的行动提出改进方法。运用该方法，可以及时发现大学生的优缺点，便于领导及时得到信息；然而由于进行此项评价所需记录较多，需要"道德银行"的记录相对完整才行。

行为锚定法也称为行为期望量表法（Behavioral Expectation Scale，BES）。首先，依据道德评价标准，设置若干绩效评价方面，例如，爱国思想方面、工作态度方面，等等。然后，要把"道德银行"中的行为表现进行归类；接着，对每个方面进行评价，一般可以划分为若干等级；最后做成一个评估表。行为观察法是结合了关键事件法来对"道德银行"中的行为进行绩效评估的方法。

综合上述的三种评价方法，我们可以发现，其共同点是均为注重结果，忽略过程。为了防止这种弊端的出现，或者减少出现的可能性，我们要在运用这些评价方法时，注意发挥其优势，通过其他的补充手段，使其更完善。例如，在绩效评价的过程中，制定KPI指标，加入与学生谈话沟通的环节，注意及时发现学生思想中的细微变化。

然而，道德评价中还有其他的很多问题同样需要引起大家的注意。例如，对大学生行为进行评价前，认可的道德标准的确定；在确定标准的过程中，对道德的把握。

大学的培养目标及方向应该随着时代的发展而不断地改变。然而，我们在确定道德标准的时候，往往存在滞后性，没有及时跟上时代的脚步。现在的大学生基本是"90后"，社会上对"90后"这代人的评价并不高，在主观上会给他们带上"问题少年"的帽子。这是因为，人们往往会自然而然地选择用过去的传统的道德标准来评价大学生的行为，因而，众多的问题都被指责为"道德问题"。

例如，经常发生的因大学生不及时还贷而产生的诚信问题。银行因为大学生没有及时还贷就将其划到缺乏诚信的一类，一旦这些计入档案，将影响大学生以后的买房贷款等。正如一些专家分析的那样，要对未及时还贷者进行具体的分析，是工资收入太低，影响了还贷；还是恶意所为，故意拖欠银行贷款。针对这些情况，要进行具体的分析，对那些真正违背道德标准的大学生进行惩罚。再

如，对社会上讨论火热的大学生在外租房、谈恋爱以及在校外同居
等问题，很多学校的处理方式往往很极端，一旦有事情发生，就给
学生挂上道德败坏的帽子。这是传统道德观念的标准，然而，随着
时代的发展，人们对大学生谈恋爱，婚前同居等行为的态度也在发
生着转变。有调查显示，有超过 50% 的大学生对婚前性行为投赞
成票，这一比率是 10 多年前的两倍。因而，还需要随之改变的是
人们对大学生的道德评价标准。最后，在对大学生进行道德评价
时，"不道德"一词经常被乱用。有些学生的行为，虽然不违背学
校规定或者社会的要求，但究竟是不是"不道德"的，是值得商榷
的，也要求对其作出评价的人认真对待。因为，一旦给学生冠上
"不道德"的帽子，将对其以后的发展有很多的负面影响。

　　依据对大学生的"道德银行"绩效评估的总体指标分类，结
合"道德储蓄"的自身特点，大学生"道德银行"在"道德储蓄"
这个环节的绩效评价指标如下：

指标体系			具体标准	具体操作
道德储蓄	效能指标	效果指标	一是大学生储蓄的道德行为是否围绕党的中心工作保证党的路线、方针、政策的顺利贯彻执行；是否坚持四项基本原则，是否致力于社会主义富强、民主、文明、和谐的社会主义现代化建设。二是大学生储蓄的道德行为是否有利于社会主义精神文明建设，是否坚持"两个文明"一起抓。三是大学生储蓄的道德行为是否坚持以人为本，能否促进人的全面发展。	如果大学生所作的道德实践行为符合左边具体标准的可以到大学生"道德银行"进行储蓄。这些道德行为按照"利国、利民""有利于社会主义道德文明建设""以人为本、助人为乐"这三个具体标准给予数量依次递减的"道德币"。
		效率指标	大学生通过"道德储蓄"之后，他们的思想态度、认识水平、道德观念等是否发生可喜的变化。	
	素质指标		一是大学生政治思想素质。具体包括建设中国特色社会主义的共同理想，拥护党的基本路线忠于祖国、热爱人民、服从真理等。二是大学生道德品质素质。包括良好的道德情操、健康的思想意识、高尚的社会公德等。	

三、"道德贷款"的运行绩效评价指标

什么是"道德贷款"呢？笔者首先要交代的是有两种意义上的"道德贷款"，一种是发生在高校针对贫困大学生带有慈善性质的银行贷款，关于这一点不是本文讨论的内容。另一种是发生在"道德银行"里的具有道德实践意义上的行为互置与互动。两者在内容上与性质上完全不同。

"通过一定的途径，促使道德义务和道德权利二者的紧密结合，从而营造出一种良好的道德环境——扬善抑恶"，是"道德贷款"运行的理论出发点。"道德贷款"是一种提前预支的道德行为，发生于两个个体之间，但不是一种行为上的交易。什么样的情况下可以进行"道德贷款"？"道德贷款"发生以后应该如何进行评估？评价应该在哪些方面进行？依据是什么？弄清了这些问题，我们就会对"道德贷款"有一个完全意义上的指标性认识。

"道德银行"得以存在的一个重要价值理念就是"道德贷款"，它依据"我为人人，人人为我"的原则来运行，因此所有大学生都有机会和权利在"道德银行"里进行"道德贷款"。只要个体的道德义务得到了履行，那就有进行"道德贷款"的权利和机会。尽管道德义务的履行的目的并不为获取道德权利，但并不是说道德义务是一种独立于道德权利而存在的义务，它并不能脱离道德权利。不能因为道德义务所具有的这种先在的目的性，以及道德行为的非功利动机性，就无视甚至否定道德权利，应正确看待个人所具有的道德权利，给予道德权利一个正确的定位。

从上面可以看出，道德申贷也具有其合理性和道德性。那么，要进行"道德贷款"，则第一个评价指标就是申贷者的道德性。有一点需要予以澄清的是，道德申贷是对履行了道德义务个体的一种机制支持，而非主动索取，所以并不能因为道德申贷这个行为本身而怀疑申贷者的道德性。但不可否认的是，对申贷者以前所履行的道德义务和他现在所表达的诉求目标这二者进行权衡比较，最终权衡结果可让"道德银行"对申贷者产生初始的印象感觉，适宜、过

高或偏低等，原则上来看这种感觉并不会对申贷行为造成影响，但实际上，随着这种感觉的生成，申贷者的道德性这第一个评价指标也已同时形成了。

个体在履行道德义务时的自觉与自省，在他日常生活和实践中的行善积德的行为上，就已得到了呈现和表达。一般情况下，个体对这种道德的回报很少主动索取，故这样就造成了奉献与回报这两者之间的非同时同步增长，尽管理论上来说奉献与回报彼此互相依存。在二者的实际关系上，存在着多样的不一致性。目前存在的现实困境有，申贷者可能会由于申贷行为而面临一些舆论上的压力，从而导致这种合理的诉求无法得以实现，这是困境之一。另一种与此相反的困境是，不管舆论压力多大，申贷者依旧表达自己合理适宜的诉求，这样的情况下，"道德银行"自然会予以回应。那对于前一种困境，在原则上，"道德银行"也应有相应机制予以回应。因为这种指向也可以作为"道德贷款"的一种评价指标，不仅有利于"道德银行"完善其贷款机制，也能预先防止各种困境的出现。

将预先置换了的德行转变成现实行动，这样，在进行"道德贷款"的过程中，评价指标就只依据日常实践行为。如"道德贷款"效用性的认定指标，贷款额度的认定指标，以及对称与对应性的认定等，都只发生在实践之中了。

每个人在履行了自己的道德义务之后，是有权利获取道德回报的。这种回报量的衡量是依据每个人心中所认定的标准来进行的，而不存在一个客观尺度的衡量标准。尽管如此缺乏客观尺度，但这种标准在实质上是具有对称和对应这两种特质的，也就是说，道德奉献和道德回报这两者之间其实存在着一种对应的关系，二者是对称的。如，那些由于道德奉献大而被评为了先进人物、模范、标兵或者英雄等的人们，在如何对待他们如何回应时，所依据的标准就与一般人不一样，而这种不一样也就体现出了这种衡量标准的对称与对应性的特质。

那么，要在道德奉献与回报这两者之间达到一种平衡，实现对应与对称，还需要考虑哪些因素呢，需要什么样的条件呢？在纯操作的层面上来看，可分为综合指标和单次指标。综合指标考虑的主要是，计算个体总的奉献成本，以及据此算出的回报比率。与综合指标不一样的是，单次指标抛开总的奉献成本等因素，而是将指标具体化到实践过程中去，考察的内容有施动者的施惠效用，受动者的受惠程度以及施惠与受惠二者的匹配程度等。

尽管可依据两大类指标来进行评价和认定，但有一点需要明确的是，要用一个十分具体的数字或比例来对这些指标进行认定，就像数学计算一样得出一个明确的数字，这是不可能完成的。之所以设定评价指标，其目的是将"道德贷款"中存在的各种相互联系而又各异的关系，进行一个理论上的梳理与细化。只有将这种梳理进行得越细越精密，那么"道德银行"体系也才能更加科学合理。另外，"道德贷款"也是在实践过程中发生的，这点与"道德储蓄"类似，但两者还是有差别的，差别之处具体表现在，个人若要办理道德贷款，则首先需要向"道德银行"提交相关申请，然后"道德银行"着手考虑具体情况并据此来进行安排，同时，在还贷期限以内，贷款者必须用道德行为来偿还其所贷的款。

这里可看出，对于预置的道德行为，"道德银行"强制性地设定了一个还贷期限。对于这种时间上的规定，笔者认为是相当合理的，它并没有影响到"道德贷款"的道德性，尽管从理论上来说，对于德行置换并没有时间设定以及对象范围限定等。理由如下，德行置换发生的时间是在大学生四年大学生活期间，发生的"地点"是"道德银行"，这样看来，道德置换本身就存在这样一个时间前提以及对象的设定，故"道德银行"对预置的道德行为做时间上的强迫设定是可以理解的。作为道德教育中的一种方法和手段，"道德贷款"应如何使用，对其进行说明和解释是应当的。"道德贷款"是"道德银行"的一种规则和说明，它并不对道德个体造成任何强迫，与此相反的是，它适时提醒未完成还贷的申贷者及时还贷，以及还贷的各种指标等。通过"道德贷款",从而把道德行为发展成大学生的一种自主行为。

还有一种情况是,由于"道德银行"不能保证不会发生"伪善",因而当伪善没有被识破的时候,也会进行道德贷款。而且由于伪善的投机性所定,它往往表现得比真善还美、还善。在这种情况下,如何对之进行评价呢?笔者认为,这是一个很难解答的道德难题。大学生"道德银行"为大学生四年的道德建设提供了平台,四年相对于人生只是一个阶段,所以像这样的难题只有大学生毕业以后的生活才能解答。

按照大学生"道德银行"绩效评估的总体指标分类,结合"道德贷款"和"道德还贷"活动自身的特点,大学生"道德银行"在"道德贷款"这个环节的绩效评价指标如下。

指标体系			具体标准	具体操作
道德贷款	效能指标	效果指标	大学生通过"道德贷款"和"道德还贷"活动使大学生的道德行为一要坚持党的路线、方针、政策,坚持四项基本原则,坚持改革开放,保持坚强的政治立场。二要符合社会主义精神文明建设的要求,是否树立中国特色社会主义的共同理想,是否树立正确的人生观、世界观和价值观。三要坚持以人为本、关心人、爱护人。	凡是有大学生"道德银行"储户身份的可以向大学生"道德银行"申请"道德贷款",但是大学生储户所要求"道德银行"给他提供的服务和帮助行为要符合左边具体标准要求。贷走的道德活动一定要等值偿还,(可以是一个或几个活动)。
		效率指标	大学生通过"道德贷款"和"道德还贷"活动使大学生遵纪守法、团结互助的行为次数是否增加。	
	素质指标		大学生通过"道德贷款"和"道德还贷"活动使大学生的下列素质是否提高。一是道德品质素质。为人正直、爱岗敬业、诚实守信等品质。二是思想作风素质。包括集体主义思想、实事求是精神艰苦奋斗的作风、民主、自我批评等。	

四、"道德赏罚"的运作绩效评估标准

社会效应是由道德或非道德的行为产生。道德的行为能够产

生良好的社会效应，应该受到鼓励和奖励；非道德的行为能够产生不好的社会效应，不利于社会进步和发展，应该遏制和惩罚。有效的奖惩措施能够促进道德行为的产生，遏制非道德行为的发生。物质奖励和精神奖励是最常用的奖励手段。因为"只有真正建立起扬善抑恶的有力的社会机制，才能真正发挥出其特有的作用"。①

道德的奖励和惩罚是一种道德机制，其产生必然会带来一定的社会影响。这种影响呈双面性，可以使用评价指标进行效果的判定。

道德奖惩并不是一个简单的问题，在实际应用中会遇到许多问题：奖惩的标准是什么？奖惩的方式是什么？物质奖励的依据和标准是什么？精神奖励是否有用？是否应该采取精神奖励？精神奖励和物质奖励的区别、优势和使用范围是什么？精神奖励的依据和标准是什么？奖惩产生的效果和影响有哪些？我们预期的结果是否能够通过奖惩措施实现？奖惩的道德性是否需要重视和检讨？从不同的角度分析这些问题，也许会得到不同甚至完全相反的答案。

应该受到奖励的道德行为必须符合以下条件：首先，符合社会道德标准，有利于促进社会道德风范的发扬；其次，有利于促进此类行为的再次发生，奖励固化个体的这种行为。这类行为是一种适宜的感激对象的行为，有利于社会稳定和谐，应该得到鼓励和奖励。②

从评价的角度分析奖励行为，需要首先考虑奖励程度是否合适的问题。首先，奖励道德行为是合理的，为广大群众所认可和接受的；其次，奖励的程度具有合理性，适当的奖励能够促进绩效的提高，不适当的奖励则可能带来不利影响。丧失奖励本身合理性是不适当奖励带来的最主要的负面影响。此外，不适当的奖励还可能打乱评价指标。如果这类问题经常出现，会降低评价指标的可信

---

① 葛晨虹：《建立道德奉献与道德回报机制》，《道德与文明》2001年第3期。

② [英] 亚当·斯密：《道德情操论》，蒋自强等译，商务印书馆1997年版，第82页。

度，应当尽量避免这类情况的发生。

任何事物都有两面性，奖励也应该遵循适当原则。适当的奖励作为道德行为的奖励，能够体现被奖励者自身能力和价值，加深个体的行善之心。但是一定要防止过度的奖励，以防其成为某些别有用心之人谋取私利的捷径。

奖励的出发点和根本目的是产生和促进良好的社会效应，尽量避免和遏制不良社会效应的发生。奖励是否合适可以根据社会效应与预期结果间的关系来评定。如果社会效应能够实现甚至超过预期效果，带来良好的社会影响，则这种奖励是合适的；如果社会效应无法达到预期效果，甚至带来负面影响，则这种奖励是不合适的。奖励所带来的负面影响并不是由奖励本身所引起的，奖励本身是中性的，当其面对的社会环境发生变化时，其产生的影响也会不同。在市场经济飞速发展的今天，广大道义论者更加热衷于道德功利的问题。鲁洁是道德功利学派的代表，他认为功利教育是一种不应该提倡和发扬的教育，已经逐渐成为"唯经济、唯科学"的帮凶，"社会精神道德建设是十分重要的，一定要重视人类精神价值的提升"。笔者认为鲁洁的批判有一定道理，但是存在片面性，只重视了道德奖励的消极影响，并没有看到道德奖励的积极作用。道德奖励之所以存在，必然具有一定的现实价值和社会意义。不具有操作性和普遍意义的事物是无法在社会中长久存在的，必然会在社会的发展中逐渐消失。道德不仅仅是由自律自省构成的，还需要功利才能形成一个整体。在人类社会中，圣人是少数，大多数都是凡人，无法离开功利之心。鲁洁希望人人都能成为圣人，无功利之心，这只是一种理想的境界，但是现实生活并无法真正实现这个美好的愿望。

因此，道德奖励追求的价值指标包含了道德功利，希望引发更多人的情感共鸣，促进和鼓励更多的人加入道德行为的行列中来，"效率"意愿是道德奖励最希望的道德结果。道德奖励并没有将功利之心完全摒弃，只要行为是道德的、合理的、有利于社会发展的，即便存在一定的功利之心也是可以接受的。将功利涵盖在道德奖励范围内是人性化、社会化的，符合社会发展的需求和社会现状，能够有效鼓励道德行为的发生。

道德处罚与道德奖励相对立，是对不道德行为的惩罚，能够遏制不道德行为的发生。当道德个体把个人利益置于最高位置，不履行应尽的责任和义务，为了达到一己私利不择手段，出卖自己的良心和道德，作出危害他人和社会的事，从而产生了非道德行为。这种行为为社会带来了极其恶劣的影响，危害了社会稳定和谐，应该尽量避免和遏制。可以借助道德处罚，惩罚非道德行为的发生。

惩罚本身并不具有法律意义，只是一种道德社会分工。维护良知是惩罚的最主要作用。"人的良知会受到非道德行为的影响，非道德行为会产生不好的社会影响，扰乱人的良知心，不利于构建和谐稳定的社会风气"。

虽然道德奖励与道德惩罚处于道德范畴的对立面，但是在适当性和适度指标的问题上，二者有一定的共同之处，都要遵循适度原则。人非圣贤孰能无过，如果仅有一次不道德的行为，要给予其改过自新的机会，不能让其一辈子背负不道德的罪名。尤其是对于大学生，更要遵循适度惩罚的原则。道德处罚是为了尽量避免非道德行为的发生，并不是为了分化群体，在实际应用中要慎重为之。

社会宣传是道德奖励的主要关注点，个人自省自律是道德处罚的主要侧重点。处罚是否有效果主要取决于人的良知心，一个没有良知心的人，即便受到再大的处罚也无法认识到自己的错误。道德惩罚的刻意宣传会矮化道德形象，不利于形成良好的道德形象和社会风气，也违背了道德惩罚的初衷。增强个体的责任感和义务感才是道德惩罚的本意。

按照大学生"道德银行"绩效评估的总体指标分类，结合大学生"道德奖惩"自身的特点，大学生"道德银行"在"道德奖惩"这个环节的绩效评价指标如下。

指标体系			具体标准	具体操作
道德奖惩	效能指标	效果指标	通过"道德奖惩"给大学生的道德行为要坚持社会主义核心价值体系的主导,充分调动大学生的积极性、主动性和创造性,激励他们刻苦学习科学文化和专业知识,努力做好本职工作推动全面建设小康社会的迅速发展。提高大学生认识世界和改造世界的能力。使大学生成为"有理想、有道德、有文化、有纪律"的一代新人。	每个学期对大学生在"道德银行"里的"道德币"进行统计,"道德币"总量 = "道德储蓄"+"道德利息"-"道德欠款"。按照"道德币"总量的多少进行道德奖惩,对于"道德币"排名靠前的"储户"可以给予一定数量和形式的奖励,对于排名靠后的"储户"给予一定形式和数量的道德惩罚。通过奖惩的约束来提升储户的素质。
		效率指标	大学生"道德银行"构建的效率标准是看大学生思想态度、认识水平、道德观念变化等是否发生可喜的变化,并且在行动上有积极的变化,良好道德行为的次数增多。学习成绩、工作业绩有所提升。	
		素质指标	大学生通过"道德奖惩"之后下列素质是否提高。一是增强法纪观念;二是崇尚社会公德和职业道德的素质;三是正确处理国家、集体和个人关系的素质;四是道德自律能力。	

五、大学生思想道德素质提升效果的评价指标

在大学生的思想品德培养方面,"道德银行"是基于人类本性的视角,高度重视学生的全面发展,通过实践不断推进学生的思想品德素养,从而教会学生如何辨别和评判道德,让学生在平时的生活中逐步深入理解道德,防止思想品德的培养走向"政治化"道路,道德是离不开每个人的具体生活,它并不是国家政治教育和管理教育学生的产物,如此,才能最大限度提升高等院校学生的思想品德水平。基于康德在《道德形而上学原理》一书中提出的"人是目的",相比较于之前,高等院校学生的责任感、人生观和道德素养都有了更进一步的完善,具体如下:

第一,有了更为成熟和健全的品德心理。根据 20 世纪 80 年代美国雷斯特的道德心理模型可知,每个人的道德素养扎根在社会和个人的大发展中,大多数人都希望做个道德崇高有正义感的人。

实践道德有助于从心理需求上促使每个人逐步脱离社会，遇到每个详细的状况时，在归并和推理判断所得到的信息之后，将感情给予自认为是正确无误的行动，把感情转移至如此行动中，即将道德志向变成实际行动。在这个转化过程中，每个人必须拥有健康的品德心理，如此才能够高效理解境况、理性评判、拣选品德，开始实际行动。

健康的品德心理一时半会儿无法形成，只有在长期的实践过程中不断改良和完善才可以养成。从对 500 多名学生进行的问卷中能够看出 33% 左右的高等院校学生并不懂道德为何物，3/10 的高等院校学生认为违背道德的行为不必受到严惩。少数人对其他人比较反叛。

不明事理、随大流、侥幸、背叛等是当下高等院校学生不健康的品德心理。不明事理说明高校培养有问题，随大流是管理不当，侥幸说明违背道德的成本低，背叛是因为品德典范不佳，而只有经过长期的自觉自我行动才能够解决这些问题。综上所述，"道德银行"是构建健全且成熟的道德品质的重要机制。

第二，不断提升品德美感。普遍而言，审美即欣赏、感受、领悟社会环境与自然生态环境美的行为。何为品德审美呢？就是把这类行为转移并深入品德里。在人类的社会生活中，"人为物役"是毋庸置疑的。人被外物所牵绊的同时也希冀自身对外物本性的理解和领悟能够有所进步。然而对于这样的进步，只有深入对比对外界和自己的审美差异，才有可能超脱并回归到人类最本质的美感。品德审美以寻找生活希望为目的。德国著名哲学家认为这是"没有瑕疵的生存"，海德格尔称之为"有意境的栖息"，米歇尔·福柯则描述为"生存美学"。它是用审美的角度来审视和思考实际的品德生活。

"道德银行"的目的在于推动高等院校学生形成具有审美意义的道德观念。借助银行所特有的储蓄、贷款和货币等以形象地推进高等院校学生拥有美丽与善良的道德观念，进而达到美善结合、相得益彰、完美至极。"道德银行"为高等院校学生指引了一条清晰的道德之路，使大学生明白何能为与何不能为。与此同时，"道德银行"还明确指出，只有脚踏实地，一切从实际中来，知中有行，行中有知，坚持从理论中来到理论中去，才能不断提升道德审美水平，促使个体的道德观念提高到另一个新的层次。

第三，树立社会公共道德意识。对大学生而言，社会公共道德意识是必不可少的。这是因为每个大学生现在虽然仍在学校生活与学习，但其最终的归宿却是这个社会大家庭。公共道德受到全社会的广泛肯定，其中"道德银行"也把树立大学生社会公共道德意识作为评估大学生思想品德水平的标准之一。纵观全局，它也是高等院校学生综合发展的一个基础，"千里之行，始于足下。"

但是当前高等院校学生的"知"与"行"却相分离。把公共道德看成小事是很普遍的事。比如高等院校学生看不惯食堂里不排队的行为，却也不管这种行为；大多数学生认为吵闹、随处丢垃圾、随意涂鸦的行为是可耻的，但也认可这些行为是大量存在的。这意味高等院校学生对公共道德的认知存在问题，"知"与"行"相背离。

"道德银行"充分借助多样化的具体行动，力求提升高等院校学生的公共道德素养，"人人独善其身者谓之私德，人人相善其群者谓之公德，二者皆人生所不可缺之具也。"[①] 长沙某高校通过举行每一年度的调查活动，以高等院校学生关注的话题来获知学生公共道德水准，有助于今后采取有针对性的方案。该学院有关道德的问卷涵盖三部分：国际形势与国内动态、高等院校学生人生观、学生的交际情况。这三部门内容就迎合了大学生，又与大学生的生活学习工作息息相关，能够从问卷中获取有效信息。实践只能通过社会来检验，只有实践才能促使高等院校学生不断改良对人、社会、世界的价值观念。引导大学生走向社会、深入社会，推动其逐步形成

---

① 刘军宁：《北大传统与近代中国》，中国人事出版社1998年版，第470页。

"好事积少成多，坏事再小都不去做的"好品质。

第四，增强诚实守信的意识。出自《论语·为政》的"人而无信，不知其可也"。与《大学生诚信守则》中的"立身诚为本，处世信为基"都说明这样一个道理：由诚实和信用构成的诚信是道德的核心内容。

当前的高等院校学生普遍存在不守信用的问题，这是摆在高等院校思想品德培养面前的一个重大议题。学生不诚信的行为具有多样性，包括故意不及时缴纳学费、考试作弊等。"诚信外于形而源于中，表现形式虽然是外露的，但根源于内在的素质。"实施何种方法才能有效解决这些问题呢？有人认为最好的办法就是加大诚实守信社会的建构力度、学校的教育与管理同样要遵守诚实信用、在课堂上增添诚实信用的教学内容。

这些办法虽言之有理，但实际操作却是有困难的。建构诚实守信社会不是"道德银行"的职责所在，学校的教育与管理要遵守诚实信用的表述是存在逻辑上的问题的，构建诚实信用与"道德银行"力推的社会实践一样，都有助于处理高等院校学生的品德问题。个人在深入实践中就会不断地纠正自我和他人。如果个体要长期与社会友好共处，诚实守信就是一个重要法宝。正如著名教育家陶行知所言：千教万教教人求真，千学万学学做真人。这道出了道德的重要性。

总而言之，在校的每一位大学生如果能够拥有健全且成熟的品德心理，同时把它运用至具体的品德活动中，这样品德活动中的美感水平就会不断提高。在具体的品德活动中坚持自我价值和社会价值的高度统一，以诚信为指导思想，如此大学生的思想品德水平就会上升到一个更高的层次。

按照大学生"道德银行"绩效评估的总体指标分类，结合大学生思想道德素质提升的自身特点，大学生"道德银行"在大学生思想道德素质提升上的绩效评价指标如下。

指标体系			具体标准	具体操作
道德奖惩	效能指标	效果指标	通过"道德银行"的构建，大学生的思想道德素质的提升是否到达了预期的效果，主要是道德心理是否趋向健康与完善、道德审美意识是否增强、公德意识是否树立、诚信意识是否增强。	对于大学生"道德储户"道德素质评估可以通过以下几个途径进行：一是看"道德币"的数量，数量越多，道德素质相对越高；二是进行道德问卷调查，问卷调查能够全面了解储户的道德素质情况；三是道德访谈，可以进行侧面了解；四是平时观察他的道德行为和习惯，最真切地了解。
		效率指标	通过"道德银行"的构建，大学生的思想道德素质的提升程度是否达到预期的目标，主要是道德心理是否有了明显的改善，道德审美意识是否有了显著的增强、公德意识是否完全树立、诚信意识是否显著增强。	
	素质指标		通过"道德银行"的构建，大学生的下列思想道德素质是否提升：一是道德心理是否趋向健康与完善，二是道德审美意识是否明显增强，三是公德意识是否树立，四是诚信意识是否明显增强。	

第三节　绩效评估的基本程序

要想有效地进行大学生"道德银行"的绩效评估，就要制定一套切实可行的评估程序，其中的基本程序包括：归一分析评价结论，反馈公布评价结果；分类确立评估权重，组织开展评价活动；确立评估项目宗旨，制定评估指标体系。

一、确立评估项目宗旨，制定评估指标体系

"道德银行"是用一种不同于传统的方法构建大学生的道德。在基本目标上，与传统的教育方式没有什么不同。也就是说，二者都是在从事同一个项目，只是方法不同而已。

但是，方法也是一种规则，方法不同也就是规则不同，指标体系不同。

道德教育是一种人本教育。德国哲学家赫尔巴特说过："道德

是人类最崇高的目标，所以它同样是教育的最崇高目标。"① 因此，从这个意义上讲，"道德银行"的根本宗旨是一种以人性为基本的"做人"教育，"成人"教育，抱定宗旨，砥砺德行，建德、修德、养德、悟德。

道德又是一个很宽泛的概念，因此制定一种什么样的评价指标体系确实有相当的难度，而且这种指标体系也只是相对而言，因为道德是关于人的行为准则的社会规范。人的生活无所不包，无所不及，相应地，道德的内容也无所不包，无所不及，道德的评价指标也无所不及。话虽如此，但是在实践中，为着建构大学生道德的需要，我们感到还是有必要将心比心做一个大致的细化与区分，以便发挥好"道德银行"的特有功能。为此，"道德银行"把道德分解为道德知识、道德能力、品德、学业道德、生活道德五个指标体系。首先，"道德银行"要求的知识指标是对社会主义核心价值观的了解掌握。"是非，善恶，美丑的界限绝对不能混淆，坚持什么，反对什么，倡导什么，抵制什么都必须旗帜鲜明。"② 其次，知是行的前提，行就必须要有能力，蔡志良认为，"道德能力是一个被掩隐着的道德范畴"③，在"道德银行"里，大学生要达到的是一种良知良能。这种良能包括个体的认识能力、判断能力、选择能力、践履能力、创造能力，能力的培养与实现依靠的依然是实践。能力培养艰辛而又伟大，一个具有道德能力的人，就会有无限的创造活力，就会正确调节个人与社会的关系，就会增强道德主体的自觉意识，降低防范危机成本，减少社会摩擦。因此能力的培养在"道德银行"绩效评估的指标中占有相当重要的位置。再次，有能力不一定有品德，这样的人在现实生活中并不少见，品德是一个人行为所表现出来的特性与倾向，作为"道德银行"的一个重要的评

① 张焕康：《西方资产阶级教育论著选》，人民教育出版社 1979 年版，第 256 页。
② 中共中央文献研究室：《十六大以来重要文献选编》中，中央文献出版社 2006 年版，第 639 页。
③ 蔡志良：《道德能力论》，中国社会科学出版社 2008 年版，第 1 页。

价指标，"道德银行"从是否诚信、是否有责任意识、是否有公德意识三方面考查大学生的行为特性与倾向，以此作为品评道德个体品德品行的价值指标。再其次，大学生以学为主，学习是他们的本职工作，因此遵守学业道德，是对一个大学生的基本要求，大学生只有明确学习目的，端正学习态度，养成良好的学习习惯，遵守学习纪律，才是他们学业与道德齐飞的不二法门，否则就会成为学业上的巨人，道德上的矮子。最后，要使"做人"教育有成效，还必须把"做人"教育的理念贯穿于大学生的生活之中，使大学生在生活中讲求道德，从生活中感悟道德，将个体的生活道德变成道德的生活，这需要每个人不断地学习、实践。"学会共同生活""学会关心""学会宽容""学会尊重"，把握共处的"度"。

"回归生活是道德教育走出困境的出路所在。"① 学生是否具有道德，可以从他的生活、他的行为中得到了解，"道德银行"则从文明礼貌、助人为乐、爱护公物、保护环境、遵纪守法五个基本层面进行观察。一个善于生活的人，就会对大学生活真诚投入，在与他人的交往中展现自我，体验一种人际关系悦纳所带来的愉悦。正如全世界无产阶级的伟大导师马克思所言："人是倾向于聚集的动物，与此同时是脱离社会却无法生存的动物。"② 因为一切的焦虑、困惑与迷茫都可以在生活中找到一个交流、倾诉、疏导的空间，因为人创造生活，生活可以塑造人。

以上所述就是"道德银行"绩效的评价指标。它涵盖五大项、十八子项。诚如笔者以前所陈，这种指标体系只是具有相对意义，而且从表面上看，传统道德教育似乎在这几个方面也有要求，但笔者认为，传统道德教育是根本忽略道德能力培养的，具有强迫性质的灌输方式实质上是一种文化专制的反映，它缺乏一种平等的交

---

① 仲小燕：《大学生道德生活——构建和谐校园的内在价值诉求》，《当代教育论坛》（管理研究）2010 年第 8 期。

② 《马克思恩格斯全集》第 3 卷，人民出版社 1997 年版，第 158 页。

流。在这一点上，"道德银行"与之根本不同。"道德银行"重视学生道德能力的培养，并把这种培养落实在实践中、生活中，因为人们只有为同代人的完美，为他们的幸福而工作，才能使自己也达到完美，才能感悟到道德。

注重德行考查，注重道德的践行是"道德银行"与传统教育在方式上的最大不同，也是"道德银行"对传统最彻底的叛逆与颠覆，它使大学生道德建构富有成效成为可能。

"思想的产生最初是直接与人们的物质生活，与人们的物质交往，与现实生活的语言交织在一起的观念、思想，人们的精神交往在这里还是人们物质关系的直接产物。"[1]

马克思主义把道德的本质看作是实践，两千多年前，古希腊人就提出了"美德可以被教会吗"的怀疑。知易行难，这是谁都懂得的道德，但传统德育却总走不出旧的樊篱。将道德教育回归于实践是道德本体价值的复归。实践为个体提供了表现自我、评价自我、调控自我、创造自我的巨大空间。在这里，"道德银行"更关注学生道德能力的培养，更注重个体道德的实践过程，并通过"道德币""道德储蓄""道德贷款"等实践性量化指标，形成对道德个体的一个阶段性评价与认识。

将实践引入道德并不是"道德银行"的发明，在西方 20 世纪的道德理论流派中，科尔伯格的认知——发展理论，威尔逊的理性功利主义、行为主义道德理论等都主张道德离不开实践。在中国，清代教育家颜之推认为"修德立业"是一个实学、实行、身实习之、终身不懈的过程，陶行知提出"行是知之始，知是行之成"的主张。黑格尔认为不能付诸实践的观念是不能称为道德的观念。

"道德银行"主张实践是道德建构的前提与基础。因此在这一点上，"道德银行"与上述各种实践道德的观念没有什么不同。从某种意义上说，是对这些成果的吸取与继承，但是将"道德币"引

---

[1] 《马克思全集》第 3 卷，人民出版社 1953 年版，第 29 页。

入实践，并作为量化考核指标却是"道德银行"的首创。

笔者认为，这种创造给道德实践注入了一种新的内容与新的活力，它不仅是合理的，而且是可行的。

如果我们把道德的内容与过程看成一个整体，就会发现其中的各个部分互相关联，相互制约，共同组成一个有机的整体。量化管理就是以数字为基础，对这个整体的各个部分及其实践过程实行标准化的评价与管理，因为这种评价与管理可以持续追踪道德个体的道德建构，获取大量第一手的数字信息，而这些信息可以基本反映出道德个体在建构道德过程中的特点与倾向，从而使这些信息具有系统性、完整性与科学性。

实践活动对于个体与群体来说都不是唯一的，而是大量存在的，尽管这些活动存在类、质、种等的差别，但是在一定的语境之下却是可以被同等看待与考查的，因而也是可以量化的。

量化道德实践的理论基础来源于社会主义的义利观与美德伦理的回报原则。量化道德实践并不是要贩卖道德，不然，一切的道德奖励都是一种不道德的行为。量化道德符合社会正义，诚如穆勒所言："正直和大方、仁爱三者最重要的差异主要体现在某一种和道德义务有紧密联系的权利。正直是某类东西的象征，如果我们做了就会得到肯定，不做则被否定。而且别人会凭借道德权利而在我们这里得到这类东西。然而别人是无法得到有关大方或仁爱的道德权利的，原因在于基于道德的视角我们没有义务对某一人大方或者仁爱的。"①

在"道德银行"里，量化道德实践实质上是强调道德对物质利益关系的调节作用，反对空谈道德、利字不出口、君子不言钱的虚伪说教，反对把个人利益与国家、集体利益的人为对立，倡导以义导利、以义取利、见利思义。量化道德并不是对道德的"矮化"。从某种意义上说，量化就是一种"换算"，一种回报。"回报的公正

---

① ［英］穆勒：《功利主义》，九州出版社 2006 年版，第 115 页。

构成了将人们联系起来的纽带。……每个人都有报答曾经给予过自己恩惠的那些人的义务，同时必须首先向别人展现自己的恩惠。"①

二、分类确立评估权重组织开展评价活动

"道德银行"作为大学生道德建设的管理平台，坚持以人为本、实践出发并举的方针。这是为什么呢？这是因为道德认识与建构是一个渐进过程，这个过程需要个体不断地重新评价自身在道德知识、道德能力、道德品行、学业道德、生活道德等诸方面知道些什么，做了些什么，需要知道用什么来延续个体道德的自我发展过程。这样一来，就需要分类确立评估权重，有组织地开展连续性的评价活动。这种评价实际也是实践过程的一种延续，它有助于提高个体的自我感知能力，激励他人的能力，理顺道德关系的能力以及实践沟通与变通能力，通过评价诊断问题、找出解决问题的办法。

这也就是说，评价是有功用的与有必要的，但不能盲目，必须在分类的基础上进行。澳大利亚教授比格斯（Biggs）创建了一种 Solo 分类评价法。它的基本理论源于皮亚杰的认知发展阶段论，比格斯认为，"人的认知不仅在总体上是有阶段性的特点，在对具体知识的认知过程中也是有阶段性的特点"。比格斯还将学生的学习结果分为五个层级，并将五个层级赋予不同的等级分数。这样一来，就可以对学生学业结果的形成性有一个量化的评定，以此作为终结性评价的依据。

Solo 译为中文就是"可观察的学习成果结构"（Structure of the Observed Learning Outcome）。笔者认为，将 Solo 方法用之于大学生道德建构结构的评价也是可行的。因为，大学生的道德也大致地表现为五个层次，即道德知识、道德能力、道德品性、学业道德、生活道德。这五个方面也是可以被观察的。其中，道德品性与道德

---

① ［古希腊］亚里士多德：《尼各马可伦理学》，商务印书馆 2003 年版，第 199 页。

能力虽然是抽象的，但是通过对学业与生活的学习，通过道德知识的丰富，我们可以对这个抽象进行概括，从认识论的角度分析评价个体的道德能力与品性。道德知识的多少可通过简单的测试即可知道结果，但是，我们知道，在有些情况下，道德性与道德知识的了解、掌握的联系并不是很多，但这绝不是说，掌握道德知识是没有必要的。因为对个体来讲，道德袋里装进道德知识并不是一件坏事情。

传统道德教育正是过分看重道德知识在道德中的比重，往往以道德知识掌握的多少作为评价的尺度，基本忽略大学生的道德能力，显然这是不可取的。在"道德银行"里，道德知识占有一席之地，但它仅仅是考查大学生道德形成时的一个指标。道德知识显然是重要的，但道德知识不等于道德，除了道德知识之外，观察学生的道德建构还必须从生活道德、学业道德着手进行。

因此，学业道德、生活道德在"道德银行"的评价体系里占有十分重要的地位，因为个体的道德行为与实践主要的是在这两个方面进行。个体道德能力的养成、培养、提高，道德品性的好坏优劣及其转化，都必须依靠这两个方面。

值得注意的是，在对依据相应指标的个人的道德进行阶段性或终结性评价的时候，应正视个体的正当利益，坚持动机与效果的统一；坚持评价是对道德行为的过程评价，而不是对人品的评价，是通过对道德行为的评价，帮助与影响个体确立道德信念，形成道德习惯，提高道德认识，锻炼道德意志。

评价的方式是多种多样的。从个体的角度看，有内心信念的评价，从社会舆论看，有官方与民间的评价，此外，还有传统习惯的评价等。

一般来说，"道德银行"组织的评价主要在大学生之间进行，主要是一种民间的与个体的评价。大学生既是评价的主体又是评价的对象，也就是说，个体在用自己的善恶价值标准对其他个体的行为进行判断，同时，也被其他个体进行着同样的判断。这个时候，由于个体的差异，在评价的结果上往往会出现褒贬不一，毁誉参半，乃至大相径庭的情况（因为，任何个体同时都处在两个不同的道德评价的场域之中，同时受其影响）。

这样一来，为了有效防止这种情况的发生，就有必要确立相应的道德标准（关于道德标准，有的学者认为，道德是多元的，所以道德标准是不存在的，但笔者认为，在一定范围之内，是应有道德标准的。这个标准大致地可以确定为"不准""应该""提倡"三个层次)，而"道德银行"的标准就是"道德币"，用"道德币"的获取及其多少评价个体的道德行为。它的合理性在于，以"道德币"为尺度，从手段上避免了一种伦理学上的纷争。因为，自古以来，当人们对某一具体的行为进行道德评价时，在行为、动机、手段、效果与环境因素之间，到底应以哪一方面作为道德评价的依据呢？不同的学派历来有不同的主张。有唯动机论者，有唯手段论者，有唯效果论者，有唯环境论者。谁是谁非，难有一论。道德评价如果陷入这样一种境地，就会寸步难行，这是其一。其二，以"道德币"为尺度，一定程度上考虑了道德评价的权重问题。因为人在复杂的环境中常常会遭遇道德困境，即陷入一种两难的境遇。这种情况下，道德权重主张对这种具体的道德进行评价时进行利弊比较与轻重权衡，对特殊情况下的道德行为予以充分的理解与宽容，用"推己及人"的方式对其行为进行评价。也就是说，道德评价不能太拘泥于原则而不知权变。

在"道德银行"里，"道德币""道德储蓄"与"道德贷款"就是一种权变，它将传统道德以学为主的道德规范及其评价权重转变为以行为主的道德评价，并由此带来评价方法与手段的颠覆性倾斜。因为当今的道德建设也一样面临着这样一种道德困境：在市场经济的背景之下如何弘扬社会主义的核心价值体系。正是这种背景催生了"道德银行"，催生了道德评价方式的改变。

三、归一分析评价结论　反馈公布评价结果

纷繁多样的个体道德实践通过多种形式，展开与完成了评价活动。在这种情况之下，就有必要对这种评价活动归一分析总结、反馈、公布结果。

归一是一种简化的计算方式，即将有量纲的表达方式，经过变换转化为无量纲的表达方式。归一化（Normalization）原本是一个数学公式，但它经常被统计学使用。因为它能够归纳统一样本的分布性与概率分布，归一本身就含有统一、合一、同一的意思。

量化的实践道德虽然在评价指标上存有差别，但在度量单位上具有同一性。因而在大体上也是可以借鉴这种方式的。

如果我们把实践道德视为样本，则发生在所有个体的实践道德在性质上都是一样的，具有统一性。归一分析评价的目的是求得数量上的转换表达。例如，我们可以通过实践道德在道德知识、道德能力、道德品性、学业道德、生活道德的"样本分布"，可以求得实践道德在这些层面的不同的样本分布性与分布概率，并以此对"道德银行"进行归一分析总结。

这种归一分析在时间上来说可以是定期的，也可以是不定期的，从内容上看，具有明显的特征导向与指标导向意义。通过这种归一分析可以审视与检讨"道德银行"的样本在定位上是否准确，是否缺乏科学性，是否缺乏沟通与反馈机制，是否真正做到了公开、公平与严格等。

当然，这种归一分析虽然是重要的，但还不是归一分析的主旨。归一分析的主要指向对象是大学生。

大学生的道德经过一定阶段与平台的实践之后，已经进行了必要与相当的道德体验，获得了诸多的感性与理性知识，产生了相应的社会反响与效果。但是，这种认识与效果是否达到了统一，就需要进行客观的评价与分析，因为尽管个体也会对这种认识与效果的一致性展开思索，但由于个人主观性的局限，这种因素虽然是有益的，但基本上却是不全面的。而且，在"道德银行"里，由

于已经预设了可以被量化的"道德币"样本，因此用"道德银行"的方式对大学生的道德体验进行归一分析评价就显得顺理成章。"我们的全部知识是建立在经验上面的，知识归根到底是导源于经验的。"①

归一分析评价大学生的道德实践样本，虽然其中包含着奖惩的内容，但分析公布评价的目的同样也是为了追求一种数量上的转换表达，以便分析评价大学生实践道德样本的行为导向意义、结果表达意义。通过这种分析反馈、审视检讨大学生的实践体验是否具有实效，是否与"道德银行"的预期指标相接近。如果存有误差，就要发现问题出在哪里，就要在评价形式、方法与原则等问题上进行重新检讨。

这种归一反馈的哲学意义在于，通过结果的公布，回答了"道德银行"与道德个体"是什么"的问题。而公布"是什么"就会获得"为什么"的信息资源，并从这些资源中了解"为什么"。

"道德是在与人性的幽暗面作斗争。"② 归一与反馈既包含着对道德行为的激励，也包括了对不良行为进行约束。孟子说："徒善不足以为政，徒法不能以自行。"③ 有人会对公示结果的道德性提出怀疑，但是我们知道，道德是内心与外部行为的合二为一，既然是行动，就必定会受到社会的制约、道德的制约，要使"道德银行"真正有效地运转，对不道德的行为进行机制约束，也是必不可少的。

---

① 李志遒：《欧洲哲学史》上，中国人民大学出版社 1981 年版，第 178 页。
② 何中华：《启蒙、道德与文学——一种可能的解释》，《河北学刊》2004 年第 6 期。
③ 《孟子·离娄上》。

结　语

　　本书是从当前社会经济状况大前提下系统讨论与梳理了"道德银行"的产生、演进以及它的本质与特点，并在这样的基础之上讨论了建构大学生"道德银行"的必要性及其内涵。根据笔者的亲身实践与理论观察，提出了建构大学生"道德银行"的基本思路与主要方法。这样的讨论与梳理既是对"道德银行"的一种理论概括与提升，又是一次拓荒性的实践探讨。作为一个完整的研究，我们要进一步探讨大学生"道德银行"的理论扩展价值和实践推广的意义。

一、大学生"道德银行"的理论拓展价值

　　1. 拓展大学生思想道德教育的内容形式。随着时代的发展，大学生思想道德教育的内容与方式已逐渐向适应社会主义市场经济体制方向转化。这就要求高校对大学生的思想道德教育的内容与方式作出调整，要求按照社会主义市场经济体制对人才素质的综合要求来改革、补充和完善，要求学生在"政治方向、理想追求、现代意识、自我意识、法律规范、生活方式、行为习惯、人际交往、经受挫折、求职择业等方面都要受到比较良好的教育和指导"。高校"道德银行"正是这样一种开放式的道德培养模式。它充分利用了

高校力量，使学校的道德培养形成一个整体链条，这不仅有利于开展学生间的自我教育，而且有利于形成高校道德的"全民性参与"的良好氛围。此外，高校"道德银行"不止倡导学生在学校的道德行为，更鼓励和动员大学生开展校外的道德活动，形成全社会合力参与、校内外和谐发展，点面结合，纵横交错的多层次、多侧面、全方位、立体化、开放式的德育教育发展模式。高校"道德银行"的创立，拓展了大学生德育内容的发展方式，丰富了大学生思想道德教育内容的精神内涵。

2. 创新大学生思想政治教育的方法途径。大学生的思想道德教育需要用一些积极有效的方式来影响。而调动人的积极性的各项措施，其实质就是采取各种形式的激励手段，使学生愿意接受思想上的教育，能够自觉地运用所学的知识处理实际生活中面临的问题。"道德银行"就是新时期下的一种新的激励手段。它将道德"货币"化，以道德币的形式存入"道德银行"，需要时取出使用，并以此带动互利互动。"道德银行"也使大学生的道德学习途径得到了最大限度的延展。主要表现在以下两个方面：第一，由一维向多维的延展；第二，由单向向多向的延展。

3. 推进大学生思想政治教育方法论理论的发展。高校"道德银行"建设的理论意义在于：既有利于德育教育理论将高校"道德银行"纳入思想道德教育载体论的范畴内进行理论梳理和实践探索，有益于思想道德教育相关理论的创新和发展，又有利于为局限于伦理学争论内的"道德银行"找到新的出路和意义。"道德银行"正是贯彻马克思主义关于人的全面自由发展理论，并将这种学习转化为实践的一种道德学习模式。同时，终生学习是人类自我超越的一种永恒手段，是"道德银行"的主旨追求。

二、大学生"道德银行"的实践推广应用

1. 在大、中、小学的推广应用。"道德银行"的创建无疑是学校德育教育的一种创新方式,"道德银行"自创立以来就本着"志愿参与、诚信运作、道德积累、奉献爱心"的活动理念,坚持将"道德银行"作为道德活动的价值储蓄平台,将先进性道德要求与青少年的道德实践结合起来。在各个年龄层次的学生生活中导入"道德银行"这一运作机制,有利于帮助大、中、小学生树立正确的道德观念,充分肯定青少年的各类道德实践活动,并以银行制度形式在付出和回报之间确立一种长期的对应关系,进一步提高青少年主体参与道德实践活动的积极性,推进道德实践活动的开展,拓展道德风尚建设新领域。

2. 在部队、政府机关的推广应用。据我们了解,"道德银行"已在部队、政府中开花结果。在广州军区,军营"善客"兴起、"道德银行"促官兵日行一善,"爱心超市"网站门庭若市,官兵互换物品好不热闹。在某政府社区,"道德银行"也颇为走俏,它独特的支存方式吸引着政府公务员与社区居民的眼球。部队与政府出现"道德银行"说明了道德实践是一个全民性问题,说明了大学生"道德银行"的奉献与回报理念、践行理念具有普世性,因而它在部队、政府机关推广是可行的而且应用前途广阔。

3. 在事业单位、社区推广的可行性分析。"道德银行"要在社区、单位推广,也是可能的。事业单位和社区的思想教育工作和道德培养工作制度与建设体系逐步完善,这就为"道德银行"在事业单位、社区的推广实施奠定了制度基础,提供了可能。在社区,受生活范围的局限性和认识程度的影响,社会秩序的维护很大程度上依靠社会舆论的力量来维护。随着社会开放程度的加深,相信社区的人文环境会越来越好,"道德银行"在这里发生、发展的可能性

也会越来越大。

当然，事物都是一分为二的，"道德银行"无论是实践还是理论上，"道德银行"都有一些问题需要学术界进一步去观察研究。例如，"道德银行"在社会中举步维艰的问题，"道德银行"中的所谓"伪善""伪德"问题等，都是必须面对与正视的问题，尽管这些问题内含着复杂的社会原因，但继续研究与解答这些问题，显然是"道德银行"继续践行的责任。

主要参考文献

（一）文件类

[1] 中共中央、国务院：《关于进一步加强和改进大学生思想政治教育的意见》，《人民日报》2004 年 10 月 15 日。

[2] 中共中央关于印发《公民道德建设实施纲要》的通知中发〔2001〕15 号，http：//www.china.com.cn/pol：cy/b<t/2001-10/5content 5069881htm。

（二）著作类

[3]《马克思恩格斯全集》第 19 卷，人民出版社 1963 年版。

[4]《马克思全集》第 1—3 卷，人民出版社 1953 年版。

[5]《马克思恩格斯全集》第 1 卷，人民出版社 1995 年版。

[6]《马克思恩格斯全集》第 2 卷，人民出版社 1957 年版。

[7]《马克思恩格斯全集》第 3 卷，人民出版社 1964 年版。

[8]《马克思恩格斯全集》第 4 卷，人民出版社 1995 年版。

[9]《马克思恩格斯全集》第 18 卷，人民出版社 1964 年版。

[10]《马克思恩格斯全集》第 42 卷，人民出版社 1979 年版。

[11]《马克思恩格斯全集》第 46 卷下，人民出版社 1980 年版。

[12]《马克思恩格斯全集》第 20 卷，人民出版社 1971 年版。

[13]《马克思恩格斯全集》第 40 卷，人民出版社 1982 年版。

[14]《马克思恩格斯全集》第 49 卷，人民出版社 1982 年版。

[15]《马克思著作选编》，中共中央出版社 1994 年版。

[16]《列宁选集》第 4 卷，人民出版社 1995 年版。

[17]《列宁全集》第 38 卷，人民出版社 1986 年版。

[18]《列宁全集》第 55 卷，人民出版社 1990 年版。

[19]《列宁全集》第 20 卷，人民出版社 1958 年版。

[20]《列宁全集》第 40 卷，人民出版社 1986 年版。

[21]《毛泽东选集》第四卷，人民出版社 1991 年版。

[22]《毛泽东文集》第七卷，人民出版社 1999 年版。

[23]《毛泽东选集》第一卷，人民出版社 1991 年版。

[24]《毛泽东文集》第二卷，人民出版社 1993 年版。

[25]《毛泽东文集》第八卷，人民出版社 1999 年版。

[26]《毛泽东著作选读》（上册），人民出版社 1986 年版。

[27]《邓小平文选》第三卷，人民出版社 1993 年版。

[28]《邓小平文选》第二卷，人民出版社 1994 年版。

[29]《刘少奇选集》（上卷），人民出版社 1981 年版。

[30]《江泽民文选》第三卷，人民出版社 2006 年版。

[31] 江泽民:《论党的建设》，中央文献出版社 2001 年版。

[32] 江泽民:《论社会主义精神文明建设》，中央文献出版社 1999 年版。

[33] 中华人民共和国教育部、中共中央文献研究室:《毛泽东邓小平江泽民论教育》，人民教育出版社 2002 年版。

[34]《十六大以来重要文献选编》（中），中央文献出版社 2006 年版。

[35] 刘新庚:《现代思想政治教育方法论》，人民出版社 2008 年版。

[36] 郑永廷:《思想政治教育方法论》，高等教育出版社 2010 年版。

[37] 郑永廷等:《社会主义意识形态研究》，中山大学出版社 2001 年版。

[38] 戚万学:《冲突与整合——20 世纪西方道德教育理论》，山东教育出版社 1995 年版。

[39] 戚万学:《道德学习与道德教育》，山东教育出版社 2006 年版。

[40] 张焕庭:《西方资产阶级教育论著选》，人民教育出版社 1979

年版。

[41] 张耀灿、郑永廷等:《现代思想政治教育学》,人民出版社2001年版。

[42] 张耀灿、陈万柏等:《思想政治教育学原理》,高等教育出版社2000年版。

[43] 鲁洁:《道德教育的当代论域》,人民出版社2005年版。

[44] 鲁洁、王逢贤:《德育社会学》,江苏教育出版社2000年版。

[45] 魏贤超:《现代德育原理》,浙江大学出版社1993年版。

[46] 王海明:《新伦理学》,商务印书馆2002年版。

[47] 赖廷谦、闫钢主编:《思想道德修养》,四川民族出版社2005年版。

[48] 范树成:《德育过程论》,中国社会科学出版社2004年版。

[49] 王玄武:《比较德育学》,武汉大学出版社2003年版。

[50] 刘军宁:《北大传统与近代中国》,中国人事出版社1998年版。

[51] 蔡志良:《道德能力论》,中国社会科学出版社2008年版。

[52] 甘葆露:《中国伦理学百科全书·德育伦理学卷》,吉林人民出版社1993年版。

[53] 朱小蔓:《情感教育论纲》,人民出版社2007年版。

[54] 朱小蔓:《情感德育论》,人民教育出版社2005年版。

[55] 冯友兰:《三松堂全集》第4卷,河南人民出版社1986年版。

[56] 冯友兰:《冯友兰选集》(下卷),北京大学出版社2000年版。

[57] 樊浩:《中国伦理精神的现代建构》,江苏人民出版社1997年版。

[58] 罗国杰:《中国革命道德》,中共中央党校出版社1999年版。

[59] 罗国杰:《中国传统道德名言卷》,中国人民大学出版社1995年版。

[60] 王养冲:《西方近代社会学思想的演进》,华东师大出版社1996年版。

[61] 傅维利:《教育功能论》,辽宁教育出版社1990年版。

[62] 孔德元:《政治社会学导论》,人民出版社2001年版。

[63] 中国社会科学院语言研究所词典编辑室编:《现代汉语词典》,商务印书馆 2002 年版。

[64] 陆学艺、景天魁:《转型中的中国社会》,黑龙江人民出版社 1994 年版。

[65] 王承绪、赵祥麟编译:《杜威教育论著选》,华东师范大学出版社 1981 年版。

[66] 扈中平:《教育目的论》,湖北教育出版社 2004 年版。

[67] 金生鈜:《规训与教化》,教育科学出版社 2004 年版。

[68] 单中惠主编:《西方教育思想史》,山西人民出版社 1997 年版。

[69] 孙鼎国、王杰主编:《西方思想 3000 年》(下),九州图书出版社 1998 年版。

[70] 尾关同:《共同的理想》,中央编译出版社 1996 年版。

[71] 曹孚:《外国教育史》,人民出版社 1983 年版。

[72] 王坤庆:《精神与教育——一种教育哲学视角的当代教育反思与建构》,上海教育出版社 2002 年版。

[73] 姚小平:《人文研究和语言研究》,外语教学与研究出版社 1995 年版。

[74] 孙正聿:《哲学通论》,复旦大学出版社 2007 年版。

[75] 胡海欧:《道德行为的经济分析》,复旦大学出版社 2005 年版。

[76] 班华:《现代教育论》(第二版),安徽人民出版社 2001 年版。

[77] 周辅成:《西方伦理学名著选辑》,商务印书馆 1987 年版。

[78] 《西方伦理学名著选编》(上卷),商务印书馆 1964 年版。

[79] 王海明:《伦理学原理》,北京大学出版社 2004 年版。

[80] 赵祥麟:《外国教育家评传》(第 2 卷),上海教育出版社 1992 年版。

[81] 周中之:《伦理学》,人民出版社 2004 年版。

[82] 孙正聿:《哲学修养十五讲》,北京大学出版社 2004 年版。

[83] 费孝通:《乡土中国》,三联书店 1984 年版。

[84] 教育大辞典编纂委员会:《教育大辞典》(第 1 卷),上海教育出

版社 1990 年版。

[85] 刘铁芳:《生命与教化》,湖南大学出版社 2004 年版。

[86] 班华:《现代教育论》(第 2 版),安徽人民出版社 2001 年版。

[87] 檀传宝:《信仰教育与道德教育》,教育科学出版社 1999 年版。

[88] 钱满素:《爱默生和中国:对个人主义的反思》,三联书店 1996 年版。

[89] 顾明远:《中国教育的文化基础》,山西教育出版社 2004 年版。

[90] 王健敏:《道德学习论》,浙江教育出版社 2002 年版。

[91] 王如才:《主体体验:创新教育的德育原理》,山东教育出版社 2004 年版。

[92] 李园会:《杜威的教育思想研究》(台北),文史哲出版社 1977 年版。

[93] 王健敏:《道德学习论》,浙江教育出版社 2002 年版。

[94] 叶秀山:《苏格拉底及其哲学思想》,人民出版社 1986 年版。

[95] 联合国教科文国际教育发展委员会:《学会生存——教育世界的今天和明天》,教育科学出版社 1996 年版。

[96] 北京大学哲学系哲学史教研室:《十八世纪法国哲学》,商务印书馆 1979 年版。

[97]《旧唐书》,中华书局 1975 年版,第 218 页。

[98]《汉书·董仲舒传》,中华书局 1962 年版,第 2503 页。

[99]《韩愈全集》,上海籍出版社 1997 年版,第 132 页。

[100] 司马光:《资治通鉴》(第 1 卷),中国友谊出版社 1993 年版。

[101] 董仲舒:《春秋繁露·深察名号》,《董仲舒集》,学苑出版社 2003 年版。

[102] 杨伯峻:《论语译注》,中华书局 1980 年版。

[103] 陈克炯:《文白对照十三经·左传》,广东人民出版社 1983 年版。

[104] [英] 穆勒:《功利主义》,九州出版社 2006 年版。

[105] [德] 康德:《道德形而上学探本》,商务印书馆 1996 年版。

[106] [德] 康德:《实践理解性批判》,人民出版社 2003 年版。

[107] [德] 康德:《道德形而上学原理》,上海世纪出版集团 2005 年版。

[108] [德] 康德:《康德文集》,改革出版社 1997 年版。

[109] [德] 康德:《道德的形而上学》,牛津大学出版社 1996 年版。

[110] [德] 康德著,赵鹏等译:《论教育学》,上海人民出版社 2005 年版。

[111] [德] 康德著,宗白华译:《判断力批判》(上卷),商务印书馆 1964 年版。

[112] [德] 康德著,韩水法译:《践理性批判》,商务印书馆 1999 年版。

[113] [美] 杜威:《我们怎样思维:经验与教育》,人民教育出版社 2005 年版。

[114] [苏] 苏霍姆林斯基著,蔡汀等译:《苏霍姆林斯基选集》(第 2 卷),教育科学出版社 2001 年版。

[115] [德] 黑格尔:《法哲学原理》,北京出版社 2007 年版。

[116] [美] 威廉·K. 弗兰克纳:《善的求索:道德哲学导论》,辽宁人民出版社 1987 年版。

[117] [古希腊] 亚里士多德:《尼各马可伦理学》,中国社会科学出版社 2007 年版。

[118] [法] 涂尔干:《道德教育》,上海人民出版社 2008 年版。

[119] [荷兰] 斯宾诺莎著,贺麟译:《伦理学》,商务印书馆 1958 年版。

[120] [荷兰] 别涅狄克特·斯宾诺莎著,刘昇泽译:《伦理学问题》,中国社会出版社 1999 年版。

[121] [美] 唐·埃思里奇:《应用经济学研究方法论》,经济科学出版社 1998 年版。

[122] [德] 海德格尔:《海德格尔选集》,上海三联书店 1996 年版。

[123] [美] 齐纳森·H. 特纳著,孙俊才译:《人类情感:社会学的理论》,东方出版社 2009 年版。

[124] [美] 爱因斯坦:《爱因斯坦文集》(第1卷),商务印书馆1976年版。

[125] [法] 爱弥尔·涂尔干著,陈光金、沈杰、朱谐汉译:《道德教育》,上海人民出版社2001年版。

[126] [苏] 包德列夫著,李渊庭译:《学生的共产主义道德教育》,人民教育出版社1958年版。

[127] [美] L.柯尔伯格著,郭本禹译:《道德发展心理学:道德阶段的本质与确证》,华东师范大学出版社2004年版。

[128] [美] 唐纳德·里德著,姚莉译:《追随科尔伯格——自由和民主团体的实践》,黑龙江人民出版社2003年版。

[129]《教育百科全书》第6卷,麦克米兰公司1971年版。

[130] M.道尼和A.V.凯利:《道德教育中的理论和实践》(英文版),浙江教育出版社2003年版。

[131] [德] 弗里德利希·席勒:《秀美与尊严》,文化艺术出版社1961年版。

[132] [美] 马尔库塞著,李小兵等译:《现代文明与人的困境》,上海三联书店1988年版。

[133] [苏] 普列汉诺夫:《唯物主义史论丛》,三联书店1961年版。

[134] [英] 洛克:《人类理解论》,商务印书馆1999年版。

[135] [英] 约翰·密尔:《功用主义》,商务印书馆1957年版。

[136] [美] 罗尔斯:《正义论》,中国社会科学出版社1998年版。

[137] [美] J.P.蒂洛:《伦理学:理论与实践》,北京大学出版社1985年版。

[138] [法] 胡塞尔:《欧洲科学危机和超验现象学》,上海译文出版社1988年版。

[139] [美] 弗兰克·梯利著,何意译:《伦理学概论》,中国人民大学出版社1987年版。

[140] [法] 卢梭:《爱弥儿》,人民教育出版社2001年版。

[141] [美] 丹尼尔·贝尔:《资本主义文化矛盾》,三联书店1989年版。

［142］［德］尼采著，谢地坤等译:《善恶之彼岸》，漓江出版社 2000 年版。

［143］［美］唐纳德·里德:《追随科尔伯格——自由与民主同体的实践》，黑龙江人民出版社 2003 年版。

［144］［德］费尔巴哈:《费尔巴哈哲学著作选》，商务印书馆 1984 年版。

［145］［英］休谟:《人性论》（下册），商务印书馆 1980 年版。

［146］［英］亚当·斯密:《道德情操论》，商务印书馆 2003 年版。

［147］［美］杜威:《杜威教育论著选》，华东师大出版社 1981 年版。

［148］［美］杜威:《学校与社会:明日之学校》，人民教育出版社 1994 年版。

（三）论文类

［149］唐明燕:《先秦儒家教化哲学及其影响》，《大连理工大学学报》（社会科学版）2011 年第 4 期。

［150］施一满:《伦理学视阈下的"道德银行"建设》，《中国青年研究》2012 年第 4 期。

［151］王开岭:《"道德银行"与道德谋杀》，《教师之友》2005 年第 1 期。

［152］黄志磊:《法治进程中道德约束机制的缺失及其克服》，黑龙江大学硕士论文，2011 年。

［153］侯虹霞:《"道德银行"利弊谈》，《山西教育》2008 年第 3 期。

［154］丘有光:《思想政治教育实质上是一种信仰教育理论水平》，《文史博览》2007 年第 1 期。

［155］郑崇辉:《关于当前高校学生德育工作的思考》，《教书育人》2005 年第 11 期。

［156］刘勇:《浅谈道德激励机制在高校教育中的作用》，《教书育人:学术理论》2006 年第 11 期。

［157］曲正伟、杨颖秀:《德行成本:学校德育低效问题的新视角》，《教育科学》2002 年第 4 期。

[158] 刘军宁:《精神危机是最根本的危机》,《南风窗》2010 年第 19 期。

[159] 刘卫琴:《"道德储存"与公民道德建设》,《大连大学学报》2007 年第 2 期。

[160] 王建胜:《"道德银行"的理论意义与实践价值之探讨》,《江苏高教》2005 年第 1 期。

[161] 裴西宏:《从"道德银行"的试行看高校学生德育的新激励》,《中国成人教育》2005 年第 7 期。

[162] 李承宗、谢翠蓉:《对道德银行的经济学分析》,《财经理论与实践》2004 年第 5 期。

[163] 施一满、刘新庚:《转型时期大学生自我教育缺失原因探析》,《中国青年研究》2010 年第 5 期。

[164] 王琴:《对"道德银行"的伦理思考》,《理论月刊》2005 年第 4 期。

[165] 严海云:《建立学生道德银行　创建文明和谐校园》,《交通职业教育》2009 年第 2 期。

[166] 王开岭:《"道德银行"与道德谋杀》,《教师之友》2005 年第 1 期。

[167] 易钢:《道德回报理论初探》,《华南农业大学学报》(社会科学版) 2004 年第 4 期。

[168] 罗明星:《道德回报的伦理质疑》,《江汉论坛》2009 年第 10 期。

[169] 程建军、叶方兴:《"道德银行"的困境及其伦理启示》,《南京师范大学学报》(社会科学版) 2009 年第 3 期。

[170] 徐良根:《"道德银行":社会主义市场经济条件下道德实践的创新》,《湖南行政学院学报》2002 年第 3 期。

[171] 陈杰等:《"道德银行"的理论意义与实践价值再探讨》,《浙江工业大学学报》(社会科学版) 2005 年第 6 期。

[172] 郑晨:《社会变迁中的当代中国道德观念考察》,《浙江学刊》1996 年第 4 期。

[173] 白志刚：《道德作为高尚的精神不能储蓄》，《政工研究动态》2002 年第 9 期。

[174] 施一满、罗湘明：《论建构大学生"道德银行"的主体原则》，《学理论》2012 年第 27 期。

[175] 葛晨虹：《应建立道德奉献与回报的社会机制》，《政工研究动态》2002 年第 7 期。

[176] 张霄：《评目的论式的马克思主义道德理论》，《中南民族大学学报》（人文社会科学版）2010 年第 3 期。

[177] 金建明：《邓小平的道德理论：马克思主义道德学说在中国发展的新阶段》，《理论与改革》1999 年第 1 期。

[178] 刘勇：《浅谈道德激励机制在高校教育中的作用》，《教书育人》2006 年第 11 期。

[179] 彭未名：《道德教育：从泛政治化到本体价值的复归》，《江汉论坛》2002 年第 9 期。

[180] 高德胜：《也说"5+2=0"》，《思想理论教育》2006 年第 18 期。

[181] 鲁洁：《人对人的理解：道德教育的基础》，《教育研究》2000 年第 90 期。

[182] 夏甄陶：《人：关系　活动　发展》，《哲学研究》1997 年第 10 期。

[183] 肖立斌：《"德得相通"的内涵及其现代价值》，《理论观察》2009 年第 3 期。

[184] 赵朝峰：《论中国古典教化理论及其影响》，《新视野》2010 年第 3 期。

[185] 施一满、罗湘明：《论"道德银行"运行机制的完善与创新》，《管理学家》2012 年第 9 期。

[186] 黄书光：《中国传统教化的理论基础与组织特征》，《教育学报》2005 年第 4 期。

[187] 张天儒：《浅论董仲舒教化思想之实施途径》，《陇东学院学报》2008 年第 6 期。

[188] 陆小英：《行为主义与德育》，《淮阴师范学院学报》（哲学社会

科学版) 2000 年第 5 期。

[189] 杨娟:《行为主义心理学对学校德育工作的启发》,《经营管理者》2010 年第 15 期。

[190] 高伟:《行为主义对德育的启示》,《内蒙古农业大学学报》(社会科学版) 2008 年第 2 期。

[191] 陆春蓉、朱丹丹:《马克思异化理论视角下的道德异化探析》,《学理论》(中) 2010 年第 7 期。

[192] 施一满、罗湘明《网络背景下的"道德银行"构建》,《中国科技教育》2012 年第 9 期。

[193] 程肇基:《论体验式道德学习与生活资源开发》,《教师教育研究》2006 年第 9 期。

[194] 舒志定:《教育面向生活世界的理论旨趣》,《教育理论与实践》2007 年第 6 期。

[195] 葛晨虹:《建立道德奉献与道德回报机制》,《道德与文明》2001 年第 3 期。

[196] 许庆华:《高校校园文化的解读对思想政治教育的启示》,《前沿》2004 年第 9 期。

[197] 王琴:《对"道德银行"的伦理思考》,《理论月刊》2005 年第 4 期。

[198] 冯建军:《人的道德主体性与主体道德教育》,《南京师范大学学报》(社科版) 2002 年第 2 期。

[199] 易连云:《传统道德中的生命意义解读——论"生命·实践"道德体系的构建》,《教育学报》2005 年第 5 期。

[200] 胡凯:《思想政治教育过程的心理规律初探》,《思想理论教育导刊》2005 年第 3 期。

[201] 郭毅然:《费斯汀洛认知不快调理论及其对德育的启示》,《中国德育》2008 年第 4 期。

[202] 施一满、罗湘明:《论"道德银行"评价机制的构建》,《管理观察》2012 年第 25 期。

[203] 鲁洁:《通识教育与人格陶冶》,《教育研究》1997 年第 4 期。

[204] 任剑涛:《道德理想、组织力量与志愿行动——简论志愿者的动力机制》,《开放时代》2001 年第 5 期。

[205] 王乾荣:《既计功利,何谈道德?》,《源流》2007 年第 1 期。

[206] 魏传光:《传统德育"人学空场"问题的理论层面分析》,《现代教育科学》2004 年第 4 期。

[207] 杨长春:《大学生价值取向功利化倾向的理论分析》,《江汉大学学报》2006 年第 6 期。

[208] 李承宗、谢翠蓉:《道德银行的经济学分析》,《财经理论与实践》2004 年第 9 期。

[209] 吴学安、马国川:《道德真能"存储"和"支取"吗?》,《素质教育大参考》2000 年第 3 期。

[210] 陈延斌:《大众化教育背景下的大学生道德建设论略》,《思想理论教育导刊》2010 年第 3 期。

[211] 刘新庚、施一满:《"道德银行"绩效评估的指标体系》,《社会科学家》2012 年第 2 期。

[212] 许建良:《道德需要驱动力机制》,《伦理学研究》2010 年第 2 期。

[213] 李俊文:《网络时代的伦理问题及其应对》,《思想教育研究》2008 年第 7 期。

[214] 盛洪:《道德功利及其他》,《读书》1998 年第 7 期。

[215] 夏学銮:《"道德银行"的是是非非》,《社区》2004 年第 3 期。

[216] 罗松远:《当代社会大学生道德养成中存在的问题、成因及对策》,《华北水利水电学院学报》2010 年第 3 期。

[217] 夏甄陶:《人:关系 活动 发展》,《哲学研究》1997 年第 10 期。

[218] 白刚、张荣艳:《马克思宗教批判的双重使命》,《社会科学研究》2006 年第 6 期。

[219] 宋希仁:《"道德的基础是人类精神的自律"释义》,《道德与文明》2000 年第 3 期。

[220] 高家文:《和谐社会与人性和谐——理性与非理性统一的人性维

度》，《广西社会科学》2007 年第 10 期。

[221] 杨国荣：《论道德自我》，《上海社会科学院学术季刊》2001 年第 2 期。

[222] 王桂平：《当代大学生道德素质教育提升途径研究》，《衡水学院学报》2010 年第 5 期。

[223] 施一满、罗湘明：《坚持核心价值取向，拓展和谐社会凝聚功能》，《社会科学家》2011 年第 10 期。

[224] 周幼苹：《当代大学生思想道德问题的思考》，《企业家天地》2005 年第 6 期。

[225] 蒋儒标、汪肖良：《略论道德的层次性》，《浙江社会科学》1997 年第 4 期。

[226] 盖伯琳、吕进军：《道德建设的三个层面：人性、信仰、哲学信仰》，《河北学刊》2005 年第 3 期。

[227] 黄建炜：《建构与社会主义市场经济相适应的新的道德理想与道德信仰观》，《陕西师范大学继续教育学报》2006 年第 3 期。

[228] 仲小燕：《大学生道德生活——构建和谐校园的内在价值诉求》，《当代教育论坛》（管理研究）2010 年第 8 期。

[229] 何中华：《启蒙、道德与文学——一种可能的解释》，《河北学刊》2004 年第 6 期。

[230] 陈旸：《道德认同及其伦理意义》，《新乡师范高等专科学校学报》2006 年第 3 期。

[231] 徐良根：《"道德银行"：社会主义市场经济条件下道德实践创新》，《湖南行政学院学报》2002 年第 3 期。

[232] 蒋舟、张冬利：《"道德银行"解读》，《科教文汇》2007 年第 6 期。

[233] 李承宗、谢翠蓉：《对道德银行的经济学分析》，《财经理论与实践》2004 年第 9 期。

[234] 夏余才：《道德银行不"道德"》，《教育与职业》2010 年第 2 期。

[235] J. F. 索尔蒂斯主编：《哲学与教育——关国全国教育研究会第 80 期年鉴》，《国外社会科学文摘》1965 年第 4 期。

[236] 胡锦涛:《切实加强和改进大学生思想政治教育工作》,《十六大以来重要文献选编》(中),中央文献出版社 2006 年版。

[237] 罗宾逊夫人:《经济哲学》,《伦理学问题译丛》,商务印书馆 1963 年版。

[238] 梁启超:《教育应有的道德公准》,《梁启超哲学思想论文选》,北京大学出版社 1984 年版。

[239] 冯定:《新人群的道德观》,《冯定文集》,人民出版社 1987 年版。

[240] 梁启超:《教育应用的道德公准》,《梁启超哲学思想论文选》,北京大学出版社 1984 年版。

[241] 邓小平:《解放思想、实事求是、团结一致向前看》,《邓小平文选》第二卷,人民出版社 1990 年版。

[242] 李大钊:《物质变动与道德变动》,《李大钊文集》,人民出版社 1984 年版。

[243] 杨贤江:《青年的道德观念》,《杨贤江教育文集》,教育科学出版社 1982 年版。

[244] 恩格斯:《反杜林论》,《马克思恩格斯选集》第三卷,人民出版社 1972 年版。

[245] 马克思:《国际工人协会共同章程》,《马克思恩格斯选集》第二卷,人民出版社 1972 年版。

[246] 江泽民:《以人民群众为本》,《江泽民文选》(第 1 卷),人民出版社 2006 年版。

[247]《道德标准中的三大问题》,《光明日报》2010 年 8 月 31 日。

[248] 白志刚:《"道德银行"是创新? 是尴尬?》,《福建日报》2002 年 3 月 13 日。

[249] 刘庆传:《专家热议学校德育热点问题》,《新华时报》2004 年 12 月 22 日。

[250] 胡锦涛:《坚持用"三个代表"重要思想统领宣传思想工作》,《人民日报》2003 年 12 月 7 日。

[251] 吴学安:《校园"道德银行"还能走多远?》,《中国教育报》2005

年 6 月 30 日。

[252] 平卫国:《学生诚信问题浅谈》,《人民日报海外版》2004 年 2 月
2 日。

[253] 王振耀:《道德激励的方式需要现代化》,《人民日报》2010 年 9
月 2 日。

[254] 范正伟:《做好事"套现"不会让道德变质》,《京华时报》2010
年 9 月 2 日。

[255] 肖雪慧:《人的主体性是一切道德活动的原动力》,《光明日报》
1986 年 2 月 3 日。

[256] 教育研究编辑部:《2005 年教育问题的新视点》,《中国教育报》
2006 年 6 月 3 日。

[257] 江泽民:《国运兴衰系于教育教育振兴全民有责》,《人民日报》
1999 年 6 月 16 日。

[258] 张贵峰:《按经典标准培养孩子 90% 要吃亏说明了什么?》,《三
湘都市报》2011 年 1 月 2 日。

[259] 长 沙 理 工 大 学 新 闻 网,http://wwwdx.csust.edu.cn/pub/cslg/
lgxww/rmxw/t20080710.htm。

[260] 费 孝 通:《 论 " 知 识 阶 级 "》,http://www.douban.com/group/
topic/19463377。

[261] 互动百科·行为主义,http://www.hudong.com/wiki/%E8%A1%
8C%E4%B8%BA%E4%B8%BB%E4%B9%89。

[262] 潘斌:《论教育回归生活世界》,http://epc.swu.edu.cn/cyber/200608/
pb.htm。

[263] 肖群忠:《道德究竟是什么》,http://www.cssn.cn/news/415671.
htm。

[264] 新华网:《长沙理工设"道德银行""道德币"成考评重要标准》,
http://news.xinhuanet.com/edu/content_12713267.htm/2009-12-28。

[265] 张维璋:《关于"道德银行"的实践与思考——兼对浙工大之
江学院"道德银行"的个案分析》,http://www.law-lib.com/lw/lw_view.

asp?no=4872。

[266] 百度百科·评价，http：//baike.baidu.com/view/26945.htm/2010-12-26。

[267] 现代西方道德理论，http：//www.docin.com。

[268] 汤姆·D.帕尔默：《全球化与文化：同质性多元性身份认同自由》（上），http：//hi.baidu.com/ccm6ede/blog/item/0d64fa1e639ef2f71ad57654.html。

[269]《高校成立"道德银行"喜忧各半》，http：//edu.qq.com/a//000108.htm/2003-12-19。

[270] 魏荣华：《道德没有银行》，http：//cqvip.com。

[271]《学者呼吁我国尽快完善道德奉献与道德回报机制》，www.hbjswm.gov.cn。

[272] 江怡：《西学东渐与中国的现代化进程》，http：//philo.ruc.edu.cn。

[273] 北方网评：《莫让道德楷模再陷"贫困"》，http：//www.north.com.cn/2007.04.12。

[274]《中国目前最突出的道德问题》，http：//wenda.tianya.cn/question/76ca411730d3125f。

[275] 李光明：《论道德观念的相对性》，http：//www.tianya.cn/Publicforum/content/free/1/1867960.shtml。

[276]《大学生诚信问题的反思及实例》，http：// wenwen.soso.com/z/q110766421.htm。

[277] 百度百科·什么是道德心理学，http：//baike. baidu.com/view/3807038.htm。

[278] 泽华：《"道德储蓄"和道德沦丧》，http：//www.cc222.com/article/413424.html/ 2007-11-24。

[279] 黑龙江新闻网：《"道德储蓄"不容提倡》，http：//www.hlsnews.cn/2009-12-25。

[280] 陈澎：《道德资产能否储蓄？"道德银行"引发议论》，http：//www.xinhuanet.com/2002-2-26。

[281]《关于"美德储蓄"活动的价值和问题探讨》，http：//www.qiqi8.

cn/article/37/41/2009/2009111671192.html。

[282] 胡锦涛：《高举中国特色社会主义伟大旗帜　为夺取全面建设小康社会新胜利而奋斗》，http：//zfx.aynu.edu.cn/jiuban/News/200711415591.html。

[283] 夸美纽斯：《大教学论》，http：//blog.sina.com.cn/s/blog_7a624a430100y2nw.html。

[284]《对高校开展大学生网络行为规范教育的思考》，http：//www.tianyabook.com/xueshulunwen/16.htm。

[285] 中思：《就有关道德讨论会致光明日报社》，http：//www.blog.sina.com.cn。

[286] Loowu：《美德与功利》，http：//www.sina.com.cn2007-07-05。

[287]《关于成立"长沙理工大学城南学院道德银行"的通知》，http：//www.csust.edu.cn/pub/cnxy/clw/ddyh/t20090927_103625.html2007-11-12。

[288]《"道德储蓄"或堆积出道德高地》，http：// roll.sohu.com/20111015/n322266955.shtml。

[289] 徐向东：《自我决定与道德责任》，http：//www.douban.com/group/topic/13295556/。

[290] 张仲义等：《关于大学生责任意识的强化策略》，http：//www.lwlm.com/gaodengjiaoyu/201006/397961.htm。

[291] 王忠欣：《现代性道德的局限性》，http：//www.china-review.com/cat.asp?id=15611。

[292]《社会需要怎样的道德激励》，http：//news.xinhuanet.com/politics/2010-08/05/c_12411950.htm。

[293] 张本强：《用金钱奖励道德是南辕北辙》，http：//news.ifeng.com/rt-channel/rtlist_20110114/46.shtml。

[294] 马明达：《道德不应被奖励，容易出现伪君子》，http：//news.dayoo.com/guangzhou/201012/14/73437_14723952.htm。

（四）外文类

[295] T.Lickona, Education for Character: How Our Schools Can Teach Respect and Responsiliity, New York: Bantam, 1991.

[296] Reiter, Sara Ann. The Kohlberg-Gillgan Controversy: Lessons for Accountiny, Crtical Peldpectives on Accounting, 1996.

[297] E. Aronson T. d.Wilson&R. M. Akert, Social Psychology. Addison Wesley Longman, Inc, 1999.

[298] S .F. Davis & J. J. Palladino. Psychology.Prentice Hall.Upper Saddle River, 2000.

[299] Paul Monroe. A text-book in the History of Education. The Micmillan Company, 1929.

[300] A · Maclntyre, After Virtue, Notre, Dame, Lnd, University of Notrepress, 1984.

[301] L.Kohlberg.The Philosophy of Moral Education. San Francisca: Harper Row, 1984.

[302] Dochaine, Brdley. Evolutionory psychology and the brain. Current Opinion in Neurobiolgy, 2001.

[303] Joffe, Tracey H. Social Pressures haue Selected for an Extended Juvenile Period in Primates. Journal of Human Evolution, 1997.

[304] Schlicht Ekkehait. Endogenous on-the-Job Training with Moral Haiard, Labour Economics, 1996.

[305] Heslep Robert D. Moral Education for Americens, Journal for Criminal Jusrice 1996.

附录1

关于公布2012年湖南省普通高等学校校园文化建设优秀成果评选结果的通知

中共湖南省委教育工作委员会

湘教工委通〔2012〕92号

关于公布2012年湖南省普通高等学校
校园文化建设优秀成果评选结果的通知

各普通高等学校：

根据《关于评选2012年湖南省高校校园文化建设优秀成果的通知》（湘教工委通〔2012〕56号）要求，各高校高度重视，认真组织，积极报送校园文化成果。经专家评审，我委审定，评出2012年湖南省高校校园文化建设优秀成果一等奖6项，二等奖8项，三等奖19项，并全部报送教育部参加全国高校校园文化建设优秀成果评选。现予公布（获奖名单详见附件）。

各高校要以此优秀成果评选为契机，继续深入开展校风建设，大力加强人文素质和科学精神教育，精心组织校园文化活动，积极开拓校园文化建设新载体，认真总结好的做法和经验，努力形成一批深受学生喜爱的校园文化成果和品牌，营造大学生健康成长的良好环境和氛围。

附件：2012年湖南省高校校园文化建设优秀成果评选获奖名单

中共湖南省委教育工作委员会　湖南省教育厅
2012年9月28日

附件：

2012年湖南省高校校园文化建设
优秀成果评选获奖名单

一等奖（6项）

序号	学　校	成果名称
1	中南大学	文化架心桥 青春谱新篇——中南大学连续12年开展两岸青年文化交流活动
2	湖南大学	湖南大学推进辅导员博客建设 创新大学生思想政治教育方式
3	湘潭大学	传承中华孝道，助推文化育人——湘潭大学孝文化主题教育活动的实践与探索
4	湖南农业大学	面对面 心连心——湖南农大践行党的群众路线 十年坚持举办"校领导接待日"
5	长沙理工大学	存储道德货币，传承尚德文化——长沙理工大学城南学院打造"道德银行"，建立"学雷锋"长效机制
6	湖南环境生物职业技术学院	铸造"三爱三乐"校园文化品牌 全面提升高职学生综合素养——湖南环境生物职院以"思想引领、成长服务"为宗旨开展"三爱三乐"主题教育的探索与实践

二等奖（8项）

序号	学　校	成果名称
1	湖南师范大学	科学建设示范平台 鲜活载体引领成长——湖南师范大学依托"师大之星"评选活动建设教育示范平台的探索与实践
2	湖南师范大学	运用红色论坛打造新时期大学生的精神家园
3	湖南科技大学	"三支歌"唱响校园文化主旋律
4	湖南人文科技学院	倾力打造"一线三段、一点三面"的高校校园诚信文化
5	湖南第一师范学院	以建党90周年为节点，切实深化"党在我心中"主题教育
6	湖南女子学院	培育创业文化 培养创业人才——湖南女子学院校园创业文化建设探索
7	湖南民族职业学院	用童话剧点亮城市心灯——湖南民族职业学院安徒生童话剧团实践育人的探索
8	湖南铁道职业技术学院	弘扬火车头精神，打造铁路高校特色育人文化阵地——湖南铁道职业技术学院特色校园文化建设的探索与实践

附录2

媒体报道

2009 年 12 月 28 日，《中国青年报》头版报道了《长沙理工大学"道德银行"在争议中前行》。

中国教育报

ZHONGGUO JIAOYU BAO

2011 年 12 月 15 日　星期四　第 8124 号（今日十二版）　邮发代号 1—10　http://www.jyb.cn

长沙理工大学践行科学发展观抓实做硬大学生思想政治教育

一张绿色的存折

2011 年 12 月 15 日，中国教育报的《一张绿色的存折》强调了"道德银行"做硬了大学生思想政治教育。

长沙理工大学开办"道德银行"创新德育模式

新华网湖南频道2月28日电（王昱）日前，长沙理工大学城南学院被长沙市授予"'雷锋'号校园志愿者工作站"称号。据了解，这一称号的获得要归功于该校"道德银行"的开办。通过开办"道德银行"，该校将学生的"道德资产"与"评优评先"挂钩，形成约束机制，以推动校园志愿工作的开展，成为高校德育工作的创新之举。

"道德银行"与学校考评挂钩

长沙理工大学城南学院的"道德银行"已经开办四年多了。谈起开办的初衷，校道德银行创始人、长沙理工大学城南学院团委书记彭霞说，当初发现学生们参与志愿活动的积极性不高，学校组织志愿服务活动，经常担心招不到学生，不得不硬性规定学生干部、党员等参加。为了调动同学们的积极性，他们参考国外成熟的义工制度，设立了"道德银行"。

彭霞介绍，"道德银行"是2007年开始实施的一项特殊的考核体系。参照银行运作模式，将学生参加的志愿服务、好人好事等以"道德币"这一虚拟货币的形式，记录在学院开办的"道德银行"的存折上。学生在活动中获得的"道德币"，成为自己的"道德资产"。每个同学每个学年至少要存满10个道德币才有资格参与评优评先，申请奖学金、助学金，申请入党等。

做了志愿服务的同学需要留名和签字认定的证明来证实自己的参与，随后将证明交到道德银行以存储"道德币"。如无偿献血每次可以获得6个道德币，社区活动每次4个，爱心捐助每次1-10个，拾金不昧1-4个，义务演出每次3个等，一共有7类存储内容。

2012年2月29日，新华网湖南频道　以《长沙理工大学开办"道德银行"创新德育模式》为题报道了"道德银行"。

"道德银行"能否催生"道德富翁"

新华网长沙3月11日电(记者黄兴华)湖南长沙理工大学城南学院开办"道德银行",让学生在帮助别人的活动中获得"道德币",积累道德财富,增强服务意识,引发社会持续关注和热议。

"道德银行"积累"道德资产"

长沙理工大学城南学院是由长沙理工大学按新机制、新模式与社会力量合作举办的本科层次的独立学院。2007年10月,学院参照国外成熟义工制度,成立湖南省高校第一家"道德银行"。

"道德银行"创办者、城南学院团委书记彭霞介绍,学院推行的"道德银行",是将学生志愿者参加的志愿服务、好人好事等以"道德币"这一虚拟货币的形式,记录在学院开办的"道德银行"存折上。学生在活动中获得的"道德币",成为自己的"道德资产"。

彭霞介绍,做了志愿服务的同学需要留名和签字认定证实自己的参与。随后,学生干部将活动参与者的行为和服务对象的认定交给辅导员,统一打分,评定应该给予的"道德币"。

2012年3月11日,新华网再次以《"道德银行"能否催生"道德富翁"》为题报道了"道德银行"。

B1 教育 校园

CHANGSHA

道德币成学年考评标准

◎记者 岳霞 实习生 武海亮

每周二下午，长沙理工大学艺术设计2007级的范慧瑶和丑国娇都要到长沙第一福利院去教孤残孩子画画。不久后据干部告诉她们，这个算"志愿活动好人好事"，可以加"道德币"，不过需要对方单位开个证明。"做义工还要对方开证明来换道德币，会不会被别人认为自己组织动机不纯？"两个妹子纠结了。这个纠结也是了长沙理工大学推出"道德银行"以来最主要的反对理由。

存满10个道德币才能计优评奖有获得助学金奖学金，会不会体本来纯粹的志愿行为变上"作秀"阴影？昨日，长沙理工大学城南学院党委副书记蔡一鸣在接受记者采访时表示，他们从来不认为"道德币多"就等同于"道德高尚"，但是三年的实践表明，道德银行作为思想素质教育的载体，正发挥着从他律到自律的作用，帮助初有点抵触的学生从帮助他人中获得乐趣，"道德银行"也完成了教育人的引导功能。

■10个道德币等于4小时志愿服务

"我们按照银行运作模式设立的道德银行，将志愿者的志愿服务、好人好事等以'道德币'这一存折贷币的形式记录在道德银行。"城南学院团委书记彭霖介绍说，道德银行的存折采取户名和人名、账号密码学习的方式进行，每名学生免费发放一套存折，凭用户名和密码可以轻松地在学院

团委网站及时查询自己的"道德币"。其量化的标准具体为，各类志愿服务1-3个/小时；无偿献血6个/次；扶金不昧2-15个/次；爱心捐款2-20个/次；其他未足的具体情况而定。每个学生一个学年至少要存满10个道德币才有资格参与评优评先和申请奖学金助学金。一个学年过了，所有道德币清零。

据记者了解，要凑起10个道德币，一般只需要4小时的义务劳动。南院道德银行值班经理读校电气工程08级库毕华提供的数据显示，60%以上的同学有15-30个左右的道德币，甚至还有个170多个道德币的"富翁"。可要完成10个道德币就不是一件困难的事情。不过，由于道德的确认需要签字或盖章确定证明，还是引起不少同学抵制。

■做好事打证明觉得尴尬

"为了去开证明，我和范慧推三推四地跑了3天，后来才推不好意思地大声向社工部主任开口不可说开一证明，同学校也加到道歉。"丑国娇告诉记者，由于她从2009年3月起每周二下午坚持到福利院教残了做手工，大方报奖他地相看了。"有纯同学拿水水果什么的同院去福利院思时便一次就来开证明，就会被打在阻心。"

道德币，现不可能有证明吗？记得了品论坛学有学们议的认可。中国伦理学会副会长、中国大学公共管理学院院长成

心理学教授李建华在接受记者采访时表示，"道德银行"将个人道德与回报挂钩，将道德变为一种负担，将道德作为一种奖惩机制，也有走形式化之嫌。李建华建议，高校应该加强道德教育，注重大学生价值观改造，而不能把道德作为奖励的标准。

彭霖为如何剔除这种负记，也费尽脑筋。她说，要打证明、其实是不想道德币流于形式。因为道德币的认定有难度，采取这种方式，是恩杜绝弄虚作假现象。当然一旦发现造假，学校也会严惩。

■无关道德银行更不愿留名

道德银行品有激励作用，但实际上多数学生还是认为做好事与之无关。城南学院经管系辅导员肖老师表示，有学生从成功的积极道德币还源过遭到自动车帮收心，甚至有做好事而愿名的。

杨敏俊和朱亦平是经管系2000级学生，"默默无闻做好事"已有半年，入学以来他们坚持每天接送一名残疾儿童上下学，风雨无阻。两人是通过学校的青年志愿者协会知小佳的情况，开主动道德，自愿承扣小佳的接送工作，从9月份入学以来，他们每天都接送小佳，到上周月末终接到小佳母亲的感谢信，杨敏俊朱亦平的事情才被人知晓。接受记者采访后，杨敏俊说他们不知道这个这些整道德币，不过，不能扣不提供，他们都会坚持做下去。"这个做有没有道德币没关系。"

常茹妹子胡思敏雁是通信工程2008级学生，道德银行的副行长。她告诉记者，现在她感受了的最明显的变化是，以前学校里但志愿活动，常常为人数不够而发愁，或者来的都是扎个别部门。但是现在，同学们参加志愿活动的积极性很高，"我们还有选择的余地。"

■为评优有人提出"道德币贷款"

对危慧瑶同学来说，现在每周花一个下午的时间陪福利院的孩子做手工，是她既超非惊帮没有些关系了。"道德币又吃不得，存多了也没用。"范慧瑶真诚地说，这正是引服多同学的心态，也是道德银行临普着例修改的地方。因为目前道德银行只有储蓄，没有支出可统计。

道德银行前行长胡思敏曾经遇到同学们这样的谐询：能采用5个道德币评优，那我能先预5个道德币，下学年评这10个道德币为回馈。另外，一个考研的同学提请美通过做好的学习英语术，如果现在能做好的学习英语术，给进他做大于这些你考道德币？

在思慧瑶和个性独立的大学生群体里，道德银行的职能是越来越被更变奇，才能走得更远。但是总的来说，对调动大家参与工和志愿者的积极性道德银行是有明显的效果。据统计，在2007级开始实施的道德银行，储户现在已有8800多人，已达到100%的参与率。

"我们现在正在推广"支持，也正在丰富支出条件。"施一鸣表示，长沙理工大学城南学院的道德银行在湖南省高校创第一家，虽然制度有争议在所难免，将不断在探索中完善。

2010年1月14日，《长沙晚报》用了半个版面，以《道德币成学年考评标准》为题对我院"道德银行"进行了全面报道。

2011年6月14日,《长沙晚报》针对"道德银行",引发争议与讨论。

2011年6月15日,《长沙晚报》针对前一天抛出的争议,从下面肯定"道德银行"的积极效果。

责任编辑:汪　逸
封面设计:石笑梦

图书在版编目(CIP)数据

大学生"道德银行"建构论/施一满 著. -北京:人民出版社,2015.12
ISBN 978-7-01-015007-9

Ⅰ.①大…　Ⅱ.①施…　Ⅲ.①大学生-思想政治教育-研究-中国
　Ⅳ.①G641

中国版本图书馆 CIP 数据核字(2015)第 142332 号

大学生"道德银行"建构论

DAXUESHENG DAODEYINHANG JIANGOULUN

施一满　著

人民出版社 出版发行
(100706　北京市东城区隆福寺街99号)

北京市文林印务有限公司印刷　新华书店经销

2015 年 12 月第 1 版　2015 年 12 月北京第 1 次印刷
开本:710 毫米×1000 毫米 1/16　印张:23.5
字数:315 千字

ISBN 978-7-01-015007-9　定价:49.00 元

邮购地址 100706　北京市东城区隆福寺街 99 号
人民东方图书销售中心　电话 (010)65250042　65289539